WERNER SIEPE

IHR WEG ZU MEHR GESETZLICHER RENTE

M & E BOOKS VERLAG

Ihr Weg zu mehr gesetzlicher Rente
Werner Siepe
ISBN 978-3-947201-00-6 (Taschenbuch)
ISBN 978-3-947201-11-2 (Gebundene Ausgabe)
1. Auflage 2017
© 2017 by M&E Books Verlag GmbH, Köln

M&E Books Verlag GmbH
Thywissenstraße 2
51065 Köln
Telefon 0221 – 9865 6223
Telefax 0221 – 5609 0953
www.me-books.de
info@me-books.de
Steuer-Nr: 218/5725/1344
USt.-IdNr.: DE310782725
Geschäftsführer: Vu Dinh
Cover Image by phanlop88 at FreeDigitalPhoto.net
Portraitfoto des Autors auf Buchrücken: ARD Sendung „Plusminus" vom 20.01.2016 mit dem Beitrag "Das Comeback der gesetzlichen Rente"

Die Deutsche Nationalbibliothek verzeichnet diese Publikation in der Deutschen Nationalbibliographie. Detaillierte bibliographische Daten sind im Internet über http://dnb.de abrufbar.

VORWORT

Mehr Rente – wer möchte das nicht? Seit Jahren wird immerzu gepredigt, dass die gesetzliche Rente nicht reichen werde. Also müsse man unbedingt auch Geld in die private Altersvorsorge stecken wie Riester-Rente, Rürup-Rente oder Rente aus der privaten Rentenversicherung.

Dabei wird übersehen, dass auch die gesetzliche Rentenversicherung viele Möglichkeiten für ein Rentenplus bietet. Allerdings reicht die gesetzliche Rente allein aus den bis zum Ruhestand gezahlten Pflichtbeiträgen in aller Regel nicht aus.

Doch das Rentenplus aus Extrabeiträgen kann die finanzielle Lücke im Alter ganz oder zumindest teilweise schließen. Dazu zählen Pflichtbeiträge bei Weiterarbeit von Frührentnern, freiwillige Beiträge, Ausgleichsbeträge zum Rückkauf von Rentenabschlägen sowie Nachzahlungsbeträge für längst vergangene Jahre.

Wer mehr einzahlt, erhält auch mehr gesetzliche Rente. Diese einfache Wahrheit gilt für alle Rentenbeiträge. Mehr und höhere Beiträge führen zu mehr Rente. Nutzen Sie daher Ihre Chancen für Pflichtbeiträge als Frührentner, freiwillige Beiträge sowie Ausgleichs- und Nachzahlungsbeiträge zur gesetzlichen Rente, wenn Sie Geld für Ihre Altersvorsorge übrig haben. In den Kapiteln 3 bis 6 zeige ich Ihnen, welche ganz legalen Wege Ihnen für ein Mehr an gesetzlicher Rente offenstehen. Diese Wege zu mehr Rente sind quasi das Herzstück des vorliegenden Ratgebers.

Vieles davon ist überhaupt nicht bekannt und stößt auf den ersten Blick sogar auf völliges Unverständnis. Bei näherem Hinsehen wird aber klar, welche Vorteile die gesetzliche Rente aus Extrabeiträgen bietet. Dies gilt insbesondere für die nächsten Jahre, in denen der Beitragssatz ebenso stabil bleibt wie das Rentenniveau. Lassen Sie sich also nicht verunsichern durch bestimmte Interessengruppen, die Ihnen etwas anderes vorspiegeln und eine düstere Rentenzukunft prophezeien. Diese leider weit verbreitete Rentenver(un)sicherung hilft Ihnen überhaupt nicht weiter.

Ein Mehr an Rente ist künftig auch bei Ostrenten, Erwerbsminderungs- und Hinterbliebenenrenten möglich. Im Unterschied zu Extrabeiträgen erfolgt dies aber ohne zusätzliche Einzahlungen, sondern durch spezielle Leistungsverbesserungen.

Alle in diesem Ratgeber geschilderten Wege zu mehr gesetzlicher Rente finden ihre Rechtsquelle ausschließlich im Sechsten Sozialgesetzbuch, das allein der gesetzlichen Rentenversicherung vorbehalten ist (SGB VI). Die Paragrafen, auf die sich ein Mehr an Rente stützt, finden Sie als Fußnoten zusammen mit einem entsprechenden Link zum konkreten Paragrafen im laufenden Text.

Im Anhang habe ich die ab 1.7.2017 geltenden Paragrafen außerdem im Gesetzeswortlaut aufgeführt. Ein Blick ins Gesetz kann nicht schaden, sondern zur Klärung von noch offenen Fragen dienen.

Alles, was Sie in diesem Ratgeber erfahren, wurde sorgfältig geprüft und ist aktuell auf dem Stand von Juni 2017. Die Rentenerhöhungen und in Kraft tretenden Neuregelungen des Flexirentengesetzes ab 1.7.2017 wurden ebenso wie die ab 1.1.2018 bzw. 1.7.2018 geltenden Verbesserungen bei den Ostrenten bzw. Erwerbsminderungsrenten bereits berücksichtigt.

Als Finanzmathematiker weiß ich aus eigener Erfahrung, was tatsächlich Sache ist und wo die Ratsuchenden der Schuh drückt. Seit einigen Jahren arbeite ich vertrauensvoll mit einigen Rentenberatern zusammen, die sozusagen täglich an der Rentenfront tätig sind. Mein besonderer Dank gilt Rentenberater Walter Vogts. Sein jahrzehntelanger Erfahrungsschatz hat mir auch bei diesem Ratgeber sehr geholfen.

Mein Rat an Sie: Profitieren Sie von seinen und meinen Erfahrungen! Wählen Sie unter den in diesem Buch aufgezeigten Wegen zu mehr gesetzlicher Rente den Weg aus, der für Sie am besten geeignet ist! Über den richtigen Weg kommen Sie garantiert zu mehr Rente. Das versichere ich Ihnen.

Werner Siepe

E-Mail-Adresse: werner.siepe@me-books.de

INHALTSVERZEICHNIS

TABELLENVERZEICHNIS

1. RÜCKBLICK UND AUSBLICK AUF DIE GESETZLICHE RENTE

Die oft zu Unrecht gescholtene gesetzliche Rente ist so schnell nicht totzukriegen. Totgesagte leben bekanntlich länger. Sowohl der Rückblick auf 60 Jahre dynamische Rente als auch der Ausblick auf die nächsten guten fünf Rentenjahre machen deutlich, dass die gesetzliche Rente besser ist als ihr Ruf. Seit zwei Jahren ist auch in seriösen Medien vom Comeback der gesetzlichen Rente die Rede.

1.1 Rückblick auf 60 Jahre dynamische Rente von 1957 bis 2016

Am 21. Januar 2017 war es soweit: Nicht nur die Radarfalle wurde 60 Jahre alt, sondern auch die unter dem ersten Bundeskanzler Konrad Adenauer eingeführte dynamische Rente.

In einer 14-stündigen Sitzung des Bundestages am 21.1.1957 entschieden sich sowohl CDU als auch SPD für die Einführung der **dynamischen gesetzlichen Rente**. Nur die FDP und einige mittlerweile verschwundene Parteien waren dagegen.

Dynamisch heißt die gesetzliche Rente, weil sich die Renten in etwa so wie die Löhne entwickeln sollen. Dies ist bis heute so geschehen und wird auch künftig so bleiben. Sicherlich sind die Renten nicht in gleichem Maße gestiegen wie die Löhne. Dadurch kommt es zur Senkung des Rentenniveaus. Dies bedeutet aber nicht, dass auch die gesetzliche Rente in Euro sinken könnte.

Der **aktuelle Rentenwert**, also der Rentenanspruch in Euro für ein Jahr Durchschnittsverdienst[1], ist noch nie gesunken und wird auch in Zukunft nicht sinken. Dies verhindert die im Jahr 2009 per Gesetz beschlossene Schutzklausel bzw. das gesetzliche **Rentensenkungsverbot**.[2] Im schlimmsten Falle steigt der aktuelle Rentenwert nicht und bleibt somit gleich. Dies hat es in 60 Jahren insgesamt nur sechsmal gegeben. Lediglich

---

[1] § 68 SGB VI, siehe https://www.gesetze-im-internet.de/sgb_6/__68.html
[2] § 68a SGB VI, siehe https://www.gesetze-im-internet.de/sgb_6/__68a.html

in den Jahren 1979, 1996, 2004 bis 2006 und 2010 gab es Renten-Nullrunden.

Das andere Extrem war eine zweistellige Rentensteigerung gegenüber dem jeweiligen Vorjahr, so geschehen in den fünf Jahren von 1973 bis 1977. Unglaublich, aber wahr: Im Jahr 1974 stiegen die Renten um sage und schreibe 11,4 Prozent.

Wenn man die Rentensteigerungen über 60 Jahre betrachtet, kommt man auf eine jährliche Rentensteigerung von durchschnittlich 4,1 Prozent im Vergleich zur durchschnittlichen Lohnsteigerung von 4,5 Prozent. Zum 1. Juli 2016 gab es im Westen zwar noch eine Rentensteigerung in Höhe von 4,25 Prozent. Doch dies war ein Ausnahmefall, den es davor zuletzt in 1993 gab.

In den letzten 50 Jahren stiegen die Renten um durchschnittlich 3,5 Prozent pro Jahr, während die Löhne im Jahresdurchschnitt um 4 Prozent zulegten. Von 1977 bis 2016 lag die durchschnittliche Rentensteigerung noch bei 2,2 Prozent im Vergleich zur Lohnsteigerung von 2,6 Prozent.

Geht man allerdings von den letzten 30 oder 20 Jahren aus, fällt das durchschnittliche Rentenplus mit 1,7 oder 1,1 Prozent pro Jahr schon sehr viel bescheidener aus. Im Vergleich dazu stiegen die Löhne im Jahresdurchschnitt um 2,1 oder 1,9 Prozent pro Jahr. Überraschenderweise legten die Renten in den letzten zehn Jahren von 2007 bis 2016 wieder um durchschnittlich 1,5 Prozent pro Jahr zu und die Löhne um 1,9 Prozent. Die Rentensteigerung zum 1.7.2017 liegt beispielsweise im Westen bei 1,9 Prozent.

Die Dynamik der Renten fiel zwar in den letzten 60 Jahren geringer aus im Vergleich zu den Löhnen. Dies ändert aber nichts daran, dass es diese Rentendynamik weiterhin geben wird und die im Jahr 1957 eingeführte dynamische Rente ihre Bewährungsprobe längst bestanden hat.

Gleiches gilt für die **Umlagefinanzierung** der gesetzlichen Rente. Nach dem stillschweigend geschlossenen Generationenvertrag werden die von der aktiven, jüngeren Generation aufgebrachten Rentenbeiträge unmittelbar zur Zahlung von gesetzlichen Renten an die bereits im Ruhestand lebende ältere Generation ausgezahlt. Dies geschieht in der sicheren Erwartung, dass die jüngere Generation ebenfalls später Renten beziehen wird aus den Rentenbeiträgen der ihr nachfolgenden Generation.

Kritiker der gesetzlichen Rentenversicherung brandmarken dies zuweilen als „Schneeballsystem" oder „Kettenbriefsystem", das irgendwann mal in sich zusammenbrechen werde. Diese Sorge besteht allerdings nur, wenn man auch eine Staatspleite in Deutschland für möglich hält. Eine verantwortungsvolle Politik wird jedoch verhindern, dass die gesetzliche Rentenversicherung als das bei weitem größte Alterssicherungssystem in der Bundesrepublik totalen Schiffbruch erleidet.

Die jahrelang vertretene These, dass die kapitalgedeckte private Rente der umlagefinanzierten gesetzlichen Rente immer überlegen sein werde, stimmt angesichts der seit Jahren anhaltenden Niedrigzinsphase nicht mehr. Vielmehr ist das Gegenteil der Fall. Oft schlägt die gesetzliche Rente vergleichbare Privatrenten wie die Rürup-Rente oder die Privatrente aus der privaten Rentenversicherung.

Es gab in der Vergangenheit wie zuletzt in 2001, 2004, 2014 und 2016 viele **Rentenreformen** und strittige Diskussionen über die damit getroffenen Maßnahmen (zum Beispiel Senkung des Rentenniveaus, Heraufsetzung der Regelaltersgrenze, abschlagsfreie Rente ab 63 für besonders langjährig Versicherte mit 45 Versicherungsjahren und Flexirente für weiter arbeitende Rentner).

Dies darf aber nicht darüber hinwegtäuschen, dass zwei Eckpfeiler der grundlegenden Rentenreform von 1957 nach wie vor Bestand haben – Rentendynamik und Umlagefinanzierung. Die dynamische und umlagefinanzierte gesetzliche Rente hat sich im Grundsatz bewährt. Selbstverständlich muss sie an künftige Entwicklungen immer wieder angepasst werden, ohne dass aber an ihren Eckpfeilern gerüttelt wird.

1.2 Ausblick auf fünf gute Rentenjahre 2017 bis 2021

Angesichts von Rekordbeschäftigung, stabilem Beitragssatz und ebenfalls weitgehend stabilem Rentenniveau sind die Aussichten für die fünf Rentenjahre von 2017 bis einschließlich 2021 außerordentlich gut.

Nie gab es so viele **Erwerbstätige und sozialversicherungspflichtig Beschäftigte** in Deutschland. In 2017 werden laut Schätzung des Instituts für Arbeitsmarkt- und Berufsforschung (IAB) 44,3 Millionen Personen erwerbstätig sein im Vergleich zu 38,1 Millionen zu Anfang des Jahres

2007. Dies ist ein Zuwachs um 16 Prozent innerhalb der letzten zehn Jahre. Ähnliches gilt für die vom IAB auf 32,2 Millionen geschätzten sozialversicherungspflichtig Beschäftigten, die folglich auch in der gesetzlichen Rentenversicherung pflichtversichert sind. Ihre Anzahl ist gegenüber den 26,4 Millionen vor zehn Jahren sogar um 22 Prozent gestiegen.

Je mehr Personen rentenversicherungspflichtig sind und auf steigende Löhne hoffen können, desto stärker steigen auch die Beitragseinnahmen. Daher wird der **Beitragssatz** von insgesamt 18,7 Prozent, den Arbeitgeber und Arbeitnehmer jeweils zur Hälfte gemeinsam aufbringen, nach Berechnungen der Deutschen Rentenversicherung und Aussagen aller Rentenpolitiker bis Ende 2021 stabil bleiben. Beitragssätze unter 19 Prozent gab es zuletzt im Jahr 1995.

Laut **Rentenversicherungsbericht** 2016 der Bundesregierung[3] wird erwartet, dass die Renten in diesen fünf guten Jahren in etwa so wie die Löhne steigen. Dadurch bleibt auch das **Rentenniveau** von 2017 bis 2021 ebenfalls weitgehend stabil. Der von den Gewerkschaften heftig beklagte „Sinkflug des Rentenniveaus" wird sich zumindest in den nächsten Jahren nicht fortsetzen.

Die Bundesregierung geht von einer durchschnittlichen **Rentensteigerung** um 2,2 Prozent pro Jahr aus, der eine Lohnsteigerung von ebenfalls 2,2 Prozent im Durchschnitt dieser fünf Jahre gegenüberstehen soll.

Dank der Stabilität von Beitragssatz und Rentenniveau in den Jahren 2017 bis 2021 bleibt auch das **Beitrag-Rente-Verhältnis** in Höhe von knapp 5,4 Prozent stabil. Darunter ist die jährliche Rentenanwartschaft in Prozent des gezahlten Rentenbeitrags zu verstehen. Sie stellt praktisch das Preis-Leistungs-Verhältnis bei der gesetzlichen Rente aus Sicht der Versicherten dar.

Wer beispielsweise als Arbeitnehmer mit Durchschnittsverdienst im Jahr 2017 einen Arbeitnehmer-Beitrag von 3.469 Euro zahlt, kann mit einer jährlichen Rentenanwartschaft von 372 Euro rechnen. Dies sind sogar fast 11 Prozent des Arbeitnehmer-Beitrags. Bezieht man den jährlichen Rentenanspruch von 372 Euro richtigerweise auf den Gesamtbeitrag von

---

[3] https://www.bmas.de/SharedDocs/Downloads/DE/PDF-Pressemitteilungen/2016/rentenversicherungsbericht-2016.pdf?__blob=publicationFile&v=1 (Kurzlink: https://goo.gl/1Z3V7r)

6.938 Euro, sind es immer noch 5,4 Prozent. Mit diesen 5,4 Prozent können beispielsweise alle freiwillig versicherten Beamten und Freiberufler sowie alle pflichtversicherten oder freiwillig versicherten Selbstständigen in den Jahren 2017 bis 2021 fest rechnen.

Die genannten 5,4 Prozent gelten aber auch für Arbeitnehmer, die Extrabeiträge zur gesetzlichen Rente zahlen und das Geld dazu allein aus eigener Tasche beisteuern. Zu diesen Extrabeiträgen zählen beispielsweise Ausgleichsbeträge zum Abkaufen von Rentenabschlägen für mindestens 50-Jährige oder Nachzahlungsbeträge für Ausbildungszeiten von höchstens 45-Jährigen.

Es lohnt sich für Arbeitnehmer, das **Zeitfenster** von 2017 bis 2021 für solche Extrabeiträge zu nutzen. Selbstständige, die nicht oder nicht mehr pflichtversichert sind, könnten sich freiwillig versichern und ihre freiwilligen Beiträge vor allem auf diese guten Jahre konzentrieren. Gleiches gilt für versicherungsfreie Beamte und von der Versicherungspflicht befreite Freiberufler mit berufsständischer Versorgung.

Es mag sein, dass Sie dieses Zeitfenster von 2017 bis 2021 als zu klein ansehen. Wenn Sie aber noch die vorangehenden Jahre 2013 bis 2016 sowie das nachfolgende Jahr 2022 hinzurechnen, sind es bereits zehn Jahre mit einem günstigen Beitrag-Rente-Verhältnis zwischen 5,3 und 5,4 Prozent. Die Beitragssätze in diesem **Zehnjahreszeitraum von 2013 bis 2022** liegen bei nur 18,7 bzw. 18,9 Prozent und das Rentenniveau bewegt sich nur minimal nach unten.

Wer den Vergleich mit den sieben fetten und den sieben mageren Jahren in der Bibel akzeptiert, kann die Jahre 2016 bis 2022 auch als die **sieben guten Rentenjahre** betrachten. Dann würden darauf die sieben mageren Rentenjahre 2023 bis 2029 folgen. In der Tat wird es nach allen Berechnungen zu diesen aus Rentensicht schlechteren Jahren auch kommen. Der Grund liegt vor allem bei den **Babyboomern** aus den geburtenstarken Jahrgängen 1958 bis 1964, die ab 2023 mit beispielsweise 65 Jahren in Rente gehen.

Die stark ansteigende Rentneranzahl soll nach den Vorausberechnungen im Rentenversicherungsbericht der Bundesregierung sowohl durch steigende Beitragssätze als auch durch ein sinkendes Rentenniveau aufgefangen werden. Der Beitragssatz soll bis auf 21,6 Prozent in 2029 und maximal 22 Prozent in 2030 steigen. Andererseits sollen die Renten bei einer durchschnittlichen Lohnsteigerung von 3 Prozent nur noch um durchschnittlich 1,9 Prozent pro Jahr zulegen, was zum starken Rückgang des Rentenniveaus als Verhältnis von Rente zu Lohn führt.

Das Beitrag-Rente-Verhältnis liegt im Jahr 2029 beispielsweise nur noch bei 4,3 Prozent und in 2030 bei 4,2 Prozent. Dies ist mindestens ein Prozentpunkt weniger im Vergleich zu den 5,3 bis 5,4 Prozent in den sieben guten Rentenjahren 2016 bis 2022. Pflichtbeiträge, freiwillige Beiträge und sonstige Extrabeiträge zur gesetzlichen Rente werden sich spätestens ab dem Jahr 2030 weniger rentieren.

Umso mehr gilt es, in den nächsten Jahren mit Rentenbeiträgen die spätere Rente aufzubessern. Zumindest für die Jahre 2017 bis 2021 gilt: Die gesetzliche Rente als erste und stärkste **Säule der Altersvorsorge** ist besser als ihr Ruf. Sie wird in diesen Jahren private Renten in der dritten Säule der Altersvorsorge (Riester-Rente, Rürup-Rente und Privatrente aus der privaten Rentenversicherung) schon wegen der anhaltenden Niedrigzinsphase um Längen schlagen.

Wer zuviel von der **Betriebsrente** als der zweiten Säule der Altersvorsorge erwartet, wird möglicherweise im Ruhestand bitter enttäuscht. Die seit 2002 eingeführte sozialabgaben- und steuerfreie Gehalts- bzw. **Entgeltumwandlung** führt in der Rentenphase zu einer dreifachen Belastung durch die anteilige Kürzung der gesetzlichen Rente, den vollen Beitrag zur gesetzlichen Kranken- und Pflegeversicherung und die volle Besteuerung der Betriebsrente.

Dieser dreifache Nachteil bleibt auch bei der ab 2018 geplanten „neuen" Betriebsrente aus der Entgeltumwandlung bestehen. Der Arbeitgeber muss dann zwar 15 Prozent des vom Gehalt abgezweigten Betrags zur Entgeltumwandlung beisteuern. Er bleibt aber von Leistungszusagen befreit und muss nur noch eine reine Beitragszusage nach dem Prinzip „pay and forget" (bezahlen und dann vergessen) abgeben. Das mit der „neuen" Betriebsrente eingeführte **Garantieverbot** steht in völligem Gegensatz zur Rentengarantie bei der gesetzlichen Rente. Und die neu eingeführte **Zielrente** stellt nur eine völlig unverbindliche Prognose dar, vergleichbar mit der ebenfalls nur prognostizierten privaten Rente aus der privaten Rentenversicherung.

2. MEHR RENTE DURCH ANPASSUNG, ZUSCHUSS UND ZUSCHLAG

Wie man ohne eigenes Zutun zu mehr Rente kommt, erfahren Rentner alljährlich durch die jeweils im Juni übersandte Mitteilung der Deutschen Rentenversicherung über die Rentenanpassung. Da es keine Anpassung der gesetzlichen Rente nach unten geben darf, ist diese Rentenanpassung ab 1. Juli eines jeden Jahres nichts anderes als eine Rentenerhöhung.

Privat krankenversicherte Rentner und freiwillig in der gesetzlichen Krankenversicherung versicherte Rentner erhalten einen Zuschuss zu ihrer Krankenversicherung in Höhe von 7,3 Prozent der gesetzlichen Rente brutto.

Wer den Rentenbeginn über das reguläre Rentenalter hinaus aufschiebt, bekommt ein Mehr an Rente durch einen Rentenzuschlag von 6 Prozent für jeden um ein Jahr über die Regelaltersgrenze hinaus verschobenen Rentenbeginn.

2.1 Jährliche Rentenanpassung

Zum 1. Juli eines jeden Jahres erfolgt eine Rentenanpassung[4]. Fast immer ist es eine **Rentenerhöhung**, also eine Rentenanpassung nach oben. So steigen die Renten beispielsweise im Westen ab 1.7.2017 um 1,9 Prozent, da sich der **aktuelle Rentenwert (West)** von 30,45 auf 31,03 Euro erhöht.

Zwar hat es in der Vergangenheit in insgesamt sechs Jahren auch Renten-Nullrunden gegeben wie zuletzt im Jahr 2010. Die gesetzliche Rente brutto ist aber seit 1957 nicht ein einziges Mal gesunken. Eine Rentenanpassung nach unten bzw. Senkung des aktuellen Rentenwerts gab es seit 1957 noch nie.

---

[4] § 65 SGB VI, siehe https://www.gesetze-im-internet.de/sgb_6/__65.html

Nach Ausbruch der Finanzkrise wurde befürchtet, dass dies bei sinkenden Löhnen doch passieren könnte. Tatsächlich gingen die Durchschnittsentgelte im Jahr 2009 im Vergleich zu 2008 um 0,4 Prozent zurück. Das Fallen der gesetzlichen Rente wurde aber durch das in 2009 eingeführte gesetzliche **Rentensenkungsverbot** vermieden[5].

Eine garantierte Bruttorente kann also auch dann nicht sinken, wenn das Rentenniveau sinkt. Rentenniveau meint das Verhältnis von Renten zu Löhnen und wird als Prozentsatz angegeben. Nur dieser Prozentsatz kann sinken. Der aktuelle Rentenwert und die daraus abgeleitete gesetzliche Rente brutto werden jedoch immer in Euro ausgedrückt.

Gesetzliche Renten können nach Einführung der Rentengarantie also nicht sinken. Dazu der O-Ton des damaligen Bundessozialministers und heutigen Hamburger Bürgermeisters Olaf Scholz am 27.4.2009: *"In Deutschland werden die Renten nicht gekürzt. Nicht im nächsten Jahr, auch nicht in späteren Jahren".*

Damit war die **Rentengarantie** geboren und bereits am 19.6.2009 verabschiedete der Bundestag das gesetzliche Rentensenkungsverbot. Wie es dazu kam, ist alles nachzulesen auf den Seiten 272 und 273 des von Ex-Bundesfinanzminister Peer Steinbrück verfassten Buches "Unterm Strich". Kaum denkbar, dass eine künftige Bundesregierung und damit der Gesetzgeber von diesem Rentensenkungsverbot wieder abrücken wird.

2.2   Rentenzuschuss zur Krankenversicherung

Freiwillig bei einer gesetzlichen Krankenkasse oder privat bei einer privaten Krankenkasse krankenversicherte Rentner erhalten einen **Zuschuss zu ihrer Krankenversicherung** in Höhe von 7,3 Prozent der Bruttorente[6]. Dieser Zuschuss ist eine Zusatzleistung zur Rente und daher nicht als Bestandteil der Rente anzusehen, auch wenn er zusammen mit der Bruttorente ausgezahlt wird. Bei privat krankenversicherten Rentnern wird der Zuschuss immer auf die Hälfte ihres tatsächlichen Krankenkassenbeitrags begrenzt.

---

[5] sog. Schutzklausel nach § 68a SGB VI
[6] § 106 SGB VI, siehe http://www.sozialgesetzbuch-sgb.de/sgbvi/106.html

Rund 85 Prozent der Rentner sind krankenversicherungspflichtig und gehören der **KVdR (Krankenversicherung der Rentner)** an. Der Beitrag zur gesetzlichen Krankenversicherung der Rentner liegt wie bei den krankenversicherungspflichtigen Arbeitnehmern bei 7,3 Prozent plus Zusatzbeitrag von durchschnittlich 1,1 Prozent, also bei zusammen 8,4 Prozent der Bruttorente.

Der Krankenkassenbeitrag des Arbeitgebers von 7,3 Prozent des Bruttolohns wird in der KVdR ersetzt durch einen Zuschuss der Deutschen Rentenversicherung in Höhe von ebenfalls 7,3 Prozent der Bruttorente. Indirekt erhalten demnach auch die krankenversicherungspflichtigen Rentner einen Zuschuss, der allerdings sofort mit dem gesamten Krankenkassenbeitrag verrechnet wird.

In die KVdR kommen Rentner, die in der zweiten Hälfte ihres Erwerbslebens mindestens zu 90 Prozent Pflicht- oder freiwilliges Mitglied einer gesetzlichen Krankenkasse oder familienversichert waren. Wer diese **Vorversicherungszeit** nicht erfüllt, kann sich als Rentner nur freiwillig in der gesetzlichen Krankenkasse oder privat in einer privaten Krankenkasse versichern.

Freiwillig in der gesetzlichen Krankenkasse versicherte Rentner haben zwar im Vergleich zu den krankenversicherungspflichtigen Rentnern keinen Nachteil bei der gesetzlichen Rente, sofern sie auf ihren Antrag hin einen Zuschuss zu ihrer Krankenversicherung erhalten. Erhebliche finanzielle Nachteile erleiden sie jedoch, wenn sie eine Riester-Rente, Rürup-Rente oder Rente aus der privaten Rentenversicherung beziehen. Diese Privatrenten sind nicht wie bei krankenversicherungspflichtigen Rentnern beitragsfrei, sondern bei freiwillig gesetzlich krankenversicherten Rentnern voll beitragspflichtig.

2.3 Rentenzuschlag bei Hinausschieben des Rentenbeginns

Was viele nicht wissen: Man muss nicht mit Erreichen der Regelaltersgrenze (zum Beispiel 65 Jahre und 6 Monate bei einem in 1952 geborenen Versicherten) in Rente gehen und dann wie empfohlen rund drei Monate vorher einen Rentenantrag bei der Deutschen Rentenversicherung stellen.

Wenn Sie den Rentenbeginn einfach aufschieben und Ihren Rentenantrag erst später stellen, werden Sie als „**Spätrentner**" nicht bestraft. Ganz im Gegenteil: Für jeden Monat, den Sie nach Erreichen der Regelaltersgrenze und damit später in Rente gehen, erhalten Sie einen **Rentenzuschlag** von 0,5 Prozent der sonst üblichen Regelaltersrente.[7]

Wer erst ein Jahr nach Erreichen des regulären Rentenalters in Rente geht, erhält also einen Rentenzuschlag von 6 Prozent. Bei zwei Jahren später wären es schon 12 Prozent mehr und bei drei Jahren sogar 18 Prozent. Rund 20.000 Neurentner bekamen beispielsweise im Jahr 2015 einen Rentenzuschlag von durchschnittlich 17 Prozent, da sie ihren Rentenbeginn im Schnitt um 34 Monate aufschoben.

Zwar liegt die Quote dieser „Spätrentner" nur bei 2,2 Prozent von insgesamt 890.000 neu hinzugekommenen Altersrentnern. Aber auch unter den insgesamt rund 18 Millionen Altersrentnern gab es bereits 235.000 Rentner mit Rentenzuschlag. Wie viele dieser Spätrentner in der Zeit des Rentenaufschubs noch weiter gearbeitet haben, ist selbst der Deutschen Rentenversicherung nicht bekannt.

Manche verschieben den Rentenbeginn über die Regelaltersgrenze hinaus auch ohne Weiterarbeit, weil sie in der Aufschubzeit über genügend andere Geldmittel verfügen. Möglicherweise erhalten sie zum 65. Geburtstag eine hohe Ablaufleistung aus ihrer vor Jahrzehnten abgeschlossenen Kapital-Lebensversicherung. Andere können die rentenlose Zeit mit eigenen Zins- oder Mieteinkünften oder auch Geldern des gut verdienenden Ehegatten überbrücken. Möglicherweise haben sie auch geerbt oder Geld per Schenkung bekommen.

Einerlei, ob Rentenaufschub ohne und oder mit Weiterarbeit: Der Rentenzuschlag von 6 Prozent für jedes Aufschubjahr nach Erreichen der Regelaltersgrenze ist den Spätrentnern gewiss. Der Vergleich mit einer **Sofortrente** aus einem Einmalbeitrag in die Rürup-Rentenversicherung oder private Rentenversicherung zeigt, wie attraktiv dieser Rentenzuschlag sein kann. Wer dort einen Einmalbeitrag von beispielsweise 50.000 Euro nicht mit 65 Jahren, sondern erst ein Jahr später einzahlt, erhält nur

---

[7] § 77 Abs. 2 Nr. 2b SGB VI, siehe https://www.gesetze-im-internet.de/sgb_6/__77.html

eine um rund 3 Prozent höhere Sofortrente. Dieser Rentenzuschlag bei Privatrenten ist also nur halb so hoch im Vergleich zur gesetzlichen Rente.

Rentenaufschub ohne Weiterarbeit

Der Rentenaufschub auch ohne Weiterarbeit will gut überlegt sein. Auf jeden Fall sollte diese besondere Wahlmöglichkeit mit der regulären Altersrente nach Erreichen der Regelaltersgrenze verglichen werden. Erst wenn dieser Vergleich zugunsten der Spätrente ausfällt, keine gesundheitlichen Einschränkungen beim späteren Rentenbezieher vorliegen und die Aufschubzeit von ihm mit anderen finanziellen Mitteln gut überbrückt werden kann, wird es sich auch finanziell lohnen.

Rein wirtschaftlich hilft folgende einfache Überlegung: Wer als Regelaltersrentner seine Rente von zum Beispiel anfangs 1.500 Euro über 20 Jahre lang bezieht, kommt ohne Rentensteigerungen auf eine Rentensumme von 360.000 Euro.

Die Alternative „Später in Rente" bewirkt zunächst einmal, dass Sie für die Zeit des Hinausschiebens des Rentenbeginns einerseits auf die Rente für beispielsweise ein, zwei oder drei Jahre verzichten. Andererseits wird dieser bewusste **Rentenverzicht** belohnt durch einen **Rentenzuschlag** von 6, 12 oder 18 Prozent. Letztlich kommt in etwa die gleiche Rentensumme heraus, wenn man die gleiche fernere Lebenserwartung laut Statistik annimmt und Rentensteigerungen sowie Steuerzahlungen zunächst einmal ausklammert. Rentenverzicht und Rentenzuschlag heben sich also über die gesamte Dauer in etwa auf.

Beispiel: Beim Aufschieben des Rentenbeginns um ein Jahr erhöht sich die anfängliche Rente von monatlich 1.500 auf 1.590 Euro durch den Rentenzuschlag von 6 Prozent. Wenn die Rente nunmehr nur 19 statt 20 Jahre fließt, beträgt die Rentensumme 362.520 Euro. Also liegt nach dieser Rechnung der finanzielle Vorteil für das Hinausschieben der Rente bei 2.520 Euro. Dem Rentenplus von 20.520 Euro über 19 Jahre steht das Minus von 18.000 Euro für den Rentenaufschub um ein Jahr gegenüber. Die **Plus-Minus-Rechnung** geht zugunsten des Rentenaufschubs aus.

Wie die Tabelle 1 zeigt, gibt es auch beim Rentenaufschub um zwei oder drei Jahre noch ein kleines Plus von 2.280 bzw. 1.080 Euro, sofern man Rentensteigerungen und die bei späterem Rentenbeginn höhere Besteuerung weiterhin unberücksichtigt lässt. Allerdings gerät man bereits bei einem um vier oder fünf Jahre verschobenen Rentenbeginn unterm Strich bereits ins Minus, das mit jedem noch späteren Rentenbeginn immer größer wird.

Der Rentenaufschub um fünf oder mehr Jahre lohnt sich nicht mehr, da er mit finanziellen Verlusten verbunden ist. Dies ergibt sich auch aus einer anderen einfachen Überlegung. Der Rentenverzicht für ein Jahr Regelaltersrente wird durch den Rentenzuschlag von 6 Prozent nach 16 Jahren und 8 Monaten wieder ausgeglichen. Also lohnt sich der Rentenaufschub um bis zu drei Jahre, da der Spätrentner zumindest nach der Statistik noch mindestens 17 Jahre leben wird.

Sofern er aber bei einem Rentenaufschub um fünf Jahre oder mehr nur noch mit einer statistischen Rentendauer von höchstens 15 Jahren rechnen kann, lohnt es sich finanziell nicht mehr. Spötter sprechen auch davon, dass es letztlich auf die „Restlaufzeit" des Rentners ankomme. Dies mag makaber klingen. Tatsächlich ist das Ende der individuellen Rentendauer aber völlig ungewiss. Schließlich kann der Todeszeitpunkt glücklicherweise nicht vorausberechnet werden. Sämtliche Annahmen über die fernere Lebenserwartung oder die Rentendauer von Versicherten und späteren Rentnern sind also nur statistische Vorschaurechnungen und keine Prognosen, die bekanntlich mit großen Unsicherheiten verbunden sind.

Tabelle 1: Renten bei regulärem und späterem Rentenbeginn

Rentenbeginn	monatl. Bruttorente*	Rentensumme**	Plus/Minus***
Regelaltersgrenze	1.500 €	360.000 €	----
1 Jahr später	1.590 €	362.520 €	+ 2.520 €
2 Jahre später	1.680 €	362.880 €	+ 2.880 €
3 Jahre später	1.770 €	361.080 €	+ 1.080 €
4 Jahre später	1.860 €	357.120 €	- 2.880 €
5 Jahre später	1.950 €	351.000 €	- 9.000 €
6 Jahre später	2.040 €	342.720 €	- 17.280 €
7 Jahre später	2.130 €	332.280 €	- 27.720 €
8 Jahre später	2.220 €	319.680 €	- 40.320 €

| 9 Jahre später | 2.310 € | 304.920 € | - 55.080 € |
| 10 Jahre später | 2.400 € | 288.000 € | - 72.000 € |

*) monatliche Bruttorente vor Abgaben und Steuern

**) Summe der Bruttorenten ohne Rentensteigerungen bei einer Rentendauer von 20 Jahren und Erreichen der Regelaltersgrenze (Rentendauer verkürzt sich für jedes Jahr eines späteren Rentenbeginns ebenfalls um jeweils ein Jahr)

***) Rentensumme für späteren Rentenbeginn minus Rentensumme bei regulärem Rentenbeginn

Will man in den Vorschaurechnungen auch Rentensteigerungen von beispielsweise 2 Prozent pro Jahr berücksichtigen, ändert sich das Bild. Der Rentensumme von 437.350 Euro bei der Regelaltersrente stehen dann beispielsweise 444.500 bzw. 449.000 Euro bei einem Rentenaufschub um ein Jahr bzw. um zwei Jahre gegenüber. Das Rentenplus steigt somit auf 7.150 bzw. 11.650 Euro statt vorher 2.520 bzw. 2.880 Euro. Auch wenn der Rentenbeginn um fünf Jahre verschoben würde, käme noch ein Plus von 9.450 Euro heraus.

Allerdings sieht die Rechnung deutlich schlechter für Spätrentner aus, die von der Rentenbesteuerung betroffen sind und Steuern zahlen müssen. Der **Besteuerungsanteil**[8] der gesetzlichen Rente hängt vom Jahr des Rentenbeginns ab und steigt beim Rentenaufschub daher an. Bei Rentenbeginn in 2017 werden 74 Prozent der Jahresbruttorente von beispielsweise 18.000 Euro (= monatlich 1.500 Euro x 12 Monate) besteuert, also 13.320 Euro jährlich. Bei einer Rentenlaufzeit von 20 Jahren sind bei der regulären Altersrente ohne Annahmen von Rentensteigerungen somit insgesamt 266.400 Euro steuerpflichtig.

76 Prozent der um den Rentenzuschlag erhöhten Jahresbruttorente von 19.080 Euro (= monatlich 1.590 Euro x 12 Monate) und damit 14.500 Euro sind es pro Jahr bei einem um ein Jahr auf 2018 verschobenen Rentenbeginn. Bei noch 19 Rentenjahren müssen insgesamt 275.500 Euro versteuert werden, also 9.100 Euro mehr im Vergleich zur Regelaltersrente über 20 Jahre.

Hinzu kommt, dass alle Rentensteigerungen voll versteuert werden müssen. Bei der Regelaltersrente wären es 77.350 Euro bei einer jährli-

---

[8] § 22 Nr. 1 Satz 3aa EStG, siehe https://www.gesetze-im-internet.de/estg/__22.html

chen Rentensteigerung von durchschnittlich 2 Prozent pro Jahr und einer angenommenen Rentendauer von 20 Jahren. Auf rund 82.000 Euro summieren sich die voll steuerpflichtigen Rentensteigerungen bereits bei einem Rentenaufschub um ein Jahr. Dies sind nochmals 4.650 Euro mehr im Vergleich zur Regelaltersrente.

Auch für Rentenvergleiche gilt die Steuerregel „**Nicht ohne Steuern steuern!**". Immer mehr Rentner werden künftig in die Rentenbesteuerung hineinwachsen, da der Besteuerungsanteil von 74 Prozent in 2017 auf 80 Prozent bei Rentenbeginn in 2020 steigt und danach um jeweils einen Prozentpunkt für jedes spätere Jahr bis auf 100 Prozent bei Rentenbeginn ab 2040.

Das Hinausschieben des Rentenbeginns um ein Jahr kann aber trotz steigender Rentenbesteuerung noch Sinn machen. Dies gilt insbesondere dann, wenn Sie außer der gesetzlichen Rente keine weiteren Alterseinkünfte haben und wegen Unterschreitens oder nur geringen Überschreitens des steuerlichen Grundfreibetrags von 8.820/17.640 Euro (Ledige/Verheiratete) in 2017 bzw. 9.000/18.000 Euro in 2018 überhaupt keine oder nur wenig Steuern zahlen. Auch der um zwei oder drei Jahre verschobene Rentenbeginn kann sich für Sie noch lohnen, wenn die tatsächliche Rentendauer über die statistische fernere Lebenserwartung hinausgeht und Sie die Wette auf ein langes Leben gewinnen.

Da Sie nicht wissen, wie alt Sie werden, werden Sie sich in aller Regel doch gegen den Rentenaufschub und für den sofortigen Bezug der regulären Altersrente entscheiden. Dies empfiehlt sich vor allem dann, wenn Sie keine zusätzlichen Zins- oder Mieteinkünfte haben.

Bei hohen Zusatzeinkünften neben der Regelaltersrente können Sie das Geld, das Sie nicht zum laufenden Lebensunterhalt benötigen, dann zurücklegen für andere Dinge wie kostenträchtige Hobbys, Reisen, finanzielle Unterstützung Ihrer Kinder und Enkel oder nicht von der Kranken- bzw. Pflegekasse übernommene Ausgaben im Krankheits- bzw. Pflegefall.

Rentenaufschub mit Weiterarbeit

Die meisten Spätrentner werden den Rentenbeginn aufschieben, weil sie weiter arbeiten bei ihrem bisherigen Arbeitgeber oder eine befristete Beschäftigung bei einem neuen Arbeitgeber aufnehmen. Diese Weiterarbeit ist auf jeden Fall rentenversicherungspflichtig. Die von Arbeitgeber und Arbeitnehmer gezahlten Rentenbeiträge steigern dann die künftige Rente zusätzlich.

So entsteht ein doppeltes Rentenplus – erstens durch die zusätzlichen Rentenbeiträge und zweitens durch den Rentenzuschlag von 6 Prozent pro Jahr für den über die Regelaltersgrenze hinausgeschobenen Rentenbeginn. Wer beispielsweise ein Jahr lang voll weiter arbeitet und den Rentenbeginn um dieses Jahr aufschiebt, kann mit einem Plus von rund 8,5 Prozent rechnen. Davon entfallen beispielsweise 2,5 Prozent auf das Rentenplus aus zusätzlichen Rentenbeiträgen und 6 Prozent auf den Rentenzuschlag.

Die Weiterarbeit beim alten Arbeitgeber ist rechtlich allerdings nur möglich, wenn vor oder spätestens bei Erreichen der Regelaltersgrenze ein **befristeter Arbeitsvertrag** geschlossen wird. Diese Möglichkeit bietet eine gesetzliche Neuregelung ab 1.7.2014[9]. Danach können Arbeitgeber und Arbeitnehmer die einst vereinbarte Beendigung des Arbeitsverhältnisses mit dem Erreichen der Regelaltersgrenze durch Vereinbarung hinausschieben.

Eine solche Verlängerungsvereinbarung, die eine befristete Beschäftigung über das reguläre Rentenalter hinaus erlaubt, kann auch mehrfach erfolgen. Vor dem 1.7.2014 war dies nach dem Teilzeit- und Befristungsgesetz nicht erlaubt.

Beispiel: Sie schließen mit Ihrem bisherigen Arbeitgeber einen auf zwei Jahre befristeten Arbeitsvertrag. Wenn Sie weiterhin in Vollzeit weiter arbeiten und auf eine monatliche Regelaltersrente von 1.500 Euro nach 40 Pflichtbeitragsjahren bei Erreichen Ihres regulären Rentenalters kommen, können Sie mit einem Mehr an Rente von monatlich 75 Euro für zwei weitere Pflichtbeitragsjahre rechnen. Dies sind 5 Prozent mehr bei einem um zwei Jahre hinausgeschobenen Rentenbeginn.

Auf die nunmehr 1.575 Euro erhalten Sie dann noch einen Rentenzuschlag von 12 Prozent für den Rentenaufschub um zwei Jahre, so dass Ihre spätere Rente auf 1.764 Euro ohne Berücksichtigung von jährlichen Rentenanpassungen steigt. Weiterarbeit über zwei Jahre und Rentenzuschlag

---

[9] § 41 Satz 3 SGB VI, siehe https://www.gesetze-im-internet.de/sgb_6/__41.html

machen somit 264 Euro bzw. fast 18 Prozent der ursprünglichen Regelaltersrente von 1.500 Euro aus.

Finanziell lohnt sich dieser Rentenaufschub mit Weiterarbeit, da Sie in der Aufschubphase ja weiter ein volles Gehalt beziehen. Sie verzichten zwar auf 36.000 Euro Regelaltersrente für zwei Jahre. Diesen Rentenverzicht gleichen Sie aber bereits nach 11,4 Jahren aus. Die Rentensumme über 18 Jahre steigt auf 381.000 Euro im Vergleich zu rund 363.000 Euro beim Rentenaufschub um zwei Jahre ohne Weiterarbeit. Dieses Rentenplus ist allerdings ausschließlich auf die beiden zusätzlichen Jahre mit Vollzeitbeschäftigung zurückzuführen, in denen Rentenbeiträge für ein Mehr an gesetzlicher Rente gezahlt werden.

Die Plus-Minus-Rechnung geht also vor Steuern auf. Weniger erfreulich stellt sich die steuerliche Situation dar. Wer beispielsweise den für 2017 mit Erreichen der Regelaltersgrenze geplanten Rentenbeginn um zwei Jahre aufschiebt, muss einen von 74 auf 78 Prozent steigenden Besteuerungsanteil bei der um 264 Euro pro Monat höheren Spätrente in Kauf nehmen. Beim Rentenaufschub um zwei Jahre mit Weiterarbeit werden dann pro Jahr 16.511 Euro statt vorher 13.320 Euro steuerpflichtig. Hinzu kommen noch die voll zu versteuernden Rentenerhöhungen.

Wie hoch Ihr Mehr an Rente beim Rentenaufschub mit Weiterarbeit ausfallen wird, müssen Sie sich in aller Regel selbst ausrechnen. Gehen Sie am besten von der letzten **Rentenauskunft** aus, die Sie nach Vollendung Ihres 64. Lebensjahres von der Deutschen Rentenversicherung erhalten haben, und rechnen Sie die zu erwartende Rente bei aufgeschobenem Rentenbeginn hoch.

Wenn Sie beispielsweise in 1952 geboren sind und noch zwei Jahre lang nach Erreichen Ihrer Regelaltersgrenze von beispielsweise 65 Jahren und 6 Monaten weiter arbeiten wollen mit entsprechend späterem Rentenbeginn, können Sie die bisher erreichten Entgelt- bzw. Rentenpunkte um die zusätzlich erreichbaren Entgeltpunkte in den folgenden dreieinhalb Jahren (vom 64. Lebensjahr bis zum Alter von 67 Jahren und 6 Monaten) erhöhen.

Auf die dann insgesamt erreichten Entgeltpunkte kommt der Rentenzuschlag von 12 Prozent drauf. Wenn Sie diese um 12 Prozent erhöhten

Entgeltpunkte dann mit dem aktuellen Rentenwert von 31,03 Euro im Westen multiplizieren, kennen Sie Ihre künftige Altersrente.

Leider erteilt die Deutsche Rentenauskunft nach Erreichen der Regelaltersgrenze von sich aus keine Rentenauskunft mehr. Sie müssen diese schon selbst beantragen und ein besonderes Interesse nachweisen. Dies wird Ihnen dann gelingen, wenn Sie der Deutschen Rentenversicherung in Ihrem Antrag auf Rentenauskunft gleichzeitig den beabsichtigten Rentenbeginn mitteilen.

So teilte die Deutsche Rentenversicherung einem 67-Jährigen, der die Regelaltersgrenze bereits um knapp zwei Jahr überschritten und weiter gearbeitet hatte, Folgendes mit: *„Die Erteilung einer Rentenauskunft ist nach Ablauf des Monats des Erreichens der Regelaltersgrenze nicht mehr möglich".*

Die Zeitschrift Finanztest hakte nach und erhielt von der Deutschen Rentenversicherung folgende Mitteilung: „Rentenauskünfte können auf Antrag weiterhin erteilt werden, sofern die Versicherten ein berechtigtes Interesse geltend machen. Hierzu sollte der beabsichtigte Rentenbeginn mitgeteilt werden, damit die Berücksichtigung des Rentenzuschlages für die Monate des aufgeschobenen Rentenbeginns berücksichtigt werden kann. Versicherte können sich für die Berechnung ihrer Rentenansprüche an die vor Ort bestehenden Auskunfts- und Beratungsstellen wenden" (siehe Finanztest 4/2017, Seite 6).

Hartnäckigkeit zahlt sich also auch in diesem Fall aus. Für den Umgang mit der Deutschen Rentenversicherung wie mit jeder anderen Behörde empfiehlt sich generell die bewährte **„3-H-Methode"** (Höfliche Hartnäckigkeit hilft). Schimpfen oder schnelles Aufgeben bringt Sie nicht weiter. Nur wer höflich den im öffentlichen Dienst beschäftigten Arbeitnehmern oder Beamten begegnet und hartnäckig seine Wünsche vorträgt, wird sein Ziel erreichen.

Die Sachbearbeiter in den örtlichen Auskunfts- und Beratungsstellen der Deutschen Rentenversicherung beraten Sie in allen Rentenfragen kostenlos. Diesen kostenlosen Auskunfts- und Beratungsdienst sollten Sie in Anspruch nehmen und sich zunutze machen.

Die ehrenamtlich tätigen Versichertenältesten und –berater der Deutschen Rentenversicherung erteilen ebenfalls kostenlos Rat zur gesetzlichen Rente. Ihren Rentenantrag können Sie zudem auch bei den Versicherungsämtern der Städte und Gemeinden stellen, wenn Sie ihn nicht selbst direkt über den für Sie zuständigen Regionalträger der Deutschen Rentenversicherung (zum Beispiel DRV Rheinland oder DRV Bayern) stellen wollen.

3. MEHR RENTE DURCH WEITERARBEIT ALS RENTNER

Wer als Rentner weiter arbeitet, kann nach Inkrafttreten des Flexirentengesetzes seine Rente steigern. Hat er die Regelaltersgrenze bereits erreicht, muss er seinem Arbeitgeber ab 1.1.2017 schriftlich mitteilen, dass er auch als Rentner den Arbeitnehmeranteil zur gesetzlichen Rentenversicherung in Höhe von zurzeit 9,35 Prozent des Hinzuverdienstes zahlen will.

Bei ab 1.7.2017 beginnenden Frührenten sind Hinzuverdienste grundsätzlich rentenversicherungspflichtig. Nur bei Minijobs kann die Versicherungspflicht abgewählt werden (sog. Opting-Out), so dass dem minijobbenden Frührentner bis zu 450 Euro monatlich versicherungs- und steuerfrei zufließen. Bei jährlichen Hinzuverdiensten über 6.300 Euro wird die Frührente gekürzt. Eine frei wählbare, nicht von der Höhe des Hinzuverdienstes abhängige Teilrente von nur 10 Prozent der Vollrente reduziert die Höhe des Rentenabschlags und die ab Bezug der Regelaltersrente fällige Steuerlast.

3.1 Mehr Rente durch Weiterarbeit als Regelaltersrentner

Regelaltersrentner können nach dem Flexirentengesetz ihre Rente weiter steigern, sofern sie weiter arbeiten und auf ihren Hinzuverdienst Rentenbeiträge zahlen. Wer als Rentner nach Erreichen des regulären Rentenalters noch weiter arbeitet, ist zwar grundsätzlich nicht mehr rentenversicherungspflichtig. Er kann sich aber ab 1.1.2017 für die Rentenversicherungspflicht entscheiden (sog. **Opting-In**) und einen eigenen Arbeitnehmer-Beitrag zur gesetzlichen Rentenversicherung zahlen, so dass der Arbeitgeber-Beitrag zur Rentenversicherung nicht mehr wie bisher verfällt.

Zu diesem Zweck muss er seinem Arbeitgeber schriftlich mitteilen, dass er auf die Versicherungsfreiheit verzichtet[10]. Das Arbeiten über die

---

[10] § 5 Abs. 4 SGB VI, siehe https://www.gesetze-im-internet.de/sgb_6/__5.html

Regelaltersgrenze hinaus wird dadurch, dass nunmehr Rentenbeiträge gezahlt werden und die Rente dadurch weiter steigt, attraktiver.

Schon bisher konnte man nach Erreichen der Regelaltersgrenze die volle Rente bekommen und unbegrenzt nebenher verdienen. Die dafür gezahlten Rentenbeiträge des Arbeitgebers steigerten aber die Rente nicht mehr und kamen nur der Versichertengemeinschaft zugute. Der einzelne Rentner hatte nichts davon.

Dies trifft ab 1.1.2017 nur noch dann zu, wenn der weiter arbeitende Regelaltersrentner versicherungsfrei bleiben will. Besser ist es aber auf jeden Fall, für die Rentenversicherungspflicht zu optieren und den Arbeitnehmeranteil zur gesetzlichen Rentenversicherung zu zahlen. Der gleich hohe Arbeitgeberanteil verfällt dann nicht mehr und es kommt zu einem echten Rentenplus.

Reguläre Altersrentner mit Minijob sollten sich gegen die Versicherungsfreiheit entscheiden und stattdessen den geringen Anteil von 3,7 Prozent des Minijob-Lohns tragen. Von 450 Euro brutto gehen dann nur 16,65 Euro ab, so dass immer noch 433,35 Euro netto verbleiben. Zusammen mit dem Arbeitgeberanteil von 15 Prozent entsteht nach heutigem Stand ein zusätzlicher Rentenanspruch von monatlich 4,52 Euro im Westen für ein Rentenjahr mit Minijob.

Weiterer Vorteil: Hinzuverdienste bei Weiterarbeit nach Erreichen des regulären Rentenalters werden grundsätzlich nicht auf die Rente angerechnet. Wenn Sie beispielsweise in 1952 geboren sind und nach Erreichen der Regelaltersgrenze von 65 Jahren und 6 Monaten eine Regelaltersrente beziehen, können Sie unbegrenzt hinzu verdienen. Auf die Höhe des Hinzuverdienstes kommt es in diesem Fall nicht mehr an.

Ihre Regelaltersrente wird auch bei hohem Hinzuverdienst nicht gekürzt. Sie erhalten also weiter ihre volle Altersrente. Es sei denn, Sie wollen freiwillig eine Teilrente in Anspruch nehmen. Dies kann aus steuerlicher Sicht sinnvoll sein, wie auf den nächsten Seiten noch gezeigt wird.

Ein Beitrag zur Arbeitslosenversicherung fällt bei Regelaltersrentnern nicht mehr an, da sie als Erwerbstätige nicht mehr arbeitslos werden können. Die Beitragspflicht entfällt sowohl für Arbeitnehmer als auch für Arbeitgeber.

Die rentenversicherungspflichtige Weiterarbeit von Regelaltersrent-nern stellt eine Alternative zur Weiterarbeit mit Hinausschieben des Rentenbeginns (siehe Kapitel 2.2) dar. In beiden Fällen führen zusätzliche Rentenbeiträge zu mehr Rente. Sie haben also die Wahl zwischen regulärer Altersrente mit Weiterarbeit und dem Rentenaufschub mit Weiterarbeit.

Die Unterschiede zwischen diesen beiden Alternativen sind gering. Beim Rentenaufschub mit Weiterarbeit sind Sie automatisch rentenversicherungspflichtig, bei der Weiterarbeit nach Bezug der regulären Altersrente nur nach schriftlicher Mitteilung gegenüber Ihrem Arbeitgeber. Außerdem verzichten Sie beim Rentenaufschub auf den sofortigen Bezug der Regelaltersrente und erhalten quasi als Belohnung dafür einen Rentenzuschlag auf Ihre später bezogene Altersrente. Allerdings müssen Sie bei aufgeschobenem Rentenbeginn auf die reguläre Altersrente zunächst verzichten und bei einem Rentenaufschub um mindestens ein Jahr einen höheren Besteuerungsanteil bei der gesetzlichen Rente in Kauf nehmen.

Falls Sie sich als Regelaltersrentner für die Weiterarbeit entscheiden, wird Ihre gesetzliche Rente in den auf das reguläre Rentenalter folgenden Jahren zum jeweils 1. Juli erhöht um den Teil, der aus den zusätzlichen Rentenbeiträgen stammt. Außerdem erhöht sich Ihre Rente infolge der jährlichen Rentenanpassung.

Freiwillige Teilrente auch bei Weiterarbeit als Regelaltersrentner

Kurios, aber wahr: Sie können als jobbender Regelaltersrentner freiwillig auf einen Teil Ihrer Vollrente verzichten und sich zunächst für eine **Teilrente** entscheiden.[11] Dies ging zwar auch bis zum 30.6.2017. Allerdings musste die alte Teilrente mindestens ein Drittel der erreichten Vollrente ausmachen.

Ab dem 1.7.2017 muss die freiwillig gewählte und verdienstunabhängige Teilrente nur noch mindestens 10 Prozent der Vollrente betragen. So unsinnig, wie eine Mini-Teilrente von nur 10 Prozent zunächst klingt, ist sie gar nicht. Für die nicht in Anspruch genommenen 90 Prozent der Vollrente schieben Sie den Rentenbeginn quasi auf und erhalten dafür einen Rentenzuschlag von 6 Prozent pro Jahr.

---

[11] § 42 Abs. 1 SGB VI: NEU ab 1.7.2017 (siehe Gesetzeswortlaut im Anhang)

Gleichzeitig zurren Sie trotz einer Mini-Teilrente von nur 10 Prozent der Vollrente den niedrigeren Besteuerungsanteil bei Beginn für alle künftigen Rentenjahre fest. Ein Schreiben des Bundesfinanzministeriums vom 19.8.2013 stellt dies klar. Danach bleibt der niedrigere Besteuerungsanteil bestehen, wenn eine Teil-Altersrente später in eine volle Altersrente umgewandelt wird. Für den erhöhten Rentenbetrag bleibt der ursprünglich ermittelte Prozentsatz maßgebend[12] (dort siehe Randnummer 223).

Beispiel: Ihre Vollrente soll 1.500 Euro nach Erreichen der Regelaltersgrenze ausmachen. Sie arbeiten voll weiter und entscheiden sich freiwillig für eine Teilrente in Höhe von nur 150 Euro über zwei Jahre. Dann wird Ihre Vollrente nach zwei Jahren auf 1.662 Euro steigen. Dies sind 10,8 Prozent mehr im Vergleich zur eigentlichen Vollrente von 1.500 Euro. Dabei ist das Mehr an Rente durch Pflichtbeiträge aus Ihrer Weiterarbeit und den jährlichen Rentenanpassungen noch gar nicht berücksichtigt.

Die Berechnung des Rentenzuschlags von 162 Euro ist einfach. Von der Vollrente in Höhe von 1.500 Euro haben Sie 1.350 Euro zwei Jahre lang gar nicht beansprucht. Dafür werden Sie mit einem Rentenzuschlag von 12 Prozent belohnt. Diese 12 Prozent von 1.350 Euro machen genau 162 Euro aus. Praktisch haben Sie den Rentenbeginn für 90 Prozent Ihrer Vollrente für zwei Jahre hinausgeschoben.

Dadurch gewinnen Sie zwar auch nur einen Rentenzuschlag von 162 statt sonst 180 Euro. Allerdings werden diese 90 Prozent der Vollrente einschließlich Rentenzuschlag mit dem gleichen niedrigen Besteuerungsanteil wie bei der Mini-Teilrente versteuert. Steuerlich kommt es allein auf den Beginn der Rente an – unabhängig davon, wie hoch diese ausfällt.

Kombination von Mini-Teilrente und Weiterarbeit

Die Kombination von Voll- oder Teilzeitjob mit Mini-Teilrente ist also auch nach Erreichen der Regelaltersgrenze möglich, sofern Sie auf Ihren Wunsch hin sozialversicherungspflichtig beschäftigt sind. Selbstständige,

---

[12] http://www.bundesfinanzministerium.de/Content/DE/Standardartikel/Them en/Steuern/Weitere_Steuerthemen/Altersvorsorge/2013-08-19-ESt-rechtliche-Behandlung-Vorsorgeaufwendungen-
Altersbezuege.pdf?__blob=publicationFile&v=4 (Kurzlink: https://goo.gl/coHszY)

die weiter arbeiten, müssen die Zahlung von Pflichtbeiträgen ihrem zuständigen Träger der Rentenversicherung schriftlich mitteilen.

Sofern die Mini-Teilrente nur bei 10 Prozent der vollen Regelaltersrente liegt, genießen Sie auf jeden Fall den Rentenzuschlag von 6 Prozent für jedes Jahr Weiterarbeit auf die restlichen 90 Prozent der Vollrente. Zu diesem Rentenplus kommt dann noch die Steuerersparnis hinzu, da Sie den niedrigeren Besteuerungsanteil ab Beginn der Teilrente für die gesamte Rentendauer genießen.

Wie Sie eine Mini-Teilrente mit einer Weiterarbeit nach Erreichen Ihres regulären Rentenalters kombinieren können, zeigt ein weiteres Beispiel mit einer höheren Vollrente und Weiterarbeit nach Erreichen der Regelaltersgrenze um drei Jahre.

Die volle Regelaltersrente soll für einen am 1.1.1952 geborenen Versicherten, der mit 65 Jahren und 6 Monaten ab 1.7.2017 in Rente geht, monatlich 1.800 Euro betragen. Er entscheidet sich gegen die volle Altersrente und stattdessen für eine **Mini-Teilrente** von nur 180 Euro pro Monat sowie eine Weiterarbeit über drei Jahre.

Der Besteuerungsanteil von 74 Prozent bei Rentenbeginn in 2017 bleibt immer gleich. In den ersten drei Jahren werden zusammen 4.795 Euro steuerpflichtig (= 180 Euro monatlich x 36 Monate x 0,74). Die Vollrente ab 1.7.2020 macht einschließlich 18 Prozent Rentenzuschlag auf die restlichen 1.620 Euro insgesamt 2.091,60 Euro monatlich aus – ohne Berücksichtigung des Rentenplus aus Pflichtbeiträgen für den Vollzeitjob und der jährlichen Rentensteigerungen zum 1. Juli eines Jahres.

Bei einer verbleibenden Rentendauer von 17 Jahren sind dann insgesamt rund 316.000 Euro steuerpflichtig (= 2.091,60 Euro monatlich x 204 Monate x 0,74). Dies führt bei einem Durchschnittssteuersatz von 25 Prozent zu einer Steuerlast von insgesamt rund 79.000 Euro für diesen ehemaligen Teilrentner.

Die Alternative einer **sofortigen Vollrente** von monatlich 1.800 Euro ist trotz fehlenden Rentenzuschlags über die Rentendauer von 20 Jahren steuerlich sogar noch etwas ungünstiger, da insgesamt rund 320.000 Euro (= 1.800 Euro monatlich x 240 x 0,74) steuerpflichtig werden. Die Steuerlast steigt bei gleichem Steuersatz dadurch geringfügig um 1.000 Euro auf nunmehr 80.000 Euro.

Deutlich höhere Steuern wären aber fällig beim **Rentenaufschub um drei Jahre** auf 2020 und dem damit verbundenen Verzicht auf eine Teilrente. Zwar steigt die monatliche Vollrente nach 18 Prozent Rentenzuschlag auf 2.124 Euro. Jedoch steigt auch der Besteuerungsanteil von 74 Prozent in 2017 um immerhin sechs Prozentpunkte auf 80 Prozent in 2020.

Insgesamt sind bei einer Rentenlaufzeit von 17 Jahren nunmehr rund 347.000 Euro (= 2.124 Euro monatlich x 204 x 0,80) zu versteuern, was eine Steuerlast von fast 87.000 Euro bei einem Durchschnittssteuersatz von 25 Prozent nach sich zieht. Dies sind immerhin insgesamt rund 8.000 Euro mehr im Vergleich zur Mini-Teilrente mit dreijährigem versicherungspflichtigen Job ab Erreichen des regulären Rentenalters.

Die Mini-Teilrente in Höhe von nur 10 Prozent der Vollrente erweist sich für Regelaltersrentner mit Weiterarbeit und verschobenen Rentenbeginn für 90 Prozent der Vollrente somit als **Steuersparmodell**. Hinzu kommt der **Rentenzuschlag** von insgesamt 18 Prozent auf diese 90 Prozent der Vollrente. Steuerersparnis und Rentenzuschlag sorgen für den gewünschten Rententurbo.

Zwar gilt die Steuerregel „**Nicht nur nach Steuern steuern!**". Wer nur die Steuerersparnis im Blick hat und darüber das wirtschaftliche Ergebnis vor Steuern vernachlässigt, verliert. Es kann aber nichts schaden, auch die andere Steuerregel „**Nicht ohne Steuern steuern!**" zu beachten, sofern das wirtschaftliche Ergebnis zufriedenstellend ausfällt.

Letztlich kommt es immer auf die persönlichen Einkommens-, Vermögens- und Steuerverhältnisse an, ob man sich für den Rentenaufschub über beispielsweise drei Jahre oder eine sofortige Mini-Teilrente mit dreijähriger Weiterarbeit nach Erreichen des regulären Rentenalters entscheidet.

Die Beispielrechnungen belegen im Übrigen, dass der Rentenzuschlag von 6 Prozent für jede nach der Regelaltersgrenze beginnende Vollrente oder 90 Prozent der Vollrente bei einer sofortigen Mini-Teilrente von 10 Prozent fair bemessen ist. Der Rentenzuschlag gleicht den Rentenverzicht in den ersten Rentenjahren aus.

Im Vergleich dazu ist der Rentenabschlag von nur 3,6 Prozent pro Jahr für jedes vor dem Erreichen der Regelaltersgrenze liegende Jahr aus finanzmathematischer Sicht zu niedrig bemessen. Gerade deswegen rechnen sich aber Frührenten, wenn man sich den Rentenabschlag finanziell leisten kann. Das Weniger an Rente wird dann durch die zusätzlichen Rentenjahre mehr als ausgeglichen. Hinzu kommt der niedrigere Besteuerungsanteil bei einem zeitlich vorgezogenen Rentenbeginn.

Somit gilt - wirtschaftlich und steuerlich gesehen - folgende Tatsache: Früher in Rente zu gehen lohnt sich auf jeden Fall unter der Voraussetzung, dass die Frührente zum Leben reicht. Ob es sich hingegen finanziell auch lohnt, später in Rente zu gehen, hängt ganz entscheidend von der tatsächlichen Rentendauer und damit von der individuellen Lebenserwartung ab. Wer lange und über die statistische fernere Lebenserwartung hinaus lebt, profitiert. Wer hingegen früher verstirbt im Vergleich zur statistischen Lebenserwartung, verliert.

3.2 Mehr Rente durch Weiterarbeit als Frührentner

Die ab 1.7.2017 geltende Flexirente sieht **Zuschläge an Entgeltpunkten** aus Hinzuverdiensten nach Beginn einer Altersrente vor, sofern während der Weiterarbeit Rentenbeiträge gezahlt wurden.[13] Diese Zuschläge werden jeweils zum 1. Juli des nachfolgenden Jahres berücksichtigt. Allerdings führen sie bei Hinzuverdiensten der Frührentner erst nach Erreichen der Regelaltersgrenze auch zu einer Erhöhung der laufenden Rente.

Rentenbeiträge können auch gezahlt werden für Hinzuverdienste aus Jobs, die bis zum 31.12.2016 versicherungsfrei waren, sofern der weiterarbeitende Rentner gegenüber seinem Arbeitgeber schriftlich erklärt, dass er künftig einen versicherungspflichtigen Job ausüben und den Arbeitnehmeranteil zur gesetzlichen Rentenversicherung zahlen will.[14]

Frührenten sind gesetzliche Renten, die schon vor Erreichen der Regelaltersgrenze bezogen werden. Dabei kann es sich um abschlagspflichtige Altersrenten für langjährig Versicherte oder für Schwerbehinderte nach einer Wartezeit von 35 Jahren, abschlagsfreie Altersrenten ab 63 für

---

[13] § 66 Abs. 3a SGB VI: NEU ab 1.7.2017 (siehe Gesetzeswortlaut im Anhang)
[14] § 230 Abs. 9 SGB VI, siehe https://www.gesetze-im-internet.de/sgb_6/__230.html

besonders langjährig Versicherte nach 45 Versicherungsjahren oder auch um Erwerbsminderungsrenten handeln.

Wer beispielsweise in 1958 geboren ist, mit 63 Jahren in Rente geht und bis zur Regelaltersgrenze von 66 Jahren einen rentenversicherungspflichtigen Teilzeitjob mit einem Bruttogehalt von monatlich 1.500 Euro hat, kommt dadurch immerhin auf ein zusätzliches rentenversicherungspflichtiges Entgelt von insgesamt 54.000 Euro. Dies beschert ihm nach heutigem Stand ein Rentenplus von rund 45 Euro monatlich im Westen, allerdings erst ab Erreichen der Regelaltersgrenze.

Keine Kürzung der Frührente bei Minijobs

Frührentner mit einem Minijob bis zu 450 Euro im Monat müssen keine Kürzung ihrer vorgezogenen Altersrente befürchten. Zwei Monate im Jahr dürfen zusätzlich 450 Euro pro Monat noch hinzuverdient werden, ohne dass dies auf die vorzeitig bezogene Rente angerechnet wird.

Generell erfolgt keine Kürzung der Frührente, sofern der Hinzuverdienst im Kalenderjahr 6.300 Euro nicht übersteigt. Wer beispielsweise erst am 1. Oktober eines Kalenderjahres vorzeitig in Rente geht, kann in den restlichen drei Monaten noch 6.300 Euro hinzu verdienen, also beispielsweise monatlich je 2.100 Euro. Beim Rentenbeginn zum 1. November wären sogar zwei Monatsverdienste à 3.150 Euro möglich.

Die neuen Hinzuverdienstregeln gelten auch im Fall einer an sich abschlagspflichtigen Altersrente, wenn der Rentenabschlag durch Zahlung eines Ausgleichsbetrages abgekauft wurde (dazu mehr im Kapitel 4.4). Ein eventueller Minjob-Lohn von beispielsweise 450 Euro pro Monat kommt in diesem Fall also zur vorzeitigen Altersvollrente noch hinzu.

Minijobbs von Frührentnern können auch versicherungspflichtig sein. In diesem Fall trägt der Minijobber nur einen kleinen Anteil selbst (3,7 Prozent gleich 16,65 Euro bei einem 450-Euro-Minijob). Den größeren Anteil (15 Prozent gleich 67,50 Euro) übernimmt der Arbeitgeber. Es macht wegen des geringen Eigenanteils von 16,65 Euro wenig Sinn, für die Versicherungsfreiheit zu optieren und dann den Minijoblohn brutto für netto zu kassieren.

Bisher war ein Frührentner mit Minijob von eigenen Beiträgen zur gesetzlichen Rentenversicherung befreit. Vom Arbeitgeber-Anteil in Höhe von 15 Prozent hatte er nichts, weil dieser in die allgemeine Rentenkasse ging und nur der Versichertengemeinschaft zugute kam.

Ab Inkrafttreten des Gesetzes zur Flexirente zum 1.1.2017 ist es genau umgekehrt. Selbst wenn sich der Minijobber für die Versicherungsfreiheit entscheidet, kommt der Arbeitgeberanteil ihm zugute und beschert ihm einen monatlichen Rentenanspruch von zurzeit 3,63 Euro monatlich im Westen für ein Jahr mit versicherungsfreiem Minijob. Der Arbeitgeberanteil von 15 Prozent verfällt auch bei versicherungsfreien Minijobs nicht mehr, sondern wirkt sich ab Erreichen der Regelaltersgrenze rentensteigernd aus. Weitere wichtige Informationen zu den Änderungen bei Minijobs finden sich auf dem Blog der Minijob-Zentrale.

Bereits vorhandene Frührentner, die sich bei Aufnahme des Minijobs für die Versicherungsfreiheit entschieden hatten, müssen bei ihrer Entscheidung bleiben. Wer allerdings als Frührentner bereits am 1.1.2017 einen versicherungspflichtigen Minijob hatte, kann die Versicherungspflicht beibehalten und monatlich seinen Arbeitnehmeranteil von 3,7 Prozent des Minijob-Lohns tragen.

Nun noch etwas zur Statistik: Von den insgesamt 6,7 Mio. Minijobs im gewerblichen Bereich entfallen 1,2 Mio. oder 18 Prozent auf versicherungspflichtige und 5,5 Mio. auf versicherungsfreie geringfügige Beschäftigungen. Rund 1 Mio. Minijobber sind mehr als 65 Jahre alt und stellen damit die stärkste Altersgruppe. Dabei handelt es sich fast ausschließlich um Rentner, die noch einen Minijob ausüben. Der durchschnittliche Minijob-Lohn liegt bei 300 Euro.

Grundsätzlich lohnt es sich für die über 5 Mio. Minijobber, die keine Rentner sind, den Arbeitgeberbeitrag von 15 Prozent mit einem eigenen Beitrag von 3,7 Prozent aufzustocken und dann versicherungspflichtig zu werden. Sie können dadurch ihren Anspruch auf Erwerbsminderungsrente aufrechterhalten und die Wartezeit von 35 Jahren für langjährig Versicherte bzw. schwerbehinderte Menschen oder von 45 Jahren für besonders langjährige Versicherte besser erreichen.

Doch auch für die rund 1 Mio. Rentner mit Minijob lohnt sich ein versicherungspflichtiger Minijob, da sich ihr Rentenanspruch wegen Zahlung des Arbeitnehmeranteils erhöht. Es sei denn, dass sie sich ab 1.1.2017 bis zum Erreichen der Regelaltersgrenze freiwillig versichern wollen, wenn sie dazu die finanziellen Mittel haben. Freiwillige Beiträge können Frührentner ab 1.1.2017 aber nur zahlen, wenn sie nicht versicherungspflichtig sind (siehe Kapitel 4.5).

Die Kombination von **Vollrente mit Minijob** ist seit dem 1.1.2017 so attraktiv wie nie zuvor – immer unter der Voraussetzung, dass die Frührentner noch im Minijob arbeiten wollen und können. Tatsächlich gibt es hierbei noch zwei Alternativen. Entweder wird die ungekürzte Frührente mit einem versicherungspflichtigen Minijob kombiniert oder mit einem versicherungsfreien Minijob und zusätzlichen freiwilligen Beiträgen zur gesetzlichen Rente.

Vollrente mit versicherungsfreiem Minijob und Rentenplus aus freiwilligen Beiträgen können der Königsweg für Frührentner sein, die eine Teilrente bei zu hohem Hinzuverdienst auf jeden Fall vermeiden wollen.

Attraktive Kombination von Mini-Teilrente mit Teilzeitarbeit

Eine überlegenswerte Alternative zur Vollrente mit Minijob ist ein **Teilzeitjob mit Teilrente**. Hinzuverdienste im Teilzeitjob von mehr als 6.300 Euro im Jahr führen bei Frührentnern ab 1.7.2017 zur Kürzung der Altersvollrente und damit zur neuen Teilrente. Diese Teilrente wird recht kompliziert berechnet. 40 Prozent des über 6.300 Euro liegenden Mehrverdienstes werden durch zwölf Monate geteilt und dann von der Vollrente abgezogen[15]. Zum gleichen Ergebnis kommt man, wenn man 40 Prozent des über 525 Euro im Monat liegenden Mehrverdienstes von der monatlichen Vollrente abzieht.

Beispiel für 18.000 Euro Hinzuverdienst im Jahr: Der Mehrverdienst liegt bei 11.700 Euro. 40 Prozent davon sind 4.680 Euro. Legt man diese 4.680 Euro auf zwölf Monate um, verbleiben noch 390 Euro. Um diese 390 Euro wird dann eine Vollrente von beispielsweise 1.500 Euro gekürzt, so dass schließlich eine vom Hinzuverdienst abhängige Teilrente von monatlich 1.110 Euro brutto übrig bleibt.

Oder etwas einfacher: Der Hinzuverdienst von durchschnittlich 1.500 Euro brutto im Monat übersteigt die monatliche Hinzuverdienstgrenze von 525 Euro um 975 Euro. 40 Prozent davon sind 390 Euro. Also wird die Vollrente um 390 Euro gekürzt.

---

[15] § 34 Abs. 2 und 3 SGB VI: NEU ab 1.7.2017 (siehe Gesetzeswortlaut im Anhang)

Was kaum bekannt ist: Um sich die komplizierte Berechnung zu ersparen und eine bessere Planungssicherheit zu haben, können Sie sich als Frührentner auch für eine **frei wählbare, vom Hinzuverdienst unabhängige Teilrente** in Höhe von mindestens 10 Prozent der Vollrente entscheiden[16]. Aus 1.500 Euro Vollrente würden somit nur 150 Euro Teilrente. Dies funktioniert genauso, wie es unter Kapitel 3.1 im Zusammenhang mit der Weiterarbeit als Regelaltersrentner schon beschrieben wurde.

Was nur auf den ersten Blick wenig sinnvoll erscheint, bietet bei näherem Hinsehen mehrere Vorteile. Bei einer Teilrente in Höhe von nur 10 Prozent der Vollrente werden Sie auch nur mit 10 Prozent des fälligen Rentenabschlags belastet, sofern Sie grundsätzlich eine abschlagspflichtige Frührente beziehen wollen. Außerdem wird der niedrigere Besteuerungsanteil bei Beginn der Frührente festgezurrt und gilt auch für die späteren Rentenjahre mit Vollrente. Dadurch sparen Sie später Steuern. Mit dem auf ein Zehntel reduzierten Rentenabschlag und den ersparten Steuern ab Erreichen der Regelaltersgrenze schlagen Sie quasi zwei Fliegen mit einer Klappe.

Schließlich sind Sie auch in der Wahl der Teilzeitarbeit völlig frei. Sie können beispielsweise auf eine halbe Stelle gehen oder auf eine 4-Tage-Woche statt vorher 5-Tage-Woche mit 80 Prozent der bisherigen Arbeitszeit. Darüber hinaus erhöht sich auch Ihre spätere Vollrente, da Sie während der Teilzeitbeschäftigung Rentenbeiträge zahlen. Das Plus bei der Vollrente nach Erreichen der Regelaltersgrenze speist sich aus dem deutlich geringeren Rentenabschlag und der zusätzlichen Rente aus den Rentenbeiträgen für die Zeit vom Beginn der Frührente bis zum Erreichen des regulären Rentenalters.

In der Begründung des Flexirentengesetzes zur frei gewählten Teilrente von mindestens 10 Prozent der Vollrente ist ausdrücklich von den „individuellen Bedürfnissen der Versicherten nach einer selbstbestimmten Kombination von Erwerbstätigkeit und Rentenbezug" die Rede, denen mit der erstmaligen Einführung der unabhängig vom Hinzuverdienst gewählten Teilrente Rechnung getragen werden soll[17] (dort siehe Seite 41). Die Kombination von Teilrente (zum Beispiel 10 Prozent der Vollrente)

---

[16] § 42 Abs. 2 SGB VI: NEU ab 1.7.2017 (siehe Gesetzeswortlaut im Anhang)
[17] http://dip21.bundestag.de/dip21/btd/18/097/1809787.pdf

und Teilzeitarbeit (zum Beispiel 80 Prozent der Vollzeitarbeit) ist also kein Trick, sondern vom Gesetzgeber so gewollt.

Auch der Sozialbeirat der Bundesregierung begrüßt in seinem Gutachten von November 2016 die unabhängig vom Hinzuverdienst frei wählbare Teilrente von mindestens 10 Prozent der Vollrente. Damit seien die „Verbindung von Teilzeitarbeit und Teilrentenbezug" und ein „gleitender Übergang in den Vollrentenbezug ab Erreichen der Regelaltersgrenze" möglich[18] (dort siehe Seite 26).

Nach so vielen Ratschlägen von höchster Stelle möchte ich Ihnen einen praxisnahen Beispielfall schildern, der zu einer attraktiven Kombination von niedriger 10-Prozent-Teilrente mit einer 80-Prozent-Teilzeitarbeit führt. Um richtig „Butter bei die Fische zu tun" und nichts auszulassen, gehe ich im Folgenden Schritt für Schritt vor.

Sieben-Punkte-Plan für Kombination von Mini-Teilrente mit Teilzeitjob

1. Ein alleinstehender Arbeitnehmer ohne Kind (geboren am 1.7.1954) ist zurzeit vollzeitbeschäftigt und verdient monatlich 3.750 Euro brutto. Sein Gehalt nach Abzug von Arbeitnehmeranteil zur Sozialversicherung und Lohnsteuer inkl. Solidaritätszuschlag sinkt dann auf 2.300 Euro netto.

2. Er möchte am 1.7.2017 mit 63 Jahren abschlagspflichtig in Rente gehen, da er bis dahin auf 40 Versicherungsjahre kommt. Der Rentenabschlag beträgt 9,6 Prozent. Die Regelaltersrente erhält er ab 1.3.2020.

3. Folgende Optionen stehen zur Wahl: Weiterarbeit mit Vollzeitbeschäftigung bis zum Erreichen der Regelaltersgrenze, Frührente mit 63 Jahren ohne Weiterarbeit oder Kombination von Teilrente mit einem Teilzeitjob.

4. Ohne Weiterarbeit liegt seine Altersvollrente mit 63 nur bei knapp 1.200 Euro netto. Begründung: Bei 40 Pflichtbeitragsjahren macht die Bruttorente vor Abschlag beispielsweise 40 Prozent des letzten Bruttoendgehalts aus, also hier 1.500 Euro (= 40 Prozent von 3.750 Euro). Davon geht der Rentenabschlag von 9,6 Prozent gleich 144 Euro ab (verbleiben 1.356 Euro) und anschließend der Beitrag zur gesetzlichen Kranken- und Pflegeversicherung von rund 152 Euro (= 11,2 Prozent von 1.356 Euro). Die

---

[18] http://www.sozialbeirat.de/files/gutachten_2016_sign.pdf

Deutsche Rentenversicherung überweist somit 1.204 Euro (sog. Rentenzahlbetrag). Davon gehen dann noch 16 Euro an Steuern ab, so dass letztlich nur 1.188 Euro verbleiben.

5. Knapp 1.200 Euro sind ihm für seinen Lebensunterhalt zu wenig. Er entscheidet sich im Einvernehmen mit seinem Arbeitgeber, ab 1.7.2017 weiter in Teilzeit zu arbeiten mit 80 Prozent. Sein Teilzeitgehalt von 3.000 Euro brutto sinkt nach Abgaben und Steuern auf 1.922 Euro netto, dies sind immerhin rund 84 Prozent des Vollzeitgehalts netto. Gleichzeitig stellt er bei der Deutschen Rentenversicherung einen Rentenantrag auf eine laut Flexirentengesetz ab 1.7.2017 mögliche, von ihm selbstbestimmte und frei wählbare Teilrente in Höhe von 10 Prozent der Vollrente, also 150 Euro monatlich. Nach Abzug von Rentenabschlag, Beitrag zur gesetzlichen Kranken- und Pflegeversicherung sowie Steuern bleiben davon rund 100 Euro netto übrig. Seine gesamte Nettoeinnahme liegt dann bei 2.022 Euro bzw. 88 Prozent seines letzten Nettogehalts.

Vorteil: Der Rentenabschlag macht nur 14,40 Euro (= 9,6 Prozent von 150 Euro Teilrente) aus und der Besteuerungsanteil für diese Teilrente liegt bei 74 Prozent, da der Rentenbeginn bereits in 2017 erfolgt.

6. Die Regelaltersrente ab 1.3.2020 wird bei rund 1.600 Euro brutto liegen – ohne laufende Rentenerhöhungen, aber inkl. Rentenplus durch die während der Teilzeitarbeit gezahlten Rentenbeiträge. Nach Kranken- und Pflegekassenbeitrag und Steuern (bei einem gleichbleibenden Besteuerungsanteil von 74 Prozent wie in 2017) fällt die Vollrente auf 1.377 Euro netto. Dies sind immerhin 60 Prozent des früheren Nettogehalts von 2.300 Euro (siehe Punkt 1) und 189 Euro mehr im Vergleich zur vollen Frührente netto von 1.188 Euro (siehe Punkt 3). Dieses Rentenplus stammt aus dem reduzierten Rentenabschlag und der zusätzlichen Rente aus den Pflichtbeiträgen für die Teilzeitarbeit, beides nach Abgaben und Steuern. Brutto läge dieses Rentenplus bei 220 Euro.

7. Der in Kauf genommene Rentenabschlag von nur rund 460 Euro (= 14,40 Euro für 32 Monate von der Frührente ab 1.7.2017 bis zur Regelaltersrente ab 1.3.2020) wird bereits nach zwei Jahren durch die geringeren Steuern ausgeglichen. Begründung: Bei 6 Prozent weniger von 1.600 Euro sind monatlich rund 100 Euro weniger zu versteuern, also Steuerersparnis

von 20 Euro bei einem Grenzsteuersatz von 20 Prozent, folglich bereits eine Steuerersparnis von 480 Euro nach 24 Monaten bzw. zwei Jahre.

Wichtig: Selbstverständlich kann die von Ihnen frei gewählte und vom Hinzuverdienst unabhängige Teilrente auch über 10 Prozent der Vollrente liegen. Sowohl die 10-Prozent-Teilrente als auch die entsprechend höher gewählte Teilrente dürfen aber nicht über der verdienstabhängigen Teilrente liegen. Wäre dies der Fall, müsste von Amts wegen die verdienstabhängige Teilrente festgesetzt werden.

Verdienstabhängige Teilrenten

Bis zum 30.6.2017 betrug die Teilrente pauschal zwei Drittel, die Hälfte oder ein Drittel der erreichten Vollrente je nach Höhe des Hinzuverdienstes[19]. Die volle Frührente wurde bereits dann um ein Drittel gekürzt, wenn der monatliche Hinzuverdienst nur ein paar Cent oder Euro über der damaligen Grenze von 450 Euro lag. Nur rund 4.000 Altersteilrenten gab es Ende 2015 im Bestand. Viele hatten die Teilrente gar nicht bewusst gewählt, sondern wurden von Amts wegen Opfer der allzu starren alten Hinzuverdienstregelungen.

Die ab 1.7.2017 geltenden neuen Hinzuverdienstregelungen[20] sind zwar stufenlos, aber immer noch reichlich kompliziert. Die neue, vom Hinzuverdienst abhängige Teilrente errechnet sich aus der Vollrente minus 40 Prozent des über 6.300 Euro liegenden und auf den Monat umgelegten jährlichen Mehrverdienstes.

Dazu ein Beispiel in Anlehnung an den Sieben-Punkte-Plan für die selbstbestimmte Kombination von Teilrente und Teilzeitjob. Die monatliche Vollrente soll 1.500 Euro brutto betragen (siehe Punkt 4) und der jährliche Hinzuverdienst 36.000 Euro brutto (Teilzeitgehalt in Höhe von 80 Prozent des bisherigen jährlichen Vollzeitgehalts, siehe Punkt 5). Wenn man nun 6.300 Euro von den 36.000 Euro abzieht, verbleiben 29.700 Euro im Jahr, die zu 40 Prozent auf die Vollrente angerechnet werden.

40 Prozent von 29.700 Euro sind 11.880 Euro jährlich, die von der Jahresvollrente von 18.000 Euro abgezogen werden müssten. Da die gesetzliche Rente immer monatlich ausgezahlt wird, werden die 11.880 Euro pro

---

[19] § 42 Abs. 2 NEU ab 1.7.2017 in Verbindung mit § 34 Abs. 3 SGB VI alter Fassung
[20] § 34 Abs. 2 und 3 SGB VI: NEU ab 1.7.2017 (siehe Gesetzeswortlaut im Anhang)

Jahr auf zwölf Monate verteilt und führen dann zu einer monatlichen Kürzung von 990 Euro. Die verdienstabhängige monatliche Teilrente liegt dann bei 510 Euro (= Vollrente 1.500 Euro minus Kürzung um 990 Euro).

Kompliziert wird es, wenn der geschätzte jährliche Hinzuverdienst niedriger oder höher ausfällt. In diesem Fall muss die Deutsche Rentenversicherung die Teilrente neu berechnen und entsprechend erhöhen bei niedrigerem Hinzuverdienst bzw. senken bei höherem Hinzuverdienst. Dies führt dann zur Korrektur des Rentenbescheids und je nach Höhe des tatsächlichen Hinzuverdienstes zu Nachzahlungen der Rentenkasse oder zu Nachforderungen beim Frührentner.

Die individuell wählbare und vom Hinzuverdienst unabhängige Teilrente von mindestens 10 Prozent der Vollrente (zum Beispiel 150 Euro) darf die verdienstabhängige Teilrente (zum Beispiel 510 Euro) zwar unterschreiten, aber nicht überschreiten[21]. Das Unterschreiten ist sogar von Vorteil, sofern dadurch der Rentenabschlag entsprechend verringert wird. Zudem entfällt die nachträgliche und lästige Korrektur des Rentenbescheids wie bei der verdienstabhängigen Teilrente. Insofern ist die individuelle und verdienstunabhängige Teilrente recht unbürokratisch und würde auch der Deutschen Rentenversicherung weniger Arbeit verschaffen.

Im Übrigen können Sie auch einen Hinzuverdienst mit einer individuell wählbaren Teilrente kombinieren, die beide zusammen genau so hoch sind wie das frühere Einkommen[22]. Das jeweils höchste Einkommen aus den letzten 15 Jahren wird auch als **Hinzuverdienstdeckel** bezeichnet.

Dazu ein Beispiel: Ihr Vollzeitgehalt vor Beginn der Frührente lag bei 3.750 Euro und die Vollrente würde bei 1.500 Euro liegen. Dann können Sie ein auf 3.600 Euro gekürztes Bruttogehalt gleich 96 Prozent des Vollzeitgehalts beispielsweise mit einer Teilrente von 150 Euro gleich 10 Prozent der Vollrente kombinieren. Der Hinzuverdienstdeckel von 3.750 Euro wäre gerade erreicht und nicht überschritten.

Sie wären dann ein „**fast voll arbeitender Teilrentner**" und würden neben ihrem Fast-Vollzeitgehalt noch eine kleine Teilrente frühestens ab

---

[21] § 42 Abs. 2 Satz 2 SGB VI: NEU ab 1.7.2017 (siehe Gesetzeswortlaut im Anhang)
[22] § 34 Abs. 3 Satz 2 SGB VI: NEU ab 1.7.2017 (siehe Gesetzeswortlaut im Anhang)

63 Jahren von beispielsweise 150 Euro brutto im Monat erhalten, sofern Ihre Vollrente 1.500 Euro ausmachen würde. Der Fast-Vollzeitbeschäftigte mit Mini-Teilrente ist das genaue Gegenstück zum **„Vollrentner mit Minijob"**.

Die verdienstabhängige Teilrente würde in diesem Fall zunächst 270 Euro pro Monat ausmachen. Da sie aber zusammen mit dem Hinzuverdienst von 3.600 Euro das frühere Vollzeitgehalt und damit den Hinzuverdienstdeckel von 3.750 Euro übersteigt, wird sie in diesem Fall weiter bis auf 150 Euro gekürzt[23]. Heraus käme genau die individuell gewählte und verdienstunabhängige Teilrente.

Sofern die Vollrente jedoch nur 1.350 Euro ausmachen würde, läge die verdienstabhängige Teilrente nach Kürzung um 1.230 Euro nur bei 120 Euro. Da dies weniger als die individuell wählbare Teilrente von 135 Euro gleich 10 Prozent von 1.350 Euro ausmacht, würde in diesem Fall nur die verdienstabhängige Teilrente von 120 Euro gezahlt. Unabhängig davon, wie hoch Ihre frei wählbare Teilrente von mindestens 10 Prozent der Vollrente sein soll, gilt nämlich immer die folgende Einschränkung: Sie darf nie höher sein als die verdienstabhängige Teilrente, die sich nach der reichlich komplizierten Hinzuverdienstregelung[24] ergibt.

Selbstverständlich lohnt sich der Teilzeitjob mit Mini-Teilrente nur dann, wenn Sie mit einem Rentenabschlag früher in Rente gehen müssen. Bei einer abschlagsfreien Rente ab 63 nach 45 Versicherungsjahren sollten Sie besser die Kombination von Vollrente mit Minijob wählen.

Nur die Teilzeitjobber mit Mini-Teilrente profitieren von dem niedrigeren Besteuerungsanteil, die auch tatsächlich Steuern zahlen müssen. Wenn Sie wegen Unterschreitens des steuerlichen Grundfreibetrags überhaupt keine Steuern zahlen, bringt Ihnen eine noch so ausgeklügelte Steuersparstrategie gar nichts.

Die Kombination von einem niedrigen, versicherungspflichtigen Teilzeitgehalt von 1.000 Euro brutto mit einer verdienstabhängigen Teilrente ist im Vergleich zum versicherungs- und steuerfreien Minijob mit Vollrente kaum interessant. Eine Vollrente von beispielsweise 1.500 Euro wird

---

[23] § 34 Abs. 3a Satz 2 SGB VI: NEU ab 1.7.2017 (siehe Gesetzeswortlaut im Anhang)
[24] § 34 Abs. 2 und 3 SGB VI: NEU ab 1.7.2017 (siehe Gesetzeswortlaut im Anhang)

bei einem Hinzuverdienst von monatlich 1.000 Euro beispielsweise um 190 Euro gekürzt und führt zu einer Teilrente von 1.310 Euro brutto. Nach Abzug des Rentenabschlags von rund 126 Euro verbleibt ein Betrag von 1.184 Euro. Zusammen mit dem Teilzeitgehalt vom 1.000 Euro brutto ergibt dies zusammen ein monatliches Bruttoeinkommen von 2.184 Euro.

Ein 450-Euro-Minijob und eine Vollrente von 1.356 Euro nach Abzug des Rentenabschlags für einen in 1954 geborenen langjährig Versicherter mit 63er-Rente bringen es zwar zusammen nur auf 1.806 Euro brutto.

Das Plus von 378 Euro brutto im Monat zugunsten der Kombination von Teilzeitgehalt und Teilrente führt aber in die Irre. Selbst bei einem verheirateten Frührentner, der keine Steuern zahlt, gehen 205 Euro für zusätzliche Beiträge zur gesetzlichen Kranken- und Pflegeversicherung vom Teilzeitgehalt brutto ab, so dass zunächst nur ein Plus von 173 Euro übrig bleibt. Wegen der geringeren Teilrente spart er andererseits nur 19 Euro beim Kranken- und Pflegekassenbeitrag ein, so dass sich das Plus auf lediglich 193 Euro erhöht.

Fazit: Wer 1.000 statt 475 Euro und damit 625 Euro brutto mehr nebenher verdient, wird nur mit einem Plus von 193 Euro belohnt. Dies sind nur rund 30 Prozent des monatlichen Mehrverdienstes von brutto 625 Euro.

Bei Alleinstehenden ohne Kinder sieht die Rechnung unterm Strich noch ungünstiger aus, da sie Einkommensteuer auf die Einkünfte aus Teilrente und Teilzeitgehalt von 1.000 Euro zahlen müssen. Umgerechnet auf den Monat sind 172 Euro für Steuern fällig. Vom Plus vor Steuern von 193 Euro bleiben nach Steuern dann nur noch 19 Euro übrig. Daher lohnt sich die Kombination von versicherungspflichtigem Teilzeitgehalt und Teilrente für sie nicht. Ein versicherungs- und steuerfreier Minijob mit weniger Arbeit und Vollrente würde finanziell fast genau so viel bringen.

4. FRÜHER IN ALTERSRENTE OHNE ABSCHLAG

Früher in Rente gehen und dann am besten auch noch ohne Renten-abschlag – wer möchte das nicht? Zurzeit gibt es die abschlagsfreie Alters-rente ab 63 Jahren aber nur für besonders langjährig Versicherte, die 45 Versicherungsjahre bis zum vorzeitigen Rentenbeginn nachweisen kön-nen, und für schwerbehinderte Menschen mit 35 Versicherungsjahren, die als rentenrechtliche Zeiten anerkannt werden.

Langjährig Versicherte, die im Alter von 63 Jahren nur auf mindestens 35 Versicherungsjahre kommen, müssen hingegen einen Rentenabschlag in Kauf nehmen. Wer die entsprechenden Geldmittel hat, kann diesen Abschlag aber durch Zahlung eines Ausgleichsbetrages abkaufen. Diese Möglichkeit können ab 1.7.2017 auch schon mindestens 50-jährige Versi-cherte nutzen. Bei Nachweis eines berechtigten Interesses ist dies auch für noch nicht 50-Jährige möglich.

4.1 Abschlagsfreie Rente für besonders langjährig Versicherte

Seit dem 1.7.2014 können besonders langjährig Versicherte ab 63 Jah-ren abschlagsfrei in Rente gehen. Genau mit 63 Jahren traf dies aber nur auf die Geburtsjahrgänge 1951 und 1952 zu. Ab dem Jahrgang 1953 erhöht sich diese Altersgrenze von 63 Jahren jeweils um zwei Monate für jedes spätere Jahr[25]. Alle ab 1964 geborenen langjährig Versicherten können dann frühestens mit 65 Jahren abschlagsfrei in Rente gehen.

Bereits im zweiten Halbjahr 2014 haben 151.000 Versicherte, die min-destens 45 Versicherungsjahre bis zur abschlagsfreien Frührente ab 1.7.2014 nachweisen konnten, diese günstige Gelegenheit genutzt und sind mit 63 Jahren (falls im zweiten Halbjahr 1951 geboren) oder später (im ers-ten Halbjahr 1951 oder vorher geboren) in Rente gegangen.

Im Jahr 2015 waren es bereits 274.000 besonders langjährig Versicher-te und damit 31 Prozent der Altersrentner, die von der abschlagsfreien

---

[25] § 236b SGB VI, siehe https://www.gesetze-im-internet.de/sgb_6/__236.html

Rente mit 63 Jahren profitierten, sofern sie in 1952 geboren waren. Darunter waren 162.000 Männer (davon 127.000 im Westen) und 102.000 Frauen (davon 80.000 im Westen).

Die in 1953 geborenen besonders langjährig Versicherten mussten bis zum Alter von 63 Jahren und zwei Monaten warten und erhielten die abschlagsfreie Rente dann noch in 2016 oder spätestens ab März 2017. Im Juni bis Dezember 2017 werden abschlagsfreie Frührentner im Alter von 63 Jahren und vier Monaten hinzukommen, die im Januar bis Juli 1954 geboren sind.

Dazu ein Beispiel: Wer am 4. Juli 1954 geboren wurde – am Tag, als Deutschland zum ersten Mal in der Nachkriegszeit Fußball-Weltmeister wurde und Ungarn in Bern mit 3:2 schlug (tatsächlich ist mir ein solches „Geburtstagskind" persönlich bekannt) – und der Rentenkasse 45 Versicherungsjahre bis zum Alter von 63 Jahren und vier Monaten nachweist, kann zum 1. Dezember 2017 ohne Rentenabschläge vorzeitig in Rente gehen.

Jeder sollte die Chance zur abschlagsfreien Rente ab 63 Jahren nutzen, sofern ihm die gesetzliche Rente nach Abzug der Beiträge zur gesetzlichen Kranken- und Pflegeversicherung finanziell ausreicht. Im Jahr 2015 lag dieser Rentenzahlbetrag für besonders langjährig versicherte Männer im Westen beispielsweise bei durchschnittlich 1.378 Euro. Brutto müssten es dann über 1.500 Euro gewesen sein.

Anrechenbare Zeiten für die abschlagsfreie Rente ab 63 Jahren

Anspruch auf die abschlagsfreie Rente ab 63 haben nur Versicherte, der die Wartezeit von 45 Jahren erfüllen. Zur Wartezeit bzw. zu den geforderten 45 Versicherungsjahren zählen[26]:

- Pflichtbeitragsjahre (einschließlich zwei bzw. drei Kindererziehungsjahre je Kind für vor bzw. ab 1992 geborene Kinder)
- Zeiten mit freiwilligen Beiträgen, die zusätzlich zu mindestens 18 Pflichtbeitragsjahren vorliegen

---

[26] § 51 Abs. 3a SGB VI, siehe https://www.gesetze-im-internet.de/sgb_6/__51.html

- Berücksichtigungszeiten wegen Kindererziehung (zusätzlich acht bzw. sieben Jahre zur Kindererziehungszeit von zwei bzw. drei Jahren je Kind)
- Zeiten der Arbeitslosigkeit mit Arbeitslosengeld I (maximal 12 bis 24 Monate je nach Alter) oder dem früheren Arbeitslosengeld (also nicht Zeiten mit Arbeitslosengeld II bzw. Hartz IV oder der früheren Arbeitslosenhilfe), falls diese Zeiten nicht in den letzten 2 Jahren vor Rentenbeginn liegen.

Der Kreis der Berechtigten für die neue abschlagsfreie Rente ab 63 Jahren nach 45 Versicherungsjahren ist also viel größer, als üblicherweise angenommen wird. Insbesondere wird häufig unterschlagen, dass auch Zeiten mit freiwilligen Beiträgen über mindestens 18 Pflichtbeitragsjahre hinaus sowie zusätzliche Berücksichtigungszeiten wegen Kindererziehung vom dritten bzw. vierten bis zum zehnten Lebensjahr je Kind mit angerechnet werden.

Wer die 45 Versicherungsjahre nicht bis zur Altersgrenze von beispielsweise 63 Jahren und vier Monaten für in 1954 geborene Versicherte schafft und nur um ein paar Monate verfehlt, kann in diesen fehlenden Monaten weiterarbeiten oder freiwillige Beiträge zahlen und dann den Antrag auf eine abschlagsfreie Rente entsprechend später stellen.

Lücke zwischen Ende der Altersteilzeit und abschlagsfreier Rente

In eine mögliche Falle geraten aber die ab 1953 geborenen besonders langjährig Versicherten mit 45 Versicherungsjahren, sofern ihre Altersteilzeit wie vertraglich vereinbart exakt mit dem vollendeten 63. Lebensjahr endet. Sie müssen dann die fehlenden zwei bzw. vier Monate (bei in 1953 oder 1954 Geborenen) finanziell mit Arbeitslosengeld I überbrücken.

Die übliche Sperrfrist von drei Monaten darf die Arbeitsagentur nach dem Urteil des Sozialgerichts Marburg vom 30.5.2016 (Az. S 2 AL 58/14) nicht verhängen, falls der Betroffene bei Abschluss der Altersteilzeit-Vereinbarung eindeutig die Absicht hatte, nach dem Ende der Altersteilzeit mit beispielsweise 63 Jahren in Rente zu gehen. Schließlich kann die ursprüngliche Absicht zur Rente mit 63 durch die neue abschlagsfreie Rente ab 63 Jahren später geändert werden.

Eine solche Planänderung hat das Bundessozialgericht in einem ähnlichen Fall am 21.7.2009 (Az. B 7 AL 6/08 R) als nicht schädlich angesehen. Die Bundesagentur für Arbeit hat zwar gegen das Marburger Urteil Berufung beim Hessischen Landessozialgericht eingelegt (Az. L 7 AL 66/16). Sehr wahrscheinlich wird dann letztlich wiederum das Bundessozialgericht ein rechtskräftiges Urteil fällen.

Wer sich in einer vergleichbaren Situation befindet (zum Beispiel Ende der Altersteilzeit zum 30.6.2017 mit 63 Jahren für einen im Juni 1954 geborenen besonders langjährig Versicherten) und von seiner für ihn zuständigen Arbeitsagentur mit Hinweis auf die dreimonatige Sperrfrist kein Arbeitslosengeld für die vier Monate von Anfang Juli bis Ende Oktober 2017 erhält, sollte unter Verweis auf das Marburger Urteil Widerspruch einlegen und bis zur höchstrichterlichen Entscheidung zumindest ein Ruhenlassen dieser Entscheidung beantragen.

Wenn das Arbeitslosengeld I gezahlt und die Zeit zwischen Ende der Altersteilzeit und Beginn der abschlagsfreien Rente finanziell überbrückt wird, zählen diese unmittelbar vor Rentenbeginn liegenden Monate nicht bei den geforderten 45 Versicherungsjahren mit. Sofern an den 45 Jahren beispielsweise noch einige wenige Monate fehlen, sollte auf jeden Fall noch ein versicherungspflichtiger Minijob aufgenommen werden. Dieser führt zu Pflichtbeiträgen und wird daher angerechnet.

Dies lohnt sich auch dann, wenn der Minijob-Lohn über 165 Euro hinausgeht und der darüber liegende Lohn dann zur Kürzung des Arbeitslosengelds führt. Über die Höhe des Arbeitslosengelds nach Ende der Altersteilzeit darf man sich aber keine zu großen Illusionen machen. Grundlage für die Berechnung des Arbeitslosengelds I ist das sozialversicherungspflichtige Teilzeitgehalt nach dem Altersteilzeitgesetz ohne Aufstockungsbeträge des Arbeitgebers, also nur die Hälfte des Vollzeitgehalts.

Liegt dieses Teilzeitgehalt bei 1.500 Euro brutto, macht das Arbeitslosengeld beispielsweise nur rund 800 Euro netto aus. Dies sind 67 Prozent des Nettolohns von 1.194 Euro bei einem Verheirateten mit mindestens einem Kind, der in Steuerklasse III ist. Bei einem Ledigen ohne Kind in Steuerklasse I sind es nur 60 Prozent des Nettolohns von 1.107 Euro, also lediglich 664 Euro.

Dennoch lohnt es sich, die finanzielle Durststrecke zwischen Altersteilzeit und abschlagsfreier Rente mit Arbeitslosengeld und evtl. einem zusätzlichen versicherungspflichtigen Minijob zu überbrücken. Die weitaus schlechtere Alternative wäre es, wegen der wenigen fehlenden Monate eine Altersrente für langjährig Versicherte zu beantragen und dann einen Rentenabschlag in Höhe von knapp 10 Prozent der vorgezogenen Altersrente in Kauf zu nehmen.

Da sich künftig die Fälle häufen werden, in denen die Zeit vom 63. Lebensjahr (Ende der Altersteilzeit) bis zur Altersgrenze von 63 Jahren und x Monaten (Zugangsalter für ab 1953 geborene langjährig Versicherte) überbrückt werden muss, werden die konkret geltenden Altersgrenzen für alle Geburtsjahrgänge in der folgenden Tabelle 2 aufgeführt. Wer beispielsweise in 1958 geboren ist, muss immerhin ein volles Jahr vom 63. bis zum 64. Lebensjahr überbrücken, um die gewünschte abschlagsfreie Rente nach 45 Versicherungsjahren zu erhalten.

Tabelle 2: Zugangsalter für die abschlagsfreie Rente von besonders langjährig Versicherten

Geburtsjahr	Zugangsalter für abschlagsfreie Rente
1951 und 1952	63 Jahre
1953	63 Jahre und 2 Monate
1954	63 Jahre und 4 Monate
1955	63 Jahre und 6 Monate
1956	63 Jahre und 8 Monate
1957	63 Jahre und 10 Monate
1958	64 Jahre
1959	64 Jahre und 2 Monate
1960	64 Jahre und 4 Monate
1961	64 Jahre und 6 Monate
1962	64 Jahre und 8 Monate
1963	64 Jahre und 10 Monate
ab 1964	65 Jahre

Mein Rat: Nutzen Sie die abschlagsfreie Rente, wenn Sie zu diesen Jahrgängen gehören und als besonders langjährig Versicherter tatsächlich 45 Versicherungsjahre bis zu dem in der Tabelle genannten Zugangsalter nachweisen können. Fehlen nur einige Monate an den erforderlichen 45 Versicherungsjahren, sollten Sie entsprechend später abschlagsfrei in Rente gehen. Im ungünstigsten Fall müssten Sie diese paar Monate durch Aufnahme eines versicherungspflichtigen Minijobs bis zu 450 Euro brutto oder durch eigene Geldmittel finanziell überbrücken.

Selbstverständlich können Sie auch nach Beginn der abschlagsfreien Altersrente noch weiter arbeiten, wenn Sie dies möchten, und ihre Frührente beispielsweise mit monatlich 450 Euro aus einem Minijob aufbessern. Sofern Sie aber über 6.300 Euro im Jahr hinzuverdienen, wird ihre Frührente gekürzt (siehe Kapitel 3.2).

Eine Frühverrentungswelle nach Kündigung des Arbeitsverhältnisses mit 61 Jahren und unmittelbar darauf folgenden zwei Jahren Arbeitslosigkeit wurde dadurch verhindert, dass ab dem 61. Lebensjahr eingetretene Zeiten der Arbeitslosigkeit nicht auf die geforderten 45 Versicherungsjahre angerechnet werden. Es sei denn, die Arbeitslosigkeit wurde durch Liquidation oder Insolvenz des Betriebes verursacht.

Der wissenschaftliche Dienst des Bundestages hält dies allerdings für verfassungswidrig wegen der Unvereinbarkeit mit dem Gleichheitsgebot von Artikel 3 des Grundgesetzes, da eine solche „Ausnahme von der Ausnahme" betriebsbedingte Kündigungen nicht mit einschließe und dadurch unfreiwillig in die Arbeitslosigkeit entlassene Arbeitnehmer benachteilige.

4.2 Abschlagsfreie Rente für Schwerbehinderte

Neben der neu eingeführten abschlagsfreien Altersrente ab 63 Jahren für besonders langjährig Versicherte nach 45 Versicherungsjahren gibt es schon länger die abschlagsfreie Altersrente für schwerbehinderte Menschen nach 35 Versicherungsjahren[27]. Im Jahr 2015 waren es immerhin rund 58.000 Neurentner, die wegen einer Schwerbehinderung früher in Rente gingen.

---

[27] § 37 SGB VI, siehe https://www.gesetze-im-internet.de/sgb_6/__36.html

Sofern sie im Januar bis Mai 1952 geboren waren, war ihre Frührente mit 63 Jahren und einem Monat bis zu fünf Monaten abschlagsfrei. Im Juni bis Dezember 1952 geborene Schwerbehinderte erhielten die abschlagsfreie Rente mit 63 Jahren und sechs Monaten erst im Jahr 2016.

Grundsätzlich können Sie als Schwerbehinderter zwei Jahre vor Erreichen Ihrer Regelaltersgrenze abschlagsfrei in Rente gehen. Für in 1958 geborene Schwerbehinderte liegt das Zugangsalter für die abschlagsfreie Rente somit bei 64 Jahren und für alle ab 1964 geborenen Schwerbehinderten bei 65 Jahren, wie auch die folgende Tabelle zeigt.

Tabelle 3: Zugangsalter für abschlagsfreie Rente ab 63 bei Schwerbehinderten

Geburtsjahr	Zugangsalter für abschlagsfreie Rente
Januar 1952	63 Jahre und 1 Monat
Februar 1952	63 Jahre und 2 Monate
März 1952	63 Jahre und 3 Monate
April 1952	63 Jahre und 4 Monate
Mai 1952	63 Jahre und 5 Monate
Juni bis Dezember 1952	63 Jahre und 6 Monate
1953	63 Jahre und 7 Monate
1954	63 Jahre und 8 Monate
1955	63 Jahre und 9 Monate
1956	63 Jahre und 10 Monate
1957	63 Jahre und 11 Monate
1958	64 Jahre
1959	64 Jahre und 2 Monate
1960	64 Jahre und 4 Monate
1961	64 Jahre und 6 Monate
1962	64 Jahre und 8 Monate
1963	64 Jahre und 10 Monate
ab 1964	65 Jahre

Für schwerbehinderte Menschen, die vor 1955 geboren sind, bleibt es sogar bei der abschlagsfreien Altersgrenze von genau 63 Jahren, wenn sie bereits am 1.1.2007 als Schwerbehinderte anerkannt waren und vor diesem Datum Altersteilzeit mit ihrem Arbeitgeber vereinbart hatten.

Beim Vergleich der Tabelle 3 für abschlagsfreie Schwerbehindertenrenten nach 35 Versicherungsjahren mit der Tabelle 2 für besonders langjährig Versicherte nach 45 Versicherungsjahren fallen deutliche Parallelen auf. Das jeweilige Zugangsalter für die abschlagsfreie Rente ist für alle Geburtsjahrgänge ab 1958 völlig identisch.

1958er können also mit 64 Jahren abschlagsfrei in Rente gehen, und zwar entweder als schwerbehinderte Menschen nach 35 Versicherungsjahren oder als besonders langjährig Versicherte nach 45 Versicherungsjahren. Außerdem gibt es die abschlagsfreie Altersrente mit 65 Jahren für alle ab 1964 geborenen Schwerbehinderten oder besonders langjährig Versicherten.

Das jeweilige Zugangsalter für die Jahrgänge 1952 bis 1957 ist jedoch nicht konform. So können beispielsweise in 1954 geborene Schwerbehinderte erst mit 63 Jahren und acht Monaten in Rente gehen, besonders langjährig versicherte 1954er aber bereits vier Monate früher. Beim Jahrgang 1953 lag das Zugangsalter für besonders langjährig Versicherte fünf Monate und bei im Juni bis Dezember 1952 geborenen besonders langjährig Versicherten sogar sechs Monate früher.

Ganz offensichtlich haben sich schwerbehinderte Menschen, die zwischen Juni und Dezember 1952 geboren sind und noch auf 45 Versicherungsjahre kamen, für die günstigere abschlagsfreie Rente für besonders langjährig Versicherte entschieden und sind bereits im Jahr 2015 abschlagsfrei in Rente gegangen.

Dies erklärt auch den deutlichen Rückgang der Schwerbehindertenrenten von 79.000 in 2014 sowie 2013 auf nur noch 58.000 in 2015. In 2010 gab es noch 87.000 Altersrenten für schwerbehinderte Menschen. Die Anzahl der Altersrenten für schwerbehinderte Menschen wird aber spätestens ab Jahrgang 1958 wieder steigen, da es dann kein abweichendes Zugangsalter für die abschlagsfreie Altersrente mehr gibt. Zudem werden viele schwerbehinderte Menschen nicht auf 45 Versicherungsjahre kommen, so dass sie dann auf die abschlagsfreie Schwerbehindertenrente ab 64 Jahren angewiesen sind.

Auf jeden Fall lohnt es sich, frühzeitig einen Antrag auf Anerkennung als Schwerbehinderter beim zuständigen Versorgungsamt zu stellen, sofern man unter größeren gesundheitlichen Einschränkungen (zum Beispiel Krebserkrankung, schweres Asthma, erlittener Herzinfarkt) leidet. Man sollte damit also nicht bis zum Rentenantrag warten.

Ein späterer Wechsel in die Schwerbehindertenrente nach bindender Bewilligung oder Bezug einer anderen Altersrente ist grundsätzlich nicht möglich[28]. Der Wechsel von einer abschlagspflichtigen Altersrente für langjährige Versicherte in eine günstigere abschlagsfreie Altersrente für schwerbehinderte Menschen wäre nur dann möglich, wenn der Antrag auf Anerkennung als Schwerbehinderter schon vor dem Bezug der abschlagspflichtigen Rente gestellt wurde. Auf den Zeitpunkt des Schwerbehindertenbescheids kommt es in diesem Ausnahmefall nicht an. Sinnvoll ist es, die Rentenversicherung beim Antrag für die abschlagspflichtige Altersrente bereits über die beantragte Anerkennung als Schwerbehinderter zu informieren.

Wer zu den schwerbehinderten Menschen zählt

Die Altersrente für schwerbehinderte Menschen setzt zunächst einmal voraus, dass der Versicherte auch rentenrechtlich als schwerbehindert gilt. Dies ist immer dann der Fall, wenn der Grad der Behinderung (GdB) mindestens 50 Prozent beträgt. Diesen so genannten GdB von mindestens 50 Prozent müssen schwerbehinderte Menschen durch Vorlage ihres Schwerbehindertenausweises nachweisen.

Die Anerkennung als Schwerbehinderter können Sie bei dem für Sie zuständigen Versorgungsamt beantragen unter Vorlage von entsprechenden ärztlichen Bescheinigungen über gesundheitliche Handicaps. Nach Prüfung Ihres Antrags erhalten Sie dann einen Schwerbehindertenbescheid, der Auskunft über den Grad Ihrer Behinderung gibt.

---

[28] § 34 Abs. 4 SGB VI, siehe https://www.gesetze-im-internet.de/sgb_6/__34.html

Wartezeit von 35 Jahren für schwerbehinderte Menschen

Für die abschlagsfreie Schwerbehindertenrente ab 63 Jahren müssen Sie eine Wartezeit von 35 Jahren nachweisen[29]. Im Gegensatz zu den geforderten 45 Versicherungsjahren bei der abschlagsfreien Rente ab 63 für besonders langjährig Versicherte werden bei schwerbehinderten Menschen zur Erfüllung der 35-jährigen Wartezeit sämtliche rentenrechtlichen Zeiten angerechnet, also beispielsweise auch schulische Ausbildungszeiten und Zeiten mit freiwilligen Beiträgen ohne jegliche Einschränkung.

Zu diesen rentenrechtlichen und auf die Wartezeit von 35 Jahren angerechneten Zeiten zählen[30]:

- Pflichtbeitragszeiten (einschließlich Zeiten der Kindererziehung für die ersten drei bzw. zwei Jahre je Kind)
- Zeiten mit freiwilligen Beiträgen
- Zeiten mit Arbeitslosengeld I
- Berücksichtigungszeiten (zum Beispiel wegen Kindererziehung bis zu sieben bzw. acht Jahre je Kind)
- Anrechnungszeiten (zum Beispiel schulische Ausbildungszeiten bis zu acht Jahren ab dem 17. Lebensjahr)
- Zeiten aus dem Versorgungsausgleich
- Zeiten aus dem Rentensplitting unter Ehegatten oder eingetragenen Lebenspartnern.

In aller Regel werden schwerbehinderte Menschen diese Wartezeit von 35 Jahren bis zum vollendeten 63. Lebensjahr erfüllen. In Zeiten, in denen Sie ausnahmsweise nicht pflichtversichert sind, sollten Sie freiwillige Beiträge zur gesetzlichen Rente zahlen. Ein Mindestbeitrag von zurzeit 84,15 Euro im Monat – dies entspricht 18,7 Prozent von 450 Euro - reicht. Mit freiwilligen Beiträgen können Sie auf diese recht einfache Weise eventuell fehlende Lücken bequem schließen.

---

[29] §§ 37 und 50 Abs. 4 SGB VI, siehe https://www.gesetze-im-internet.de/sgb_6/__37.html und https://www.gesetze-im-internet.de/sgb_6/__50.html
[30] §§ 51 Abs. 3 und 54 SGB VI, siehe https://www.gesetze-im-internet.de/sgb_6/__51.html und https://www.gesetze-im-internet.de/sgb_6/__54.html

4.3   Altersrenten mit Abschlägen

Im Jahr 2015 erhielten 205.000 Neurentner eine Altersrente mit Abschlag. Dies waren 23 Prozent der gesamten Neuzugänge an Altersrenten. Der Rentenabschlag betrug im Durchschnitt 79 Euro für rund 26 Abschlagmonate. Im Jahr zuvor gab es 197.000 neue Altersrentner mit einem Rentenabschlag von 76 Euro für 23 Abschlagsmonate.

In den Jahren 2010 bis 2013 lag die Anzahl der abschlagspflichtigen Altersrenten mit 320.000 bis 238.000 deutlich höher. Sogar 113 Euro machte der Rentenabschlag für 38 Abschlagsmonate im Jahr 2010 aus, was insbesondere auf die damals beliebten Frauenaltersrenten und Altersrenten wegen Altersteilzeit oder nach Arbeitslosigkeit für vor 1952 geborene Versicherte zurückzuführen ist.

Der drastische Rückgang der abschlagspflichtigen Altersrenten in den Jahren 2014 bis 2015 ist eindeutig auf die Einführung der abschlagsfreien Altersrente für besonders langjährig Versicherte ab 1.7.2014 zurückzuführen. Ab 2016 wird die Anzahl der abschlagspflichtigen Altersrenten aber wieder steigen, da die Altersrenten für Frauen und wegen Altersteilzeit bzw. nach Arbeitslosigkeit für vor 1952 geborene Versicherte spätestens Ende 2017 auslaufen.

Auch die durchschnittlichen Rentenabschläge und die Zahl der Abschlagsmonate werden künftig deutlich steigen, da 63-jährige Frührentner in 2017 bereits auf 32 Abschlagsmonate kommen, wenn sie als langjährig Versicherte vorzeitig in Rente gehen. Bei einem Abschlagssatz von 9,6 Prozent einer monatlichen Bruttorente von beispielsweise 1.500 Euro macht der monatliche Rentenabschlag bereits 144 Euro aus. Beim Jahrgang 1958, der in 2024 mit 63 Jahren in Rente geht, sind es bereits 36 Abschlagsmonate bzw. drei Abschlagsjahre mit einem Rentenabschlag von 10,8 Prozent.

Noch schlechter sind die Jahrgänge ab 1964 dran, die als langjährig Versicherte ebenfalls mit 63 Jahren vorzeitig in Rente gehen wollen. Dann fallen bereits 48 Abschlagsmonate bzw. vier Abschlagsjahre sowie ein Rentenabschlag in Höhe von 14,4 Prozent der monatlichen Bruttorente an.

Grundsätzlich gilt: **Langjährig Versicherte** können bereits mit 63 Jahren vorzeitig in Rente gehen, sofern sie bis dahin die Wartezeit von 35

Jahren erfüllt haben[31]. Auf diese Wartezeit werden wie bei schwerbehinderten Menschen alle rentenrechtlichen Zeiten angerechnet, also auch alle Zeiten mit freiwilligen Beiträgen und Ausbildungszeiten bis zu acht Jahren nach dem vollendeten 17. Lebensjahr.

Um Klarheit zu gewinnen über die Anzahl der Abschlagsmonate und die Höhe des Rentenabschlags in Prozent der monatlichen Bruttorente, lohnt sich der Blick auf die folgende Tabelle 4 (Abschlagtabelle für langjährig Versicherte).

Tabelle 4: Höhe der Rentenabschläge in Prozent für langjährig Versicherte bei Frührente mit 63 Jahren

Geburtsjahr	Anzahl der Monate vor Regelaltersgrenze	Rentenabschlag in Prozent bei Rente mit 63 Jahren
1952	30	9,0 %
1953	31	9,3 %
1954	32	9,6 %
1955	33	9,9 %
1956	34	10,2 %
1957	35	10,5 %
1958	36	10,8 %
1959	38	11,4 %
1960	40	12,0 %
1961	42	12,6 %
1962	44	13,2 %
1963	46	13,8 %
ab 1964	48	14,4 %

Für heute 59-Jährige mit Geburtsjahr 1958 gilt beispielsweise die Regelaltersgrenze von exakt 66 Jahren. Wenn Sie nun mit 63 Jahren und damit drei Jahre bzw. 36 Monate früher in Rente gehen wollen, beträgt der künftige Rentenabschlag 10,8 Prozent. Er wird wie folgt berechnet: 3,6

---

[31] § 36 Abs. 2 SGB VI, siehe https://www.gesetze-im-internet.de/sgb_6/__36.html

Prozent mal 3 Jahre oder 0,3 Prozent mal 36 Monate. Die Anzahl der Abschlagsmonate ergibt sich immer aus der Differenz zwischen der gewünschten Frührente mit beispielsweise 63 Jahren und der vom Geburtsjahrgang abhängigen Regelaltersgrenze. Der Rentenabschlag macht 0,3 Prozent für jeden vorzeitig in Anspruch genommenen Kalendermonat aus[32].

Auch bei schwerbehinderten Menschen gibt es Rentenabschläge bei vorzeitigem Rentenbeginn mit 63 Jahren. Die folgende Tabelle 5 (Abschlagstabelle für schwerbehinderte Menschen) unterscheidet sich von der Tabelle 4 dadurch, dass die Anzahl der Abschlagsmonate für alle Geburtsjahrgänge ab 1958 ebenso wie die Höhe des Rentenabschlags in Prozent deutlich reduziert wird.

Tabelle 5: Höhe der Rentenabschläge in Prozent für schwerbehinderte Menschen bei Frührente mit 63 Jahren

Geburtsjahr	Anzahl der Monate vor abschlagsfreier Altersgrenze	Rentenabschlag in Prozent bei Rente mit 63 Jahren
1952	6	1,8 %
1953	7	2,1 %
1954	8	2,4 %
1955	9	2,7 %
1956	10	3,0 %
1957	11	3,3 %
1958	12	3,6 %
1959	14	4,2 %
1960	16	4,8 %
1961	18	5,4 %
1962	20	6,0 %
1963	22	6,6 %
ab 1964	24	7,2 %

[32] § 77 Abs. 2 Nr. 2a SGB VI, siehe https://www.gesetze-im-internet.de/sgb_6/__77.html

Wer beispielsweise in 1958 geboren und bei Rentenbeginn schwerbehindert ist, kann erst mit 64 Jahren abschlagsfrei in Rente gehen. Wenn er aber die Schwerbehindertenrente schon mit 63 Jahren beziehen will, muss er einen Rentenabschlag von 3,6 Prozent für ein Jahr bzw. 12 Abschlagsmonate in Kauf nehmen. Dies sind zwei Abschlagsjahre und immerhin 7,2 Prozentpunkte weniger im Vergleich zur abschlagspflichtigen Altersrente für langjährig Versicherte ab 63.

Ab Jahrgang 1964 wird die Anzahl der Abschlagsmonate bei schwerbehinderten Menschen auf 24 beschränkt, so dass der Rentenabschlag von 14,4 Prozent für langjährig Versicherte mit 63er-Rente auf 7,2 Prozent für schwerbehinderte Menschen sinkt. Abschlagsmonate und Abschlagssatz werden also für alle Jahrgänge ab 1964 mit anerkannter Schwerbehinderung halbiert.

Schwerbehinderte ersparen sich im Vergleich zu den langjährig Versicherten somit die Rentenabschläge für zwei Jahre. Dieser geringere Rentenabschlag und die Vorverlegung der Regelaltersgrenze von 67 Jahren auf die abschlagsfreie Altersgrenze von 65 Jahren für ab 1964 geborene schwerbehinderte Menschen stellen echte finanzielle und zeitliche Vorteile vor.

Auch bei den Jahrgängen 1952 bis 1957 werden Rentenabschläge für zwei Jahre eingespart. Wer beispielsweise in 1954 geboren und schwerbehindert ist, muss nur für acht statt 32 Monate Rentenabschläge zahlen. Sein Abschlagssatz sinkt dadurch von 9,6 Prozent auf nur noch 2,4 Prozent. Nur 1,8 Prozent waren es beim Jahrgang 1952, der in 2015 mit 63 Jahren als schwerbehinderter Mensch in Rente ging.

„Früher in Rente mit Abschlag in Rente" für langjährig Versicherte und Schwerbehinderte ist quasi das Kontrastprogramm zu „Später in Rente mit Zuschlag" bei Rentenaufschub. Wenn Sie bis zum Alter von 63 die rentenrechtlichen Zeiten von mindestens 35 Jahren nicht erreichen, können Sie einige Monate weiter arbeiten oder, wenn Sie nicht mehr pflichtversichert sind, freiwillige Beiträge zur gesetzlichen Rente zahlen. Sie gehen dann halt nach Erfüllung der 35-jährigen Wartezeit mit beispielsweise 63 Jahren und 6 Monaten in Rente und reduzieren dadurch gleichzeitig den Rentenabschlag um 1,8 Prozent.

Und wenn Sie den Rentenabschlag ganz vermeiden wollen, können Sie diesen auch durch Zahlung eines Ausgleichsbetrages bereits ab einem Alter von 50 Jahren abkaufen. Wie dies genau funktioniert, zeige ich Ihnen im nachfolgenden Kapitel.

4.4 Ausgleich von Rentenabschlägen

Rentenabschläge sind für viele Frührentner ein Ärgernis. Bei Abschlägen von 9,9 Prozent für langjährig Versicherte, die in 1955 geboren sind und mit 63 Jahren im Jahr 2018 in Rente gehen wollen, oder gar 14,4 Prozent für langjährig Versicherte der Geburtsjahrgänge ab 1964 gehen rund ein Zehntel oder sogar ein Siebtel von der monatlichen Bruttorente ab. Sofern diese beispielsweise 1.400 Euro ausmacht, macht der Rentenabschlag bereits rund 140 oder gar 200 Euro aus. Bei einer um die Hälfte höheren Bruttorente von 2.100 Euro wären es bereits 210 oder 300 Euro.

Über die Höhe der Rentenabschläge zu jammern, bringt aber nichts. Tatsächlich sind die Abschlagssätze nicht zu hoch. Schließlich wird der Rentenabschlag bei Frührenten „versüßt" durch eine entsprechend längere Rentendauer. Würde man die Abschlagssätze finanzmathematisch richtig ansetzen, wären sogar 6 Prozent statt bisher nur 3,6 Prozent pro Jahr fällig, das vor Erreichen der Regelaltersgrenze liegt.

Darüber hinaus gibt es grundsätzlich fünf Wege, Rentenabschläge vollständig oder zumindest teilweise zu vermeiden:

1. Nutzen der abschlagsfreien Altersrente für besonders langjährig Versicherte und schwerbehinderte Menschen (siehe Kapitel 4.1 und 4.2)

2. Weiterarbeit bis zum Erreichen der Regelaltersgrenze, um eine abschlagsfreie Regelaltersrente zu erhalten

3. Weiterarbeit als Frührentner, um mit Pflichtbeiträgen den Rentenabschlag nachträglich zu vermindern

4. freiwillige Beiträge von Frührentnern für die Zeit vom Beginn der vorgezogenen Altersrente bis zum Erreichen der Regelaltersgrenze (erst seit 1.1.2017 möglich), um den Rentenabschlag nachträglich zu vermindern

5. Ausgleich bzw. Rückkauf von Rentenabschlägen für langjährig Versicherte und schwerbehinderte Menschen (ab 1.7.2017 für alle mindestens 50-Jährigen auf Antrag möglich).

Insbesondere der 5. Weg ist für die Altersgruppe 50plus attraktiv, sofern die nötigen finanziellen Mittel zum Ausgleich der künftigen Rentenabschläge vorhanden sind. Schon im Gesetzentwurf zur Flexirente heißt es: *„Versicherte können früher und flexibler als bisher zusätzliche Beiträge in die Rentenversicherung einzahlen, um Rentenabschläge auszugleichen, die mit einer geplanten vorzeitigen Inanspruchnahme einer Altersrente einhergehen würden.“*

Dieser Ausgleich von Rentenabschlägen ist ab 1.7.2017 bereits ab Vollendung des 50. Lebensjahres möglich, also fünf Jahre früher als bisher. Zudem kann der fast immer hohe fünfstellige Ausgleichsbetrag flexibel über Jahres- oder Halbjahresraten gestreckt werden. Die Zahlung kann also tatsächlich „früher und flexibler" erfolgen, wie es im Gesetzentwurf heißt.

Berechtigte für Abschlagsrückkauf

Nicht jeder Versicherte kann Rentenabschläge zurückkaufen. Zwei Voraussetzungen müssen erfüllt werden: Sie müssen ab 1.7.2017 bei Antragstellung das 50. Lebensjahr vollendet haben und bis zum geplanten Beginn der vorzeitigen Altersrente die 35-jährige Wartezeit erreichen können. Dabei kommt es nicht darauf an, ob sie pflichtversichert oder freiwillig versichert sind.

Sofern ein berechtigtes Interesse am Ausgleich von Rentenabschlägen nachgewiesen wird, können auch noch nicht 50-Jährige eine besondere Rentenauskunft beantragen und damit zugleich einen Antrag auf Rückkauf von Rentenabschlägen stellen. Darauf weist der Sozialbeirat der Bundesregierung in seinem Ende November 2016 erstellten Sozialbeirat - Gutachten sogar ausdrücklich hin[33] (dort Seite 27 oben).

Wann ein berechtigtes Interesse zum Abschlagsrückkauf vor dem vollendeten 50. Lebensjahr vorliegt, hängt zwar immer vom Einzelfall ab. Indirekt gibt es dazu aber folgende Hinweise in der Begründung zum Entwurf des Flexirentengesetzes: *„Vor einem Alter von 50 Jahren dürfte es*

---

[33] http://www.sozialbeirat.de/files/gutachten_2016_sign.pdf

für die Versicherten noch kaum vorhersehbar sein, ob sie tatsächlich vorgezogen in Altersrente gehen wollen. Ferner darf es nicht hinreichend valide abschätzbar sein, wie hoch die Rentenminderung durch Abschläge ausfallen kann, weil dafür die Rentenansprüche bis zum Zeitpunkt des Renteneintritts vorausgeschätzt werden müssen[34] (dort Seite 25 des Entwurfs zum Flexirentengesetz).

Mit hoher Wahrscheinlichkeit wird ein solches berechtigtes Interesse also nicht bei Versicherten unter 38 Jahren vorliegen, die noch mehr als 25 Versicherungsjahre bis zum frühesten Rentenbeginn mit 63 Jahren vor sich liegen haben und daher kaum vorhersehen können, wann sie in Rente gehen wollen und wie hoch ihre künftige Rente sein wird.

Bei 46- bis 49-jährigen Versicherten sind es beispielsweise aber nur noch 17 bis 14 Jahre bis zur Frührente mit 63, also weniger als die Hälfte der erforderlichen 35 Jahre für langjährig Versicherte und schwerbehinderte Menschen. Die vorgezogene Altersrente mit beispielsweise 63 Jahren kann also durchaus vorhersehbar sein und eine Vorausschätzung der Rentenansprüche bis zu diesem Zeitpunkt auch bereits heute erfolgen.

Ein berechtigtes Interesse könnte bei dieser Altersgruppe durchaus schon vorliegen. Mir ist das Beispiel eines 47-jährigen pflichtversicherten Selbstständigen persönlich bekannt, der sein berechtigtes Interesse im Frühjahr 2017 nachgewiesen hat und die Berechnung des Ausgleichsbetrags zum Rückkauf seines Rentenabschlags von 14,4 Prozent bei Rentenbeginn in 2033 auf seinen Antrag hin problemlos von der Deutschen Rentenversicherung erhalten hat.

Teilzeitbeschäftigte Mütter im Alter von beispielsweise 48 oder 49 Jahren könnten ihr berechtigtes Interesse damit begründen, dass ihnen von ihrem Arbeitgeber derzeit die Rückkehr zur Vollzeitbeschäftigung verwehrt wird und sie somit in die berüchtigte Teilzeitfalle geraten. Damit ihre künftige Frührente wegen des hohen Rentenabschlags aber nicht zu niedrig ausfällt, bestünde schon jetzt ein Interesse am Rückkauf dieser Abschläge. Kaum denkbar, dass sich die Deutsche Rentenversicherung diesem Interesse an einer höheren Altersrente für Frauen verweigern

---

[34] http://dip21.bundestag.de/dip21/btd/18/097/1809787.pdf

würde. Schließlich ist die frühere Frauenaltersrente ab 60 Jahren für alle ab 1952 geborenen Frauen ausgelaufen.

Abgesehen von den geschilderten Sonderfällen gilt aber grundsätzlich: Wer ab 1.7.2017 Rentenabschläge zurückkaufen und damit kompensieren will, muss mindestens 50 Jahre alt sein (also beispielsweise Geburtsjahrgänge bis 1967 bei Antragstellung im Jahr 2017), in der gesetzlichen Rentenversicherung versichert sein und mindestens 35 Versicherungsjahre bis zum geplanten Rentenbeginn mit frühestens 63 Jahren erreichen können.

Liegen diese beiden persönlichen Voraussetzungen für einen Rückkauf von Abschlägen bei einer vorzeitigen Altersrente vor, muss der Versicherte eine **besondere Rentenauskunft**[35] bei der Deutschen Rentenversicherung (DRV) anfordern und das im Internet verfügbare **Formular V 0210** „Antrag auf Auskunft über die Höhe der Beitragszahlung zum Ausgleich einer Rentenminderung bei vorzeitiger Inanspruchnahme einer Rente wegen Alters" ausfüllen.

Sofern der Versicherte und Antragsteller die Wartezeit von 35 Jahren für die beabsichtigte Frührente mit zum Beispiel 63 Jahren erfüllen kann, erhält er von der Deutschen Rentenversicherung dann eine Berechnung des Ausgleichsbetrages. Erst nach Erhalt dieser Berechnung entscheidet er, ob er den Ausgleichsbetrag zahlt oder nicht.

Er geht mit dieser sehr bürokratisch anmutenden Methode überhaupt kein Risiko ein. Erst mit Zahlung des Ausgleichsbetrags hat er seine endgültige Entscheidung zum Rückkauf von Rentenabschlägen getroffen. Selbstverständlich ist das gesamte Verfahren gebührenfrei.

Ihr Antrag auf Zahlung eines Ausgleichsbeitrags zum Ausgleich von Abschlägen bei einer vorzeitigen Altersrente[36] wird immer dann akzeptiert, wenn Sie die für eine Frührente erforderliche 35-jährige Wartezeit mit rentenrechtlichen Zeiten erreichen können, aber nicht die für eine abschlagsfreie Rente ab 63 erforderlichen 45 Versicherungsjahre. Insbesondere Akademiker werden die 45 Versicherungsjahre nicht nachweisen können, da sie nach Abschluss ihres Studiums bestenfalls 40 Versicherungsjahre bis zum vorgezogenen Rentenbeginn erreichen.

---

[35] § 109 Abs. 4 SGB VI, NEU ab 1.7.2017 (siehe Gesetzeswortlaut im Anhang)
[36] § 187a SGB VI, NEU ab 1.7.2017 (siehe Gesetzeswortlaut im Anhang)

Die weitaus meisten Versicherten werden allerdings die 35-jährige Wartezeit schaffen, da auf diese spezielle Wartezeit für langjährig Versicherte oder Schwerbehinderte sämtliche rentenrechtlichen Zeiten angerechnet werden können, also außer den Pflichtbeitragszeiten auch Zeiten mit freiwilligen Beiträgen sowie beitragsfreie Zeiten wie zum Beispiel Anrechnungszeiten bis zu acht Jahren für die Schul- und Hochschulausbildung ab dem 17. Lebensjahr und Berücksichtigungszeiten bis zu sieben bzw. acht Jahren pro Kind für die Kindererziehung zusätzlich zu den drei bzw. zwei Pflichtbeitragsjahren.

Es ist keineswegs so, dass nur pflichtversicherte Arbeitnehmer Rentenabschläge zurückkaufen können. Auch freiwillig versicherte Selbstständige, Freiberufler, Beamte und nicht erwerbstätige Personen (zum Beispiel Hausfrauen bzw. –männer), die über Jahre oder gar Jahrzehnte freiwillige Beiträge zur gesetzlichen Rente gezahlt haben, können zum Abschlagsrückkauf berechtigt sein.

Sie müssen allerdings ebenfalls die Wartezeit von 35 Jahren mit rentenrechtlichen Zeiten bis zum Beginn der geplanten Frührente erfüllen können. Da sie mangels Arbeitgeber keine Arbeitgeber-Bescheinigung über das derzeit erzielte Gehalt vorlegen können, müssen sie der Deutschen Rentenversicherung die beabsichtigte Höhe der freiwilligen Beiträge mitteilen. Es reicht, wenn dabei auf die derzeit gezahlten Beiträge verwiesen wird.

Der Antrag auf Zahlung eines Ausgleichsbetrags wird nur dann abgelehnt, wenn der Versicherte bis zum gewünschten vorzeitigen Rentenbeginn die spezielle Wartezeit von 35 Jahren für langjährig Versicherte oder Schwerbehinderte nicht oder die spezielle Wartezeit von 45 Jahren als Voraussetzung für die neue abschlagsfreie Rente ab 63 Jahren doch noch erreichen kann.

Bei der speziellen 45-jährigen Wartezeit für besonders langjährig Versicherte werden bekanntlich nur Pflichtbeitragszeiten (einschließlich Zeiten der Arbeitslosigkeit mit Arbeitslosengeld I), Zeiten mit freiwilligen Beiträgen (sofern Pflichtbeiträge für mindestens 18 Jahre gezahlt wurden) und Berücksichtigungszeiten (zum Beispiel wegen Kindererziehung bis zu sieben bzw. acht Jahren pro Kind) mitgezählt.

Für einen Ausgleichsbetrag bei einer vorgezogenen Rente mit beispielsweise 63 bis 65 Jahren für langjährig Versicherte kommen daher nur Versicherte infrage, die mindestens 35 Jahre an rentenrechtlichen Zeiten erreichen können, aber weniger als 45 Versicherungsjahre.

Die Rentenabschläge können allerdings noch bis zum Erreichen der Regelaltersgrenze durch Zahlung eines Ausgleichsbetrags ausgeglichen werden. Wer bereits mit 63 Jahren eine Altersrente mit Abschlag bezogen hat, kann den Abschlag also auch noch in späteren Jahren abkaufen. Andererseits können Versicherte, die beispielsweise erst mit 64 oder 65 Jahren die Wartezeit von 35 Jahren erreichen, den Beginn ihrer Frührente um ein oder zwei Jahre verschieben.

Ausgleichsbeträge zum Abkaufen von Rentenabschlägen bei der Erwerbsminderungsrente sind nicht erlaubt. Bei Regelaltersrenten und abschlagsfreien Altersrenten für besonders langjährig Versicherte können Rentenabschläge und somit Ausgleichsbeträge für den Rückkauf logischerweise gar nicht anfallen. Es muss sich später also immer um eine vorgezogene Altersrente für langjährig Versicherte oder Schwerbehinderte handeln. Hinterbliebene wie Witwen oder Witwer können einen Abschlagsrückkauf nur für ihre eigene Altersrente vornehmen.

Wer Rentenabschläge bei seiner Frührente abkaufen will, muss zwar schriftlich erklären, dass er eine Altersrente vorzeitig beanspruchen will. An diese Absichtserklärung ist er aber nicht gebunden. Ab 1.7.2017 wird dies mit folgenden Worten klargestellt: *„Die Berechtigung zur Zahlung setzt voraus, dass der Versicherte erklärt, eine solche Rente in Anspruch nehmen zu wollen"*[37].

Wollen ist nicht Müssen. Das heißt: Sie können Ihre Absicht später auch ändern, auf die geplante vorgezogene Altersrente verzichten und beispielsweise erst mit Erreichen der Regelaltersgrenze in Rente gehen. In diesem Fall führt der gezahlte Ausgleichsbetrag über die zusätzlich erworbenen Entgeltpunkte zu einer Erhöhung der Regelaltersrente, also zu einem echten Mehr an Rente.

Dieser Weg - manche sprechen von einem Trick oder einer Rentenerhöhung durch die Hintertür - ist völlig legal und daher auch nicht an-

---

[37] § 187a Abs. 1 Satz 2 SGB VI, NEU ab 1.7.2017 (siehe Gesetzeswortlaut im Anhang)

greifbar. Schließlich kann man niemanden zu einer Frührente zwingen, die er vor Jahren einmal eingeplant hatte. Der Abschlagskäufer allein entscheidet, ob er tatsächlich früher in Rente geht oder nicht. Eine aus persönlichen Gründen geänderte Ruhestandsplanung hinsichtlich des Rentenbeginns wird also akzeptiert.

Ab 1.7.2017 sind auch jährliche oder halbjährliche Teilzahlungen zulässig. Der fast immer fünfstellige Ausgleichsbetrag muss also nicht auf einen Schlag in einer Summe gezahlt, sondern kann auch in Jahres- oder Halbjahresraten geleistet werden. Allerdings müssen für jede Teilzahlung neue Berechnungen vorgenommen werden, da sich die Rechengrößen wie Durchschnittsentgelt und Beitragssatz in späteren Jahren in aller Regel ändern. Der Ausgleichsbetrag wird dann quasi über einige Jahre „abgestottert". Monatliche Teilzahlungen sind aber nicht erlaubt.

Sie haben auch die Möglichkeit, den Ausgleichsbetrag auf nur einen Teil des Rentenabschlags zu beschränken. Es besteht somit sowohl für die Art der Zahlung (Einmal- oder Teilzahlung) als auch für die Höhe der Zahlung (voller oder nur teilweiser Rückkauf der Rentenabschläge) volle Flexibilität. Sogar eine Kombination von zeitlicher Streckung durch Teilzahlungen und betragsmäßiger Kürzung durch teilweisen Abschlagsrückkauf ist erlaubt.

Außerdem kann der Rentenabschlag und damit der Ausgleichsbetrag dadurch reduziert werden, dass die Frührente nicht mit 63 Jahren, sondern beispielsweise ein Jahr später eingeplant wird. In diesem Fall des Aufschiebens um ein Jahr wird der Rentenabschlag um 3,6 Prozentpunkte gekürzt. Bei einer Frührente mit 65 Jahren sind dies bereits 7,2 Prozentpunkte weniger.

Der Rückkauf von Rentenabschlägen kann also sehr flexibel eingesetzt werden. Nur eins ist ausgeschlossen: Sie können sich den gezahlten Ausgleichsbetrag nicht wieder von der Deutschen Rentenversicherung erstatten lassen, wenn Sie das Geld für andere Zwecke benötigen. Daher muss der Rückkauf schon gut überlegt sein.

Leider ist der Rückkauf von Rentenabschlägen nicht nur weitgehend unbekannt, sondern auch recht kompliziert und erfordert hohe an die Deutsche Rentenversicherung zu zahlende Ausgleichsbeträge. Aus diesen

Gründen führt er im Bereich der gesetzlichen Altersvorsorge bisher noch ein stiefmütterliches Dasein.

Weniger als 1.000 Personen pro Jahr haben diesen Weg in den letzten Jahren beschritten. Dabei ist die „Zahlung von Beiträgen bei vorzeitiger Inanspruchnahme einer Rente wegen Alters", wie dieser Weg im Gesetz genannt wird[38], genau beschrieben. Allerdings erfolgt dies in einem für Laien unverständlichen Juristendeutsch. Manche Arbeitnehmer nehmen zudem irrtümlich an, sie müssten das Formular V0210 ihrem Arbeitgeber vorlegen, damit dieser eine entsprechende Entgeltbescheinigung erteilt.

Vorausbescheinigung des Arbeitgebers nicht erforderlich

Arbeitnehmer müssen indes keine Vorausbescheinigung ihres Arbeitgebers über *„das gegenwärtige beitragspflichtige Arbeitsentgelt aufgrund der bisherigen Beschäftigung und der bisherigen Arbeitszeit"* vorlegen, wie dies im entsprechenden Paragrafen unter Absatz 1 Satz 4 heißt. Denn der darauf unmittelbar folgende Satz 5 stellt klar: *„Soweit eine Vorausbescheinigung nicht vorliegt, ist von den durchschnittlichen monatlichen Entgeltpunkten der Beitragszeiten des Kalenderjahres auszugehen, für das zuletzt Entgeltpunkte ermittelt werden können"*.

Sie können sich also das Ausfüllen der Seiten 3 und 4 des Vordrucks V0210 und damit den Gang zu Ihrem Arbeitgeber sparen. Vorausbescheinigungen des Arbeitgebers einzuholen, ist schlicht überflüssig. Es ist sogar kontraproduktiv, wenn beispielsweise ein 58-jähriger Arbeitnehmer mit dem Wunsch an seinen Arbeitgeber herantritt, diese beiden Seiten auszufüllen.

Dadurch erfährt der Arbeitgeber aus erster Hand, dass sein Mitarbeiter die Firma beispielsweise schon mit 63 Jahren verlassen will, und denkt sich seinen Teil. Manchmal führt dies zu einer mittleren Tragödie und Katastrophe, wenn der Arbeitnehmer mit dem Vordruck V0210 zu seinem Chef oder dem Leiter der Personalabteilung geht. Beispiel: Unter „Zeitpunkt des beabsichtigten Rentenbeginns" trägt der Mitarbeiter ein Datum ein, mit dem niemand im Betrieb gerechnet hat. Und dann soll der Arbeitgeber auch noch eine Entgeltbescheinigung bzw. das Arbeitsentgelt „bis zum beabsichtigten Rentenbeginn" eintragen?

---

[38] § 187a SGB VI, NEU ab 1.7.2017 (siehe Gesetzeswortlaut im Anhang)

Zudem wird bei älteren Arbeitnehmern, die gerade in Altersteilzeit gehen wollen, ein geringeres Entgelt bescheinigt. Dadurch sinkt der Ausgleichsbetrag, was dem künftigen Altersteilzeitler möglicherweise gar nicht recht ist. Ähnliches passiert bei teilzeitbeschäftigten Frauen, denen das Teilzeitentgelt bescheinigt wird, obwohl sie in einigen Jahren voraussichtlich wieder vollzeitbeschäftigt sein werden.

Die Einbindung des Arbeitgebers ist beispielsweise nur dann sinnvoll, wenn aktuell mehr Gehalt bezogen wird als im zuletzt gespeicherten Kalenderjahr. Eine Hochrechnung ohne Arbeitgeber-Bescheinigung ist immer bei regelmäßigen freiwilligen Beitragszahlern vorzunehmen und bei Solo-Selbstständigen, die praktisch ihre eigenen Arbeitgeber sind.

So oder so: Eine Vorausbescheinigung des Arbeitgebers ist bei freiwilligen Beitragszahlern und pflichtversicherten Selbstständigen gar nicht möglich und bringt bei fast allen Arbeitnehmern mehr Nachteile als Nutzen. Sie sollten also in aller Regel ganz darauf verzichten.

Berechnung des künftigen Rentenabschlags in Euro

Der künftige Rentenabschlag in Prozent der Frührente hängt vom geplanten vorzeitigen Rentenbeginn und dem Geburtsjahrgang des langjährig Versicherten oder schwerbehinderten Menschen ab. Um auch den Rentenabschlag in Euro zu berechnen, muss die künftige Altersrente bekannt sein. Die Deutsche Rentenversicherung erstellt dazu eine Hochrechnung. Sie geht bei Pflichtversicherten vom aktuellen beitragspflichtigen Arbeitsentgelt aus, also dem monatlichen Bruttogehalt.

Beispiel für einen am 1.1.1958 geborenen langjährig Versicherten mit Frührente ab 63 Jahren: Wenn dessen aktuelles Entgelt exakt so hoch wäre wie das vorläufige Durchschnittsentgelt West von monatlich 3.092 Euro im Jahr 2017, würden sich die bis Ende 2016 zum Beispiel erreichten 36 Entgeltpunkte noch um vier weitere Entgeltpunkte vom 1.1.2017 bis zum Rentenbeginn am 1.1.2021 erhöhen, so dass dieser langjährig Versicherte insgesamt 40 Entgeltpunkte im Alter von 63 Jahren erreichen könnte.

Die künftige Altersrente dieses Durchschnittsverdieners im Westen läge dann bei brutto 1.241,20 Euro nach heutigem Stand (= 40 Entgeltpunkte x 31,03 Euro als aktueller Rentenwert West vom 1.7.2017 bis 30.6.2018). Der Rentenabschlag von 10,8 Prozent dieser Altersrente würde sich dann auf 134,05 Euro monatlich belaufen. Höchstens dieser Rentenabschlag, der sich aus der höchstmöglichen Minderung von Entgeltpunkten ergibt (hier 4,32 Entgeltpunkte = 40 Entgeltpunkte x 0,108), kann dann durch Zahlung eines Ausgleichsbetrages zurückgekauft werden.

Der Versicherte kann aber beispielsweise, wie bereits erwähnt, auch nur einen Teil des Rentenabschlags (zum Beispiel drei Viertel, zwei Drittel oder die Hälfte) durch Zahlung eines Ausgleichsbetrags kompensieren.

Für Ost-Versicherte gelten zwar die gleichen prozentualen Rentenabschläge. Die Höhe der Rentenabschläge in Euro liegt aber unter denen im Westen, da der aktuelle Rentenwert Ost ab 1.7.2017 nur 29,69 Euro ausmacht. Bei erreichbaren 40 Beitragsjahren mit Durchschnittsverdienst errechnet sich somit eine künftige Altersrente Ost von 1.187,60 Euro nach heutigem Stand (= 40 Entgeltpunkte x 29,69 Euro) und im Beispielfall des 58-Jährigen mit 63er-Frührente ein Rentenabschlag von 128,26 Euro (= 1.187,60 Euro x 0,108). Dies sind gut 4 Prozent weniger im Vergleich zum Rentenabschlag West. Nach der Ost-West-Rentenangleichung werden diese Unterschiede ab 2025 bei der Berechnung des Rentenabschlags in Euro allerdings entfallen.

Berechnung des Ausgleichsbetrags in Euro

Kopfzerbrechen bereitet vielen Versicherten verständlicherweise die Berechnung des Ausgleichsbetrags. Wie dieser Betrag im Einzelnen berechnet wird, geht aus der besonderen Rentenauskunft hervor, die Ihnen von der Deutschen Rentenversicherung auf Ihren Antrag hin zugesandt wird.

Sie müssen den Betrag also nicht selbst berechnen oder von Fachleuten berechnen lassen. Dennoch sollten Sie wissen, wie sich der Ausgleichsbetrag prinzipiell berechnet und in welcher Größenordnung dieser Betrag bei Ihnen ausfallen wird.

Grundsätzlich hängt die Höhe des Ausgleichsbetrages von den erreichbaren Entgeltpunkten zum Zeitpunkt der beabsichtigten Frührente, der daraus errechneten Bruttorente, dem davon abgezogenen Rentenabschlag und dem vorläufigen Durchschnittsentgelt im Jahr der Zahlung ab. Im Folgenden wird angenommen, dass die abschlagspflichtige Altersrente mit 63 für langjährig Versicherte nach 40 Pflichtbeitragsjahren erreicht wird.

Durchschnittsverdiener kommen dann auf 40 Entgeltpunkte und im Westen auf eine gesetzliche Rente von monatlich 1.241,20 Euro (= 40 Entgeltpunkte x 31,03 Euro). Bei Höherverdienern wird diese Rente um 50 Prozent auf 1.861,80 Euro (= 60 Entgeltpunkte x 31,03 Euro) steigen und bei Spitzenverdienern, deren Gehalt alle 40 Beitragsjahre über der Beitragsbemessungsgrenze in der gesetzlichen Rentenversicherung lag, um 90 Prozent auf 2.358,28 Euro (= 76 Entgeltpunkte x 31,03 Euro).

Für in 1958 geborene Versicherte, die mit 63 Jahren vorzeitig in Rente gehen wollen, beträgt der Rentenabschlag 10,8 Prozent der jeweiligen Bruttorente, also im Beispiel 134,05 Euro bei Durchschnittsverdienern. Bei Höherverdienern macht der Rentenabschlag 201,07 Euro und bei Spitzenverdienern 254,69 Euro aus.

Durchschnittsverdiener müssten dann einen Ausgleichsbetrag von 33.602 Euro in 2017 zahlen. Bei Höherverdienern wären es 50.403 Euro und bei Spitzenverdienern 63.844 Euro, sofern sie den Ausgleichsbetrag auf einen Schlag entrichten würden.

Wer es ganz genau wissen will, kann sich auch die Formel ansehen, nach der Ausgleichsbeträge von der Deutschen Rentenversicherung berechnet werden. Die Formel zur Berechnung des Ausgleichsbetrags enthält insgesamt fünf Faktoren:

Ausgleichsbetrag = [(erreichbare Entgeltpunkte x Rentenabschlag in Prozent) x (vorläufiges Durchschnittsentgelt x Beitragssatz)] : Zugangsfaktor

In der Mitteilung der Deutschen Rentenversicherung über die Höhe des von ihr berechneten Ausgleichsbetrags findet sich die auf drei Faktoren verkürzte Formel:

Ausgleichsbetrag = [Entgeltpunkte-Minderung x Umrechnungsfaktor]: Zugangsfaktor

Zur Erklärung: Die **Minderung der Entgeltpunkte** wird also durch die Multiplikation der erreichbaren Entgeltpunkte mit dem Rentenabschlagssatz berücksichtigt. Aus der Multiplikation des vorläufigen Durchschnittsentgelts mit dem Beitragssatz errechnet sich der **Umrechnungsfaktor**. Schließlich wird der **Zugangsfaktor** ermittelt, indem der Rentenabschlag zwischen 0,094 und 0,144 für Geburtsjahrgänge 1954 bis 1967 für langjährig Versicherte bei vorgezogener Altersrente mit 63 Jahren von der Zahl 1 abgezogen wird.

Hierzu eine Musterrechnung:

Für einen im Jahr 1958 geborenen langjährig Versicherten im Westen mit 40 erreichbaren Entgeltpunkten und einem Rentenabschlag von 10,8 Prozent für die Rente mit 63 errechnet sich im Jahr 2017 folgender Ausgleichsbetrag:

Ausgleichsbetrag

= [(40 x 0,108) x (37.103 x 0,187)] : 0,892

= [4,32 x 6.938,26] : 0,892 = 33.602,34 Euro

Mit einer Einmalzahlung von 33.602,34 Euro könnte dieser in 1958 geborene Versicherte einen Rentenabschlag von 134,05 Euro (= 4,32 Entgeltpunkte x 31,03 Euro aktueller Rentenwert West am 1.7.2017) im Jahr 2017 ausgleichen. Der jährliche Rentenabschlag von 1.608,60 Euro macht 4,8 Prozent des Ausgleichsbetrags von 33.602,34 Euro aus.

Diese 4,8 Prozent klingen wenig, aber mit einem gleich hohen Einmalbeitrag in einer klassischen Rürup-Rentenversicherung oder einer privaten Rentenversicherung kommt mit Sicherheit weniger heraus.

Bedenken Sie auch, dass der kompensierte Rentenabschlag quasi zu einer höheren Rente bereits ab 63 Jahren führt und jährliche Rentensteigerungen noch gar nicht berücksichtigt sind. Bei einer Rentendauer von 22 Jahren ab einem Alter von 63 Jahren und einer jährlichen Rentensteigerung von 2 Prozent läge die Rentensumme immerhin bei knapp 44.000 Euro brutto und damit immerhin gut 30 Prozent über dem Ausgleichsbetrag.

In der folgende Tabelle 6 werden für die Jahrgänge ab 1954 sowohl die Ausgleichsbeträge pro Entgeltpunkt als auch die Ausgleichsbeträge für Durchschnittsverdiener West mit erreichbaren 40 Entgeltpunkten zum 63. Lebensjahr bei Einmalzahlung in 2017 angegeben. Hierbei wurden also 40 Pflichtbeitragsjahre mit durchschnittlich einem Entgeltpunkt pro Jahr unterstellt und somit 40 Jahre mit Durchschnittsverdienst.

Tabelle 6: Ausgleichsbeträge im Jahr 2017 für langjährig Versicherte West bei 40 erreichbaren Entgeltpunkten im Alter von 63 Jahren

Jahr-gang	Rentenab-schlag in % und Euro	Aus-gleichs-betrag pro EP*	Entgeltpunk-te Minde-rung**	Ausgleichs-betrag ins-gesamt***
1954	9,6% = 119,16 €	7.675,07 €	3,84	29.472,27 €
1955	9,9% = 122,88 €	7.700,62 €	3,96	30.494,46 €
1956	10,2%= 126,60 €	7.726,35 €	4,08	31.523,51 €
1957	10,5%= 130,33 €	7.752,25 €	4,20	32.559,45 €
1958	10,8%= 134,05 €	7.778,32 €	4,32	33.602,34 €
1959	11,4% = 141,50 €	7.830,99 €	4,56	35.709,31 €
1960	12,0%= 148,94 €	7.884,39 €	4,80	37.845,06 €
1961	12,6% = 156,44 €	7.938,51 €	5,04	40.010,09 €
1962	13,2 %= 163,84 €	7.993,39 €	5,28	42.205,10 €
1963	13,8 %= 171,29 €	8.049,03 €	5,52	44.430,65 €
1964ff	14,4 %= 178,73 €	8.105,45 €	5,76	46.687,39 €

*) Ausgleichsbetrag pro Entgeltpunkt (EP) = (Durchschnittsentgelt West 37.103 Euro in 2017 x Beitragssatz 0,187) : Zugangsfaktor

**) Entgeltpunkte-Minderung = 40 Entgeltpunkte x Rentenabschlag

***) Ausgleichsbetrag insgesamt = Ausgleichsbetrag pro Entgeltpunkt x Entgeltpunkte-Minderung

Der in 1964 bis 1967 geborene langjährig Versicherte West müsste im Jahr 2017 somit die stolze Summe von 46.687 Euro zahlen. Der jährlich ersparte Rentenabschlag von 2.144,76 Euro würde dann nur 4,6 Prozent dieses Ausgleichsbetrags ausmachen. Verständlich, dass angesichts einer solch hohen Summe viele spontan mit „Das lohnt sich doch nicht" abwinken. Dies ist aber voreilig, wie die folgenden Überlegungen zeigen.

Vergleich von gesetzlicher Rente und Rürup-Rente

Manche glauben, dass die **klassische Rürup-Rente** besser abschneidet als die gesetzliche Rente. Dies ist aber beim Vergleich von gesetzlicher

Rente aus Ausgleichsbetrag und Rürup-Rente aus einem gleich hohen Einmalbeitrag nur ganz selten der Fall.

Tatsächlich kann man die gesetzliche Rente mit der Rürup-Rente gut vergleichen, da für beide die gleichen steuerlichen Regeln über die von Jahr zu Jahr steigende steuerliche Abzugsfähigkeit der Rentenbeiträge und den steuerpflichtigen Teil der Renten gelten.

Faire Vergleiche zeigen aber eindeutig, dass der ersparte Rentenabschlag als gesetzliche Rente aus dem Rückkauf von Rentenabschlägen bei allen Jahrgängen bis 1964 eine vergleichbare Rürup-Rente mit Hinterbliebenenabsicherung schlägt.

Dies gilt für den Vergleich von garantierten und möglichen Renten aus Ausgleichs- oder Einmalbeitrag. Und es gilt auch dann noch, wenn man von einem gesetzlich krankenversicherten Rentner ausgeht, bei dem von der gesetzlichen Rente brutto noch Beiträge zur gesetzlichen Kranken- und Pflegeversicherung von rund 11 Prozent abgezogen werden.

Selbst der ersparte Rentenabschlag nach Kranken- und Pflegekassenbeitrag liegt noch höher als die Rürup-Rente ohne Abzug von Beiträgen zur gesetzlichen Kranken- und Pflegeversicherung. Für freiwillig gesetzlich krankenversicherte Rentner lohnt sich die Rürup-Rente sowieso nicht, da in diesem Fall noch bis zu rund 18 Prozent für den Kranken- und Pflegekassenbeitrag abzuziehen sind.

Privat krankenversicherte Rentner erhalten zudem einen Zuschuss in Höhe von 7,3 Prozent der gesetzlichen Rente brutto. Dann schneidet die gesetzliche Rente im Vergleich zur Rürup-Rente noch besser ab.

In der Tabelle 7 werden zunächst die garantierten Renten miteinander verglichen für einen Ausgleichs- bzw. Einmalbeitrag von 30.000 Euro. Bei der garantierten Rürup-Rente werden dabei zwei Fälle unterschieden, und zwar mit oder ohne finanzielle Absicherung des hinterbliebenen Ehegatten bzw. eingetragenen Lebenspartners. Die garantierten Rürup-Renten sind dem Tarif der Europa Lebensversicherung entnommen, die zu den besten Anbietern von klassischen Rürup-Renten zählt.

Tabelle 7: Gesetzliche Rente schlägt Rürup-Rente bei garantierten Renten (für einen Ausgleichs- bzw. Einmalbeitrag von 30.000 Euro)

Jahrgang	Gesetzliche Rente West*	Rürup-Rente mit HB**	Rürup-Rente ohne HB***
1954	121 €	90 €	100 €
1955	121 €	91 €	101 €
1956	120 €	92 €	102 €
1957	120 €	92 €	103 €
1958	120 €	93 €	104 €
1959	119 €	94 €	105 €
1960	118 €	95 €	106 €
1961	117 €	96 €	107 €
1962	116 €	97 €	107 €
1963	116 €	97 €	108 €
1964	115 €	98 €	109 €
1965	115 €	99 €	110 €
1966	115 €	100 €	111 €
1967	115 €	101 €	112 €

*) garantierte gesetzliche Rente West als ersparter Rentenabschlag brutto pro Monat aus Ausgleichsbetrag in 2017 ohne Annahme von Rentensteigerungen bis zur vorgezogenen Altersrente mit 63 Jahren (bei privat Krankenversicherten 107,3 % der Bruttorente und bei gesetzlich Krankenversicherten 89 % der Bruttorente)

**) garantierte Rürup-Rente brutto pro Monat aus Einmalbeitrag in 2017 einschließlich voller Hinterbliebenenabsicherung durch Beitrags- und Kapitalrückgewähr nach Tarif Europa (bei freiwillig gesetzlich Krankenversicherten nur 82,2 % der Bruttorente)

***) garantierte Rürup-Altersrente brutto pro Monat aus Einmalbeitrag in 2017 ohne Rentengarantie und ohne Hinterbliebenenabsicherung nach Tarif Europa (bei freiwillig gesetzlich Krankenversicherten nur 82,2 % der Bruttorente)

Auch bei den möglichen Renten liegt die gesetzliche Rente vorn, wie die Tabelle 8 zeigt. Für alle Jahrgänge von 1954 bis 1967 schlägt die mögliche gesetzliche Rente West eine mögliche Rürup-Rente beim Versicherer Europa.

Tabelle 8: Gesetzliche Rente schlägt Rürup-Rente bei möglichen Renten (für einen Ausgleichs- bzw. Einmalbeitrag von 30 000 Euro)

Jahrgang	Gesetzliche Rente West*	Rürup-Rente mit HB**	Rürup-Rente ohne HB***
1954	119 €	90 €	100 €
1955	122 €	91 €	101 €
1956	124 €	92 €	102 €
1957	126 €	93 €	103 €
1958	128 €	94 €	104 €
1959	131 €	95 €	105 €
1960	133 €	96 €	107 €
1961	136 €	99 €	110 €
1962	138 €	102 €	113 €
1963	140 €	105 €	116 €
1964	142 €	108 €	120 €
1965	145 €	112 €	124 €
1966	148 €	115 €	128 €
1967	151 €	119 €	132 €

*) mögliche gesetzliche Rente West als ersparter Rentenabschlag brutto pro Monat aus Ausgleichsbetrag in 2017 mit Annahme einer jährlichen Rentensteigerung von 2,1 % bis zur vorgezogenen Altersrente mit 63 Jahren

**) mögliche Rürup-Rente brutto pro Monat aus Einmalbeitrag in 2017 bei laufender Verzinsung von 3,0 % einschließlich voller Hinterbliebenenabsicherung durch Beitrags- und Kapitalrückgewähr nach Tarif Europa (bei freiwillig gesetzlich Krankenversicherten nur 82,2 % der Bruttorente)

***) mögliche Rürup-Rente brutto pro Monat aus Einmalbeitrag in 2017 bei laufender Verzinsung von 3,0 % ohne Rentengarantie und ohne Hinterbliebenenabsicherung nach Tarif Europa (bei freiwillig gesetzliche Krankenversicherten nur 82,2 % der Bruttorente)

Bei der möglichen gesetzlichen Rente wird eine durchschnittliche Rentensteigerung von 2,1 Prozent pro Jahr unterstellt wie im Rentenversicherungsbericht 2016 der Bundesregierung. Bei der möglichen Rürup-

Rente legt der Direktversicherer Europa eine laufende Verzinsung von jährlich 3 Prozent zugrunde.

Ein in 2017 erfolgter Rückkauf von Rentenabschlägen führt bei sonst gleichen Bedingungen (erreichbare Entgeltpunkte bis zum vollendeten 63. Lebensjahr, Rentenabschlag in Prozent und Zugangsfaktor) für Ost-Versicherte mit Jahrgang 1954 bis 1967 zu noch günstigeren Ergebnissen. Grund: Der Ausgleichsbetrag ist deutlich niedriger, da das Durchschnittsentgelt Ost in 2017 knapp 11 Prozent unter dem Durchschnittsentgelt West liegt. Dieser Vorteil wird zwar bei in 2018 bis 2024 gezahlten Ausgleichsbeträgen stufenweise abgebaut, bleibt aber für in 2017 gezahlte Beträge bestehen.

Da andererseits die aktuellen Rentenwerte Ost und damit die Renten von 2018 bis 2024 stufenweise an die aktuellen Rentenwerte West angeglichen werden (siehe Kapitel 7), ist ein Rückkauf von Rentenabschlägen für Ost-Versicherte insbesondere in den Jahren 2017 bis 2021 lohnend.

Die Zahlung des Ausgleichsbetrages schon im Jahr 2017 ist für Ost-Versicherte ganz besonders attraktiv, da die garantierte Rente Ost dadurch im Vergleich zur garantierten Rente West um rund 5 Prozent steigt.

Vorteilhafte Teilzahlungen

Die in der Tabelle 6 genannten Ausgleichsbeträge zwischen rund 30.000 und 47.000 Euro für in 1954 bis 1967 geborene Durchschnittsverdiener im Westen sind auf den ersten Blick erschreckend hoch. Bei einem Spitzenverdiener mit 60 erreichbaren Entgeltpunkten bis zum 63. Lebensjahr würden sie je nach Geburtsjahrgang sogar auf 44.000 bis 70.000 Euro steigen. Dennoch können sie sich lohnen, wie im Folgenden gezeigt wird.

Klar ist zunächst einmal, dass solch hohe Ausgleichsbeträge in aller Regel nur bei frei werdenden Geldern aus beispielsweise Kapital-Lebensversicherungen, Abfindungen des Arbeitgebers oder Erbschaften finanziell aufzubringen sind.

Versicherte sollten aber nicht vorzeitig aufgeben, da sie den gesamten Ausgleichsbetrag auch in Form von Teilzahlungen leisten können. In der Regel wird es wohl eine Teilzahlung in Jahresraten sein.

Die jährliche Teilzahlung am Ende eines Jahres empfiehlt sich gleich aus zwei Gründen: Erstens sind Teilzahlungen in den fünf guten Rentenjahren von Anfang 2017 bis Ende 2021 wirtschaftlich sinnvoll, da der Beitragssatz mit 18,7 Prozent stabil bleibt und die aktuellen Rentenwerte sowie künftigen Renten in etwa so steigen wie die Löhne. Daher bleibt auch das Rentenniveau in diesen Jahren nahezu stabil.

Drei, vier oder fünf Teilzahlungen empfehlen sich auch aus steuerlichen Gründen, da der **Höchstbetrag für steuerlich abziehbare Altersvorsorgeaufwendungen**[39] im Jahr 2017 bei 23.362 Euro für Alleinstehende oder 46.724 Euro für Verheiratete liegt und die Steuerprogression des Versicherten durch die Verteilung des Ausgleichsbetrages auf mehrere Jahre niedriger ausfällt.

Bei sozialversicherungspflichtigen Arbeitnehmern vermindert sich der genannte Höchstbetrag zudem um den Gesamtbeitrag zur gesetzlichen Rentenversicherung, der 18,7 Prozent des Jahresbruttogehalts ausmacht. Ähnliches gilt für versicherungsfreie Beamte, bei denen ein fiktiver Gesamtbeitrag abgezogen wird.

Spitzenverdiener mit Bruttogehältern oberhalb der **Beitragsbemessungsgrenze** von 76.200 Euro in der gesetzlichen Rentenversicherung West müssen im Jahr 2017 beispielsweise 14.294,40 Euro (= 18,7 Prozent von 76.200 Euro) vom Höchstbetrag abziehen und kommen dann auf einen Restbetrag von 9.067,60 Euro bei Alleinstehenden oder 32.429,60 Euro bei Verheirateten. Davon sind dann 84 Prozent in 2017 steuerlich abzugsfähig, also 7.616,78 beziehungsweise 27.240,86 Euro. In den Jahren 2018 bis 2021 steigen die steuerlich abzugsfähigen Sätze auf 86 bis 92 Prozent.

Teilzahlungen in den Jahren 2017 bis 2021 sind also der Königsweg aus wirtschaftlicher und steuerlicher Sicht, sofern der Beginn der 63er-Rente für den Jahrgang 1959 in 2022 erfolgt. Aber auch bei einem späteren Beginn der 63er-Rente wie beispielsweise in 2027 für Jahrgang 1964 empfiehlt es sich, die Teilzahlungen auf die Jahre 2017 bis 2021 zu konzentrieren.

Wer in 1967 geboren ist und in 2017 seinen 50. Geburtstag feiert, sollte ähnlich verfahren. Zwar sind theoretisch 26 Halbjahresraten (= 13 Jahre x 2 Zahlungen im Jahr) möglich bis zur vorgezogenen Rente mit 63 Jahren.

---

[39] § 10 Abs. 3 EStG, siehe https://www.gesetze-im-internet.de/estg/__10.html

Teilzahlungen insbesondere ab dem Jahr 2023 sind aber eher ungünstig, da die Beitragssätze bis 2030 deutlich steigen und die Renten weniger stark steigen als die Löhne, was das Rentenniveau nach unten drückt.

Bei den angegebenen Jahresbeträgen ist zu beachten, dass diese ab dem Jahr 2018 mit steigendem Durchschnittsentgelt ebenfalls steigen werden, also dynamisch nach oben angepasst werden. Dies ist aber unproblematisch, da gleichzeitig auch die im Jahr 2017 berechneten Rentenabschläge entsprechend der jährlichen Erhöhung des aktuellen Rentenwerts dynamisiert werden. Steigende Teilzahlungsraten, die nur durch den Anstieg der Durchschnittsentgelte bedingt sind, führen also letztlich auch zu höheren Renten.

Wenn die jährlichen Teilzahlungsbeträge die vorhandenen finanziellen Mittel übersteigen, gibt es noch einen weiteren Ausweg. Versicherte könnten bei der Deutschen Rentenversicherung den Antrag stellen, die Berechnung des Ausgleichsbetrages zum Beispiel auf drei Viertel, zwei Drittel oder die Hälfte des Rentenabschlags zu reduzieren. Beispiel: Wenn Sie im Jahr 1958 geboren sind, müssen Sie grundsätzlich mit einem Rentenabschlag von 10,8 Prozent rechnen. Bei Halbierung sind es nur 5,4 Prozent. Folge: Ihr Ausgleichsbetrag von 50.403,51 Euro als Höherverdiener mit 60 erreichbaren Entgeltpunkten wird ebenfalls halbiert auf 25. 201,76 Euro.

Wenn dann der halbierte Ausgleichsbetrag auf fünf Jahre gleichmäßig verteilt wird, errechnet sich nur noch eine jährliche Teilzahlung von 5.040,35 Euro. Bei dieser doppelten Flexibilisierung (Teile von Rentenabschlägen und jährliche Teilzahlungen) teilt man also zunächst den Ausgleichsbetrag zum Beispiel durch die Hälfte und dann noch den halbierten Ausgleichsbetrag durch die Anzahl der Beitragsjahre. Diese „doppelte Teilung" führt dann zur erwünschten Senkung der jährlichen Teilzahlungsraten.

Selbstverständlich zieht ein halbierter Ausgleichsbetrag auch bei der Kompensation des Rentenabschlags eine Halbierung nach sich. Statt 201,07 Euro gleicht der Höherverdiener jetzt nur noch einen Rentenabschlag in Höhe von 100,54 Euro aus. Die Wirkung ist aber der gleiche.

Der Ausgleichsbetrag kann also in Abhängigkeit von der Höhe (volle oder teilweise Kompensation des Rentenabschlags) und der Zahlungsweise (Einmalzahlung oder Teilzahlung über mehrere Jahre) sehr flexibel eingesetzt werden.

Flexibler Rückkauf von Rentenabschlägen

Der Rückkauf von Rentenabschlägen ist beileibe nicht so starr, wie viele glauben. Er kann tatsächlich sehr flexibel sein und sich bestmöglich an Ihre individuellen Wünsche anpassen.

Was beim Rückkauf von Rentenabschlägen alles möglich ist, sollen abschließend noch die folgenden Hinweise zeigen. Sie können Ihre Zahlungen beispielsweise durch drei Maßnahmen kürzen:

1) Verteilung auf mehrere Jahre (Teilzahlungen statt Einmalzahlung)
2) teilweiser Ausgleich (Teile von Abschlägen statt voller Abschlag)
3) spätere Frührente (Rente mit 64 oder 65 statt Rente mit 63).

Selbstverständlich müssen Sie nicht die vorgezogene Altersrente mit 63 Jahren einplanen. Für jedes Jahr, das Sie später in Rente gehen wollen, sinkt der Rentenabschlag um 3,6 Prozentpunkte und für jeden Monat später um 0,3 Prozentpunkte. Bei der Frührente mit 64 sinkt der Rentenabschlag für die Jahrgänge 1964 bis 1967 somit von 14,4 auf 10,8 Prozent und bei der 65er-Frührente sogar auf 7,2 Prozent. Dadurch sinkt auch der jeweilige Ausgleichsbetrag.

Langjährig Versicherte müssen auch nicht wie ursprünglich geplant mit beispielsweise 63 Jahren in Rente gehen. Sie können selbstverständlich auch bis zum Erreichen der Regelaltersgrenze weiterarbeiten oder sogar darüber hinaus.

Falls beispielsweise ein im Jahr 1958 geborener Arbeitnehmer statt mit 63 erst mit 66 Jahren in Rente geht, fällt wegen Erreichens der Regelaltersgrenze überhaupt kein Rentenabschlag an. Er bekommt nun aber nicht den bereits gezahlten Ausgleichsbetrag zurück, sondern eine Zusatzrente oben drauf und damit insgesamt eine höhere Regelaltersrente. Es handelt sich somit um ein echtes Rentenplus.

Dieses Rentenplus mit 66 ist rund 12 Prozent höher als das Rentenplus mit 63, was auf den fehlenden Rentenabschlag bei der Regelaltersrente zurückzuführen ist. Tatsächlich führt der Ausgleichsbetrag zu Entgelt- bzw. Rentenpunkten, die dem Regelaltersrentner dann ungekürzt zur Verfügung stehen.

Der Rückkauf von Rentenabschlägen in Form von Einmal- oder Teil-zahlungen ist grundsätzlich nur bis zum Erreichen der Regelaltersgrenze möglich. Die Zahlung des Ausgleichsbetrags muss wie der geplante vor-zeitige Rentenbeginn also auf jeden Fall vor Erreichen der Regelalters-grenze liegen, da nur in diesem Fall Rentenabschläge anfallen.

Sie könnten aber auf die grundsätzlich abschlagspflichtige Frührente mit beispielsweise 63 Jahren verzichten und später die abschlagsfreie Rente nach 45 Versicherungsjahren in Anspruch nehmen. Auch in diesem Falle erhöht sich Ihre bereits abschlagsfreie Altersrente durch die zusätz-lich erworbenen Entgeltpunkte. Allerdings setzt dies voraus, dass Sie noch vor Erreichen der Regelaltersgrenze auf 45 Versicherungsjahre kommen und damit als besonders langjährig Versicherter gelten.

Optimale Beratung über Ausgleich von Rentenabschlägen

Wenn langjährig Versicherte wegen des Rückkaufs von Rentenab-schlägen die örtliche Beratungsstelle der Deutschen Rentenversicherung aufsuchen, hören sie nicht selten „Das lohnt sich doch nicht". Diese Aus-sage der Berater ist höchst fragwürdig und mit Blick auf vergleichbare Angebote in der privaten Rentenversicherung oder Rürup-Rentenversicherung in aller Regel auch objektiv falsch.

Sicherlich kommen Sie an der besonderen Rentenauskunft und der Berechnung des Ausgleichsbetrags durch die Deutsche Rentenversiche-rung nicht vorbei. Dies wird auch jeder Sachbearbeiter in den örtlichen Beratungsstellen kostenlos für Sie erledigen. Ob sich die Zahlung des Ausgleichsbetrags für Sie wirtschaftlich und rechtlich lohnt, sollten Sie je-doch von anderen Fachleuten wie Rentenberatern und Steuerberatern beurteilen lassen.

Einen Rentenberater in Ihrer Nähe finden Sie über www.rentenberater.de, die Homepage des Bundesverbandes der Renten-berater. Klicken Sie dort „So finden Sie einen Rentenberater" an und ge-ben Sie Postleitzahl oder Wohnort ein. Sie können dort auch die Gesamt-mitgliederliste, die nach Postleitzahlen geordnet ist, einsehen. Sprechen Sie die Kosten einer Rentenberatung bereits am Telefon ohne Scheu an. Meist handelt es sich um ein Pauschalhonorar oder ein Honorar, das sich nach Stunden bemisst. Die meist geringen Kosten zahlen sich bei einer professionellen Beratung schnell wieder aus.

Auch der Gang zum Steuerberater zahlt sich aus. Er wird Ihnen anhand Ihrer Steuersituation und seiner genauen Kenntnis des Paragrafen 10 Einkommensteuergesetz sagen können, wie Sie den Ausgleichsbetrag steuerlich am besten auf die nächsten Jahre verteilen. Von der Zahlung eines hohen Ausgleichsbetrags auf einen Schlag wird er Ihnen zu Recht abraten, wenn Sie erst in einigen Jahren vorzeitig in Rente gehen wollen.

Nur wenn Ihre geplante Frührente mit beispielsweise 63 Jahren unmittelbar bevorsteht, kommen Sie an einer Einmalzahlung wohl nicht vorbei. Sofern damit aber der steuerliche Höchstbetrag überschritten würde, empfiehlt sich ein späterer Rentenbeginn oder ein teilweiser Rückkauf von beispielsweise der Hälfte des Rentenabschlags. Auf diese Weise reduziert sich dann auch Ihr Ausgleichsbetrag.

Die Entscheidung, ob Sie den Ausgleichsbetrag auf einen Schlag zahlen oder in Jahres- oder Halbjahresraten, will also gerade auch aus steuerlicher Sicht gut überdacht sein.

Ausgleichsbetrag bei Versorgungsausgleich und bei Abfindung

Ähnliche Überlegungen wie beim Ausgleichsbetrag zum Rückkauf von Rentenabschlägen gibt es für den **Ausgleichsbetrag zur Abwendung einer Rentenkürzung aus dem Versorgungsausgleich**[40].

Ein Mehr an Rente erhält der ausgleichsberechtigte Ex-Ehegatte, in dem Entgeltpunkte vom Rentenkonto des ausgleichsverpflichteten Ex-Ehegatten auf sein Rentenkonto umgebucht werden. Dieses Mehr an Rente kann der zum Versorgungsausgleich verpflichtete Ex-Ehegatte (meistens ist dies der geschiedene Ehemann) durch Zahlung eines Ausgleichsbetrags abkaufen.

Die Berechnung dieses schon immer möglichen Ausgleichsbetrags erfolgt grundsätzlich wie bei dem erst seit 1998 eingeführten Ausgleichsbetrag zum Rückkauf von Rentenabschlägen, also aus der Multiplikation der Entgeltpunkte-Minderung mit dem jeweiligen Berechnungsfaktor (vorläufiges Durchschnittsentgelt x Beitragssatz im Jahr der Zahlung). Der Ausgleichsbetrag beim Versorgungsausgleich kommt jedoch ohne Rentenabschläge und entsprechende Zugangsfaktoren aus.

---

[40] § 187 SGB VI, siehe http://www.gesetze-im-internet.de/sgb_6/__187.html

Diesen Ausgleichsbetrag bekommt der ausgleichspflichtige Ehegatte auf Antrag zurückerstattet, wenn der geschiedene Ex-Ehegatte vor ihm und vor Ablauf von drei Rentenjahren verstirbt (sog. Vorversterben).

Eine vergleichbare Regelung gibt es nach dem Versorgungsausgleichsgesetz für die Kürzung der gesetzlichen Rente wegen Versorgungsausgleich. Diese Rentenkürzung wird ebenfalls beim Tod des ausgleichsberechtigten Ex-Ehegatten, sofern dieser die Rente noch nicht oder nicht länger als drei Jahre bezogen hat, auf Antrag aufgehoben.

Außerdem gibt es noch die Möglichkeit, **Abfindungen aus einer betrieblichen Altersversorgung** innerhalb eines Jahres nach Zahlung der Abfindung für einen Einmalbeitrag in die gesetzliche Rentenversicherung zu verwenden[41]. Auch in diesem Fall handelt es sich um einen Ausgleichsbetrag. Nach bindender Bewilligung einer Vollrente wegen Alters ist die Zahlung dieses Ausgleichsbetrags aber nicht mehr zulässig. Es muss sich zudem immer um eine Abfindung für eine unverfallbare Anwartschaft auf betriebliche Altersversorgung handeln. Sollte diese vorliegen, können Beiträge zur gesetzlichen Rente innerhalb eines Jahres nach Zahlung der Abfindung bis zur Höhe der geleisteten Abfindung geleistet werden.

Alle drei Anlässe für Ausgleichsbeträge – Rückkauf von Rentenabschlägen, Versorgungsausgleich oder Abfindung – führen quasi zur Kapitalzahlung in die gesetzliche Rentenversicherung. Auch aus diesem Grund stellen Ausgleichsbeträge rentenrechtlich weder Pflichtbeiträge noch freiwillige Beiträge dar. Sie können daher auch nicht zur Erhöhung von rentenrechtlichen Zeiten führen. Ihr Ziel ist allein ein Mehr an Rente durch Zahlung des Ausgleichs- bzw. Kapitalbetrags.

Ausgleich von Rentenabschlägen in „Die Anstalt"

Tatsächlich kam der Ausgleich von Rentenabschlägen auch bereits in der Comedy-Sendung "Die Anstalt" am 4.4.2017 im ZDF vor (siehe Mediathek, von Minute 54:30 bis Minute 55:30). Jeder kann sich seine gesetzliche Rente selbst erhöhen, hieß es da. Sie müssten der Deutschen Rentenversicherung, wenn Sie 50 sind, ihre Absicht zur vorgezogenen Altersrente mit 63 mitteilen und dann den Abschlag ausgleichen. Kurz bevor Sie 63

---

[41] § 187b SGB VI, siehe http://www.gesetze-im-internet.de/sgb_6/__187b.html

sind, sollten sie dann dort anrufen und sagen, dass Sie es sich anders überlegt hätten. Die gezahlten Beiträge seien aber nicht weg, sondern erhöhen jetzt Ihre Rente. Zum Schluss heißt es: "Die gesetzliche Rente ist momentan und auf absehbare Zeit die lukrativste Altersvorsorge". Dies ist aber gar keine Satire, sondern Fakt.

5. MEHR RENTE DURCH FREIWILLIGE BEITRÄGE

Jede nicht pflichtversicherte Person kann freiwillige Beiträge zur gesetzlichen Rente zahlen, also auch Beamte, Freiberufler, Selbstständige oder Nichterwerbstätige. Es gibt wohl kaum einen Satz, der in dem für die gesetzliche Rentenversicherung bestimmten Sechsten Sozialgesetzbuch (SGB VI) so klar formuliert ist wie der in Paragraf 7 Absatz 1 enthaltene Satz 1:

„Personen, die nicht versicherungspflichtig sind, können sich für Zeiten von der Vollendung des 16. Lebensjahres an freiwillig versichern".[42] Sogar nicht versicherungspflichtige Deutsche, die sich längere Zeit im Ausland aufhalten, können sich freiwillig versichern. Denn Satz 2 stellt klar: „Dies gilt auch für Deutsche, die ihren gewöhnlichen Aufenthalt im Ausland haben". Auf den ersten oder zweiten Wohnsitz kommt es dabei nicht an.

Berechtigte für eine freiwillige Versicherung

Wer freiwillige Beiträge zur gesetzlichen Rente zahlen möchte, darf also nicht pflichtversichert sein. Rentenversicherungspflichtige Arbeitnehmer können daher zurzeit keine freiwilligen Beiträge zahlen. Der Ausgleichsbetrag zum Rückkauf von Rentenabschlägen (siehe Kapitel 4.4) zählt weder als Pflichtbeitrag noch als freiwilliger Beitrag. Rentenrechtlich handelt es sich dabei also um einen „Zwitter". Auch Nachzahlungsbeträge zum Schließen von Versicherungslücken (siehe Kapitel 6.1 und 6.2) zählen im engeren Sinne nicht zu freiwilligen Beiträgen, sondern sind Sonderformen.

Bisher gibt es für rentenversicherungspflichtige Arbeitnehmer also keine Möglichkeit, zusätzlich zu den geleisteten Pflichtbeiträgen gleichzeitig auch noch freiwillige Beiträge zu zahlen. Ob sich dies künftig mal ändern wird, bleibt ungewiss. Vorschläge von Institutionen, Verbänden und Oppositionsparteien, dies zu ändern, gibt es zuhauf.

---

[42] § 7 Abs. 1 SGB VI, siehe https://www.gesetze-im-internet.de/sgb_6/__7.html

Wer aber zurzeit nicht pflichtversichert ist, ist zur freiwilligen Versicherung ohne Einschränkungen berechtigt. Dass dennoch in der Öffentlichkeit und teilweise sogar von Sachbearbeitern in den örtlichen Beratungsstellen der Deutschen Rentenversicherung immer noch behauptet wird, Beamte oder Selbstständige dürften sich gar nicht freiwillig versichern und daher keine freiwilligen Beiträge in die gesetzliche Rentenversicherung einzahlen, ist eigentlich nicht zu verstehen.

Es hilft auch nichts, wenn sich Berater der Deutschen Rentenversicherung damit herausreden, früher hätten Beamte oder Selbstständige das tatsächlich nicht gedurft, wenn sie noch nicht für mindestens fünf Jahre Pflichtbeiträge gezahlt hätten. Diese Einschränkung gab es in der Tat bis zum 10.8.2010, wie der folgende Satz zeigt: *„Personen, die versicherungsfrei oder von der Versicherung befreit sind, können sich nur dann freiwillig versichern, wenn sie die allgemeine Wartezeit erfüllt haben".*[43]

Den erwähnten Satz hat der Gesetzgeber jedoch nach Intervention des Ausschusses für Arbeit und Soziales Mitte Juni 2010 ersatzlos gestrichen, da er versicherungsfreie Personen (zum Beispiel Beamte, Richter und Soldaten mit Versorgungs- bzw. Pensionsanwartschaften) und von der Versicherung befreite Personen (zum Freiberufler mit Anwartschaften aus berufsständischer Versorgung) mit beispielsweise nur drei oder vier Pflichtbeitragsjahren benachteiligte. Da die allgemeine Wartezeit von fünf Jahren (auch Mindestversicherungszeit genannt) nicht erreicht wurde und die genannten Betroffenen die an der fünfjährigen Wartezeit fehlenden Jahre nicht durch freiwillige Beiträge ausgleichen konnten, erhielten sie auf Antrag nur ihre eigenen entrichteten Arbeitnehmer-Beiträge zur gesetzlichen Rentenversicherung zinslos erstattet.

Der Ausschuss für Arbeit und Soziales berief sich dabei auch auf das Anliegen des Petitionsausschusses, der die freiwillige Versicherung von versicherungsfreien und von der Versicherung befreiten Personen in der gesetzlichen Rentenversicherung ohne Einschränkungen befürwortet hatte.

Wer immer noch daran zweifelt, dass beispielsweise auch Beamte und freiwillige Beiträge zur gesetzlichen Renten zahlen dürfen, sei an das

---

[43] § 7 Abs. 2 Satz 1 SGB VI in der bis 10.8.2010 geltenden Fassung

Rundschreiben Nr. 1/2010 der DRV Westfalen vom 16.8.2010 erinnert, in dem es auf Seite 2 unter dem Punkt „Berechtigung zur freiwilligen Versicherung" unmissverständlich heißt: *„Der bisherige Ausschluss von der Berechtigung zur freiwilligen Versicherung für versicherungsfreie und von der Versicherungspflicht befreite Personen (zum Beispiel Beamte und oder von der Versicherungspflicht befreite Mitglieder von berufsständischen Versorgungswerken) nach § 7 Abs. 2 SGB VI wegen Nichterfüllung der Mindestversicherungszeit von fünf Jahren (allgemeine Wartezeit) wird damit aufgegeben. Dadurch wird künftig auch für diesen Personenkreis die Möglichkeit eröffnet, freiwillige Beiträge zur gesetzlichen Rentenversicherung zu zahlen"*[44].

Seit 11.8.2010 und damit seit rund sieben Jahren gilt also die für Beamte und Freiberufler nachteilige Regelung nicht mehr. Es wäre eigentlich zu erwarten, dass sich dies mittlerweile auch in allen Beratungsstellen der Deutschen Rentenversicherung herumgesprochen hat.

Ab 1.1.2017 können nach dem neu eingeführten Flexirentengesetz zudem erstmalig auch Frührentner noch freiwillige Beiträge für die Zeit vom Beginn ihrer Frührente bis zum Erreichen der Regelaltersgrenze zahlen. Der entsprechend geänderte Passus lautet nun: *„Nach bindender Bewilligung einer Vollrente wegen Alters oder für Zeiten des Bezugs einer solchen Rente ist eine freiwillige Versicherung nicht zulässig, wenn der Monat abgelaufen ist, in dem die Regelaltersgrenze erreicht wurde".*[45]

Im Umkehrschluss heißt dies: Personen mit einer Vollrente wegen Alters können sich bis zum Ablauf des Monats, in dem die Regelaltersgrenze erreicht wurde, freiwillig versichern. Wie sich Frührentner, die als besonders langjährig Versicherte, langjährig Versicherte oder schwerbehinderte Menschen ab 63 Jahren vorzeitig eine Altersrente beziehen, diese Neuregelung zunutze machen können, erfahren Sie im Kapitel 5.6.

---

[44] http://www.deutsche-rentenversiche-rung.de/cae/servlet/contentblob/210040/publicationFile/4286/Rundschreiben_1_2010.pdf (Kurzlink: https://goo.gl/OAzejP)
[45] § 7 Abs. 2 SGB VI, NEU ab 1.7.2017 (siehe Gesetzeswortlaut im Anhang)

5.1   Grundsätzliches über freiwillige Beiträge

Wenn Sie freiwillige Beiträge zur gesetzlichen Rente zahlen wollen, müssen Sie zunächst das im Internet downloadbare **Formular V0060 „Antrag auf Beitragszahlung für eine freiwillige Versicherung"** ausfüllen. Die Fragen unter Punkt 3 über Ihren Beruf und Ihre Tätigkeit dienen lediglich zur Prüfung, ob Sie überhaupt zur freiwilligen Versicherung berechtigt sind. Liegt diese Berechtigung zur freiwilligen Versicherung vor, wird die Deutsche Rentenversicherung Beginn und Höhe der freiwilligen Beitragszahlungen unter Punkt 4 sowie den gewählten Zahlungsweg (Abbuchung oder Überweisung) unter Punkt 5 nach Ihren Wünschen berücksichtigen. Im Merkblatt **V0061** finden Sie ausführliche Erläuterungen zum Ausfüllen des Antrags nach Formular V0060.

Sofern Sie wegen einer früheren versicherungspflichtigen Tätigkeit bereits eine Versicherungsnummer bei der Deutschen Rentenversicherung haben, geben Sie diese auf jeden Fall an. Dies erleichtert die Bearbeitung. Eventuell können Sie dann sogar auf das Ausfüllen des Formulars V0060 verzichten und Ihren Antrag auf freiwillige Versicherung formlos stellen. Auf Nummer sicher gehen Sie aber immer, wenn Sie das Formular V0060 ausfüllen.

Die Möglichkeit, freiwillige Beiträge zur gesetzlichen Rente zu leisten, ist wenig bekannt. Im Jahr 2015 gab es insgesamt nur 241.000 freiwillig Versicherte, dies sind weniger als 1 Prozent der aktiv in der gesetzlichen Rentenversicherung pflichtversicherten Beschäftigten. In 2014 waren es noch 252.000 und in 2011 noch mehr als 300.000. Im Jahr 2001 gab es sogar 602.000 freiwillig Versicherte und in 1999 über 700.000.

Die freiwillige Versicherung im Rahmen der gesetzlichen Rentenversicherung ist zurzeit also beileibe kein Renner. Nicht nur die Unkenntnis vieler Nicht-Pflichtversicherten hat zum drastischen Rückgang der freiwillig Versicherten beigetragen. Viele nehmen irrtümlich an, dass sich eine Einzahlung in die umlagefinanzierte gesetzliche Rentenversicherung gar nicht lohne und Beiträge für eine kapitalgedeckte Rente (zum Beispiel Riester-Rente, Rürup-Rente oder Privatrente aus einer privaten Rentenversicherung) besser angelegt seien. Das Gegenteil ist aber seit der in 2010 begonnenen und weiter anhaltenden Niedrigzinsphase richtig. Zeitlich rein zufällig wurde der Kreis der zur freiwilligen Versicherung Berechtigten im August 2010 auf Beamte und Freiberufler erweitert.

Ebenfalls überraschend ist folgende Tatsache: 196.000 und damit 81 Prozent der in 2015 freiwillig Versicherten zahlten nur den Mindestbeitrag von monatlich 84,15 Euro. Ganz offensichtlich hat die überwiegende Mehrheit dies dazu genutzt, um die fünfjährige Wartezeit für einen Anspruch auf die Regelaltersrente oder die 35-jährige Wartezeit für den Bezug einer abschlagspflichtigen Frührente für langjährig Versicherte ab 63 Jahren zu nutzen. Darunter werden insbesondere nicht pflichtversicherte Selbstständige und vorübergehend nicht erwerbstätige Hausfrauen oder – männer sein.

Nur knapp 4.000 und damit 1,6 Prozent der freiwillig Versicherten zahlten den Höchstbeitrag von monatlich 1.131,35 Euro in 2015. Die übrigen 41.000 freiwillig Versicherten entschieden sich für einen freiwilligen Beitrag zwischen Mindest- und Höchstbeitrag. Der durchschnittliche monatliche Beitrag der freiwillig Versicherten lag im Jahr 2015 bei 127 Euro.

Höhe der freiwilligen Beiträge

Sie können, sofern Sie nicht rentenversicherungspflichtig sind, im Jahr jeden beliebigen freiwilligen Beitrag zwischen Mindest- und Höchstbeitrag einzahlen. Sofern Sie bisher noch nicht in der gesetzlichen Rentenversicherung waren, müssen Sie aber für mindestens fünf Jahre freiwillige Beiträge entrichten (Mindestversicherungszeit bzw. allgemeine Wartezeit). Nur dann haben Sie Anspruch auf eine gesetzliche Rente.

Im Jahr 2017 liegt der **Mindestbeitrag** bei 84,15 Euro monatlich und jährlich 1.009,80 Euro. Dieser Mindestbeitrag bleibt auch für die nachfolgenden Jahre 2018 bis 2021 gleich, da sich der Beitragssatz von 18,7 Prozent nicht verändern und der Mindestbeitrag aus 18,7 Prozent von monatlich 450 Euro bzw. jährlich 5.400 Euro berechnet wird.

Der **Höchstbeitrag** liegt in 2017 bei monatlich 1.187,45 Euro und jährlich 14.249,60 Euro. Dies sind 18,7 Prozent der Beitragsbemessungsgrenze in der gesetzlichen Rentenversicherung West von monatlich 6.350 Euro und 76.200 Euro jährlich.

Da sich die Beitragsbemessungsgrenzen in den Jahren 2018 bis 2021 laut Vorschaurechnung im aktuellen Rentenversicherungsbericht 2016 der Bundesregierung erhöhen, steigen auch die Höchstbeiträge an. Im Jahr 2021 könnte dann der Höchstbeitrag bei monatlich 1.318,35 Euro oder jährlich 15.820,20 Euro liegen. Dies wären 11 Prozent über dem Höchstbeitrag in 2017.

Wer in den fünf Jahren von 2017 bis einschließlich 2021 freiwillige Beiträge zur gesetzlichen Rente leisten will, kommt auf eine Mindestbeitragssumme von 5.049 Euro und erhält damit bereits Anspruch auf eine gesetzliche Rente, die aber mit monatlich 24 Euro nur sehr gering ausfallen wird.

Lediglich Mindestbeiträge einzuzahlen, das macht nur zum Schließen von Lücken bei der Wartezeit für eine vorgezogene Altersrente oder eine Regelaltersrente Sinn. Wer beispielsweise bis zum Alter von 63 Jahren nur auf 30 Pflichtbeitragsjahre kommen wird, kann in Zeiten ohne Pflichtversicherung für fünf Jahre freiwillige Beiträge einzahlen. Dann würde er als langjährig Versicherter die 35-jährige Wartezeit für eine abschlagspflichtige Rente mit 63 Jahren erfüllen und könnte schon mit 63 in Rente gehen.

Wer es sich finanziell leisten kann, könnte von 2017 bis 2021 auch den jeweiligen Höchstbeitrag zahlen. Dann käme bei Annahme der um rund 2,8 Prozent pro Jahr ansteigenden Beitragsbemessungsgrenze in der gesetzlichen Rentenversicherung eine Höchstbeitragssumme von 75.062 Euro heraus.

Wenn die Regelaltersgrenze in 2022 erreicht würde, kann dieser Höchstbeitragszahler mit einer gesetzlichen Rente von monatlich 353 Euro brutto rechnen. Diese mögliche Rente würde bei privat krankenversicherten Rentnern auf 379 Euro einschließlich Zuschuss in Höhe von 7,3 Prozent der Bruttorente steigen.

Da Sie als freiwillig Versicherter jeden individuellen Beitrag zwischen Mindest- und Höchstbeitrag zahlen können, hängt die Höhe der individuellen Beitragssumme für beispielsweise fünf Jahre ganz allein von Ihren vorhandenen finanziellen Mitteln ab. Wer beispielsweise von 2017 bis 2021 jedes Jahr 6.000 Euro zahlt, kommt auf eine Beitragssumme von 30.000 Euro. Bei Rentenbeginn in 2022 wäre dann eine gesetzliche Rente von monatlich brutto 141 Euro zu erwarten, die bei privat krankenversicherten Rentnern auf 151 Euro steigen würde. Die garantierte gesetzliche

Rente läge bei 134 Euro brutto oder 144 Euro einschließlich 7,3 Prozent Zuschuss zur privaten Krankenversicherung.

Eine gute Orientierung bietet auch der sogenannte **Regelbeitrag**. Dies ist der Beitrag, den Arbeitgeber und Arbeitnehmer bei einem Durchschnittsverdiener bezahlen würden. Das vorläufige Durchschnittsentgelt für 2017 wird auf monatlich   3.092 Euro im Westen geschätzt. Es soll laut Rentenversicherungsbericht der Bundesregierung auf 3.451 Euro monatlich in 2021 steigen, also um knapp 12 Prozent insgesamt oder durchschnittlich 2,8 Prozent pro Jahr zulegen.

Die Regelbeitragssumme für fünf Jahre würde dann 36.629 Euro ausmachen. Ein rentenversicherungspflichtiger Durchschnittsverdiener bekäme für jedes Jahr einen Entgeltpunkt gutgeschrieben, also fünf Entgeltpunkte für fünf Jahre. Bei Rentenbeginn in 2022 könnte er für diese fünf Jahre eine anteilige gesetzliche Rente von monatlich 172 Euro brutto erwarten.

Gleiches gilt selbstverständlich auch für einen freiwillig Versicherten, der immer so viel an freiwilligen Beiträgen einzahlen würde wie die Pflichtbeiträge von Arbeitgeber und Arbeitnehmer für einen Durchschnittsverdiener zusammen. Dies ist wohlgemerkt nur eine ganz grobe Orientierungshilfe. Letztlich kommt es immer darauf an, wie hoch die finanziellen Mittel sind, die Ihnen für freiwillige Beiträge zur gesetzlichen Rente zur Verfügung stehen.

Für regelmäßige freiwillige Beiträge zur gesetzlichen Rente ist die Zahlungsweise nicht vorgeschrieben. Regelmäßige freiwillige Beiträge können Sie monatlich, vierteljährlich, halbjährlich oder jährlich zahlen. Wenn Sie die Beiträge von Ihrem Konto abbuchen lassen, erteilen Sie der Deutschen Rentenversicherung eine Einzugsermächtigung (SEPA-Basis-Lastschriftmandat).

Meist empfiehlt es sich aber, den freiwilligen Beitrag jährlich zu überweisen, und zwar am besten jeweils im Dezember eines Jahres. Da Beiträge zur gesetzlichen Rentenversicherung nicht wie Beiträge zur privaten oder betrieblichen Altersvorsorge verzinst werden, bringt eine zeitlich davor liegende Zahlung keinen Vorteil.

Den Jahresbeitrag für ein bestimmtes Kalenderjahr (zum Beispiel für 2017) können Sie auch noch nachträglich bis zum 31. März des folgenden

Jahres (also zum Beispiel am 31.3.2018) überweisen. Dies müssen Sie auf dem Überweisungsträger aber ausdrücklich vermerken.

Wichtig: Steuerlich gilt das Abflussprinzip. Wenn Sie den Jahresbeitrag für 2017 erst im März 2018 bezahlen, können Sie diesen auch erst für das Jahr 2018 steuerlich geltend machen. Im Übrigen können Sie die Höhe des von Ihnen gewählten freiwilligen Beitrags auch jederzeit ändern, also erhöhen oder vermindern.

Je mehr Sie einzahlen, desto höher fällt selbstverständlich Ihr späteres Rentenplus aus. Wählen Sie aber nur einen freiwilligen Beitrag, den Sie sich auch finanziell leisten können, ohne sich dadurch einzuschränken. Denn eine Möglichkeit der Rückerstattung freiwilliger Beiträge gibt es nicht.

Höhe der gesetzlichen Rente aus freiwilligen Beiträgen

Die gesetzliche Rente bemisst sich nach den erreichten persönlichen Entgeltpunkten und dem aktuellen Rentenwert. Bei einem persönlichen Bruttoverdienst, der im Jahr 2017 genauso hoch ist wie das vorläufige Durchschnittsentgelt West von 3.092 Euro monatlich, gibt es genau einen Entgeltpunkt und einen Rentenanspruch von monatlich 31,03 Euro (aktueller Rentenwert West vom 1.7.2017 bis 30.6.2018).

Nach Einführung der gesetzlichen Rentengarantie im Jahr 2009 kann sich dieser aktuelle Rentenwert garantiert nicht vermindern. Auf das Jahr hochgerechnet, liegt die gesetzliche Rente für einen Entgeltpunkt ab 1.7.2017 bei 372,36 Euro. Dies sind immerhin 5,4 Prozent des Jahresbeitrags von 6.938 Euro in 2017, der sich aus 18,7 Prozent von 37.103 Euro Jahresdurchschnittsentgelt brutto West errechnet.

Die Tabelle 9 vergleicht die garantierten und möglichen Bruttorenten vor Steuern und vor Beiträgen zur Kranken- und Pflegeversicherung miteinander. Dabei wird eine Beitragssumme von 30.000 Euro angenommen. Für eine Beitragssumme von beispielsweise 60.000 Euro liegen die Bruttorenten doppelt so hoch.

Tabelle 9: Garantierte und mögliche gesetzliche Rente West

(bei einer Beitragssumme von 30.000 Euro und Zahlung des jährlichen Beitrags bis zum Erreichen der Regelaltersgrenze)

Beitragsjahre	Jährlicher Beitrag	Garantierte gesetzliche Rente*	Mögliche gesetzliche Rente**
5	6.000 €	134 €	141 €
6	5.000 €	134 €	141 €
8	3.750 €	131 €	141 €
10	3.000 €	128 €	141 €
12	2.500 €	125 €	141 €
15	2.000 €	121 €	141 €
20	1.500 €	115 €	143 €
25	1.200 €	111 €	147 €
30	1.000 €	108 €	152 €

*) garantierte gesetzliche Rente brutto West aus freiwilligen Beiträgen pro Monat ohne Annahme von Rentensteigerungen, aber mit Steigerung des Beitragssatzes und mit Senkung des Rentenniveaus bis zum Rentenbeginn mit Erreichen der Regelaltersgrenze

**) mögliche gesetzliche Rente brutto West aus freiwilligen Beiträgen pro Monat mit Annahme einer jährlichen Rentensteigerung von 2,1 % bis zum Rentenbeginn mit Erreichen der Regelaltersgrenze und Berücksichtigung der Steigerung des Beitragssatzes sowie der Senkung des Rentenniveaus wie im Rentenversicherungsbericht 2016 der Bundesregierung

Ansprüche auf eine gesetzliche Rente entstehen bekanntlich nur bei einer Beitragsdauer von mindestens fünf Jahren. Daher können heute 60-Jährige, die bisher nicht rentenversicherungspflichtig waren, für fünf Beitragsjahre noch jeweils 6.000 Euro pro Jahr einzahlen, um auf eine Beitragssumme von 30.000 Euro zu kommen und noch eine Regelaltersrente zu erhalten.

Um die gleiche Summe aufzubringen, sind bei sechs Beitragsjahren jährlich 5.000 Euro einzuzahlen, bei acht Beitragsjahren jährlich 3.750 Euro und bei zehn Beitragsjahren jeweils 3.000 Euro pro Jahr. In der Tabelle 9 werden auch monatliche gesetzliche Renten für eine Beitragsdauer von 12, 15, 20, 25 und 30 Jahren genannt.

Freiwillige Beiträge zur gesetzlichen Rente über eine Beitragsdauer von mehr als 30 Jahren sind zwar auch möglich. Sinnvoll ist dies aber nur, um mit einer hohen Anzahl von freiwilligen Beitragsjahren den Anspruch auf eine abschlagspflichtige Rente mit 63 Jahren nach einer Wartezeit von 35 Jahren oder eine abschlagsfreie Rente mit 65 Jahren (für alle Geburtsjahrgänge ab 1964) nach 45 Versicherungsjahren, in denen mindestens 18 Pflichtbeitragsjahre enthalten sein müssen, zu erhalten.

Dafür reicht in jungen Jahren der jeweilige Mindestbeitrag von zurzeit monatlich 84,15 Euro oder jährlich 1.009,80 Euro völlig aus. Selbst wenn der Beitragssatz ab 2030 auf 22 Prozent steigen sollte, läge dieser Mindestbeitrag nur bei 99 Euro im Monat oder 1.188 Euro im Jahr, sofern die Berechnungsgrundlage von 450 Euro bestehen bleibt.

Seit dem in 2009 eingeführten gesetzlichen Rentensenkungsverbot sind einmal erreichte aktuelle Rentenwerte garantiert. Der zum 1. Juli eines jeden Jahres festgesetzte aktuelle Rentenwert kann somit niemals sinken. Dies gilt auch dann, wenn die Durchschnittsentgelte ausnahmsweise einmal gegenüber dem Vorjahr sinken sollten wie in 2009. Damit war die Rentengarantie in der gesetzlichen Rentenversicherung geboren.

Dass die in der Tabelle 9 genannten garantierten Renten dennoch ab einer Beitragsdauer von mehr als sechs Jahren sinken, hat einen einfachen Grund. Wenn der Beitragssatz wie vorgesehen ab 2022 steigt und ab 2030 sogar auf 22 Prozent und mehr ansteigen sollte statt bisher 18,7 Prozent, wird ein freiwilliger Beitrag weniger wert. Bei einem Beitragssatz von 18,7 Prozent errechnet sich aus einem freiwilligen Beitrag von 6.000 Euro nach Division durch 0,187 ein fiktives Entgelt von 32.085,56 Euro. Sofern das vorläufige Durchschnittsentgelt West in Höhe von 37.103 Euro gleichbleiben würde, macht dieses fiktive Entgelt 86,48 Prozent des Durchschnittsentgelts aus und entspricht somit 0,8648 Entgeltpunkten.

Bei konstantem Beitragssatz von 18,7 Prozent, konstantem Durchschnittsentgelt von jährlich 37.103 Euro und ebenfalls konstantem aktuellen Rentenwert von 31,03 Euro ab 1.7.2017 führen freiwillige Beiträge von 6.000 Euro für fünf Jahre (2017 bis 2021) dann zu 4,324 Entgeltpunkten und zu einer garantierten gesetzlichen Rente von 134,17 bzw. abgerundet 134 Euro brutto im Monat (siehe Tabelle für fünf Beitragsjahre).

Für zehn Beitragsjahre von 2017 bis 2026 gibt es bei gleicher Beitrags-summe jedoch nur 4,1270 Entgeltpunkte, da die Beitragssätze ab 2022 von 18,9 Prozent bis auf 20,6 Prozent in 2026 steigen sollen. Bei einem gleich-bleibenden aktuellen Rentenwert von 31,03 Euro errechnet sich dann nur noch eine garantierte gesetzliche Rente von 128,06 bzw. abgerundet 128 Euro. Dass die garantierten Renten laut Tabelle sinken, ist also allein durch die steigenden Beitragssätze und das ab 2022 sinkende Rentenni-veau bedingt. Der zum 1.7.2017 festgelegte aktuelle Rentenwert von 31,03 Euro bleibt hingegen garantiert.

Dass die aktuellen Rentenwerte und damit die gesetzlichen Renten in Zukunft nicht mehr steigen, ist völlig unrealistisch. Zwar hat es in der Vergangenheit zum Beispiel von 2004 bis 2006 und zuletzt in 2009 schon einmal Renten-Nullrunden gegeben. Dies war aber die ganz große Aus-nahme. Typischerweise werden die gesetzlichen Renten auch künftig um 1 bis 2 Prozent steigen.

Die möglichen gesetzlichen Renten in Höhe von 141 bis 152 Euro laut Tabelle 9 sind dann aussagekräftig, wenn Sie eine jährliche Rentensteige-rung von rund 2 Prozent annehmen.

Vergleich von gesetzlicher Rente und Rürup-Rente

Für den Vergleich von gesetzlicher Rente und Rürup-Rente spricht, dass die Steuerregeln für beide Rentenarten völlig gleich sind. Unter-schiede bestehen bei der Höhe der Rentenleistungen. In der gesetzlichen Rente aus freiwilligen Beiträgen ist automatisch auch eine Hinterbliebe-nenabsicherung enthalten. Bei der klassischen Rürup-Rente ist zwischen der reinen Rürup-Altersrente ohne Hinterbliebenenabsicherung und der Rürup-Rente mit Hinterbliebenenabsicherung zu unterscheiden.

In den folgenden Tabellen werden sowohl die garantierten als auch die möglichen Renten bei der gesetzlichen Rentenversicherung und der Rürup-Rentenversicherung verglichen für einen jährlichen Beitrag von 6.000 Euro und eine Beitragsdauer von 5 bis 30 Jahren.

Aus der Tabelle 10 über die **garantierten Renten** wird ersichtlich, dass die gesetzliche Rente brutto aus freiwilligen Beiträgen bei bis zu 15 Beitragsjahren der Rürup-Rente überlegen ist. Bei privat krankenversi-cherten Rentnern gilt dies auch noch für eine Beitragsdauer von 20 und 25 Jahren. Erst bei einer Beitragsdauer von 30 Jahren schneidet die reine

Rürup-Altersrente ohne Hinterbliebenenabsicherung besser ab als die garantierte gesetzliche Rente einschließlich 7,3 Prozent Zuschuss zur privaten Krankenversicherung und mit Anspruch auf Witwen- bzw. Witwerrente.

Tabelle 10: Gesetzliche Rente und Rürup-Rente für garantierte Renten

(bei einem jährlichen Beitrag von 6 000 Euro)

Beitragsjahre	Gesetzliche Rente*	Rürup Rente mit HB**	Rürup-Rente ohne HB***
5	134 €	98 €	111 €
10	256 €	197 €	223 €
15	363 €	307 €	349 €
20	462 €	415 €	469 €
25	556 €	527 €	591 €
30	649 €	648 €	719 €

*) garantierte gesetzliche Rente brutto pro Monat aus freiwilligen Beiträgen ab 2017 ohne Annahme von Rentensteigerungen bis zum Rentenbeginn mit Erreichen der Regelaltersgrenze (bei privat Krankenversicherten 107,3 % der Bruttorente und bei gesetzlich Krankenversicherten 89 % der Bruttorente)

**) garantierte Rürup-Rente brutto pro Monat bei Neuabschluss mit 0,9 % Garantiezins einschließlich voller Hinterbliebenenabsicherung durch Beitrags- und Kapitalrückgewähr aus Beiträgen ab 2017 nach Tarif Europa (bei freiwillig gesetzlich Krankenversicherten nur 82,2 % der Bruttorente)

***) garantierte Rürup-Altersrente brutto pro Monat bei Neuabschluss mit 0,9 % Garantiezins ohne Rentengarantie und ohne Hinterbliebenenabsicherung aus Beiträgen ab 2017 nach Tarif Europa (bei freiwillig gesetzlich Krankenversicherten nur 82,2 % der Bruttorente)

Ein ähnliches Ergebnis zeigt die Tabelle 11 über die möglichen Renten. Bei einer Beitragsdauer von 15 Jahren liegen mögliche gesetzliche Rente brutto und reine Rürup-Rente ohne Hinterbliebenenabsicherung in etwa gleichauf. Bei freiwilligen Beiträgen über 20 Jahre gilt dies auch für privat krankenversicherte Rentner.

Die möglichen gesetzlichen Renten brutto pro Monat laut Tabelle errechnen sich nach der Vorschaurechnung im Rentenversicherungsbericht 2016 der Bundesregierung. Danach steigen die gesetzlichen Renten von

2016 bis 2030 um durchschnittlich 2,1 Prozent und damit um weniger als die Löhne, die im Durchschnitt um 2,9 Prozent zulegen sollen.

Tabelle 11: Gesetzliche Rente und Rürup-Rente für mögliche Renten

(bei einem jährlichen Beitrag von 6.000 Euro)

Beitragsjahre	Gesetzliche Rente*	Rürup Rente mit HB**	Rürup-Rente ohne HB***
5	141 €	102 €	116 €
10	283 €	222 €	251 €
15	422 €	373 €	424 €
20	572 €	549 €	619 €
25	734 €	761 €	853 €
30	911 €	1.028 €	1.142 €

*) mögliche gesetzliche Rente brutto pro Monat aus freiwilligen Beiträgen ab 2017 ohne Annahme von Rentensteigerungen bis zum Rentenbeginn mit Erreichen der Regelaltersgrenze (bei privat Krankenversicherten 107,3 % der Bruttorente und bei gesetzlich Krankenversicherten 89 % der Bruttorente)

**) mögliche Rürup-Rente brutto pro Monat aus regelmäßigen Beiträgen bei laufender Verzinsung von 3,0 % einschließlich voller Hinterbliebenenabsicherung durch Beitrags- und Kapitalrückgewähr nach Tarif Europa (bei freiwillig gesetzlich Krankenversicherten nur 82,2 % der Bruttorente)

***) mögliche Rürup-Rente brutto pro Monat aus regelmäßigen Beiträgen bei laufender Verzinsung von 3,0 % ohne Rentengarantie und ohne Hinterbliebenenabsicherung nach Tarif Europa (bei freiwillig gesetzliche Krankenversicherten nur 82,2 % der Bruttorente)

Da die Renten geringer steigen als die Löhne, sinkt zwar das Rentenniveau. Das bedeutet aber nicht, dass auch die Bruttorenten in Euro sinken. Ganz im Gegenteil: Die gesetzlichen Renten werden trotz sinkenden Rentenniveaus in Zukunft weiter steigen. Pessimisten gehen von 1 Prozent Rentensteigerung pro Jahr aus und unerschütterliche Optimisten von einer durchschnittlichen Rentensteigerung in Höhe von jährlich 2,5 Prozent und mehr.

Bei den möglichen gesetzlichen Renten in der Tabelle 11 wurde bis 2030 mit den geschätzten aktuellen Rentenwerten laut Rentenversicherungsbericht 2016 der Bundesregierung gerechnet und für die Jahre ab

2031 mit einer durchschnittlichen Rentensteigerung von 2,1 Prozent bei einer angenommenen Lohnsteigerung von 2,5 Prozent.

Auch in der jährlich von der Deutschen Rentenversicherung versandten Renteninformation erfolgen Hochrechnungen für die künftige Regelaltersrente. Dabei werden Rentensteigerungen von durchschnittlich 1 oder alternativ 2 Prozent angenommen. Mein Rat an Sie: Kalkulieren Sie mit diesen   beiden Sätzen oder mit einer durchschnittlichen Rentensteigerung von 1,5 Prozent pro Jahr, wie sie in den letzten zehn Jahren erfolgte.

Über die angenommene Höhe der jährlichen Rentensteigerung kann man trefflich streiten. Letztlich bringt Sie dieser Streit aber nicht weiter. Nur eins ist sicher: Völlig ausbleibende Rentensteigerungen in Form von Dauer-Nullrunden wird es künftig ebenso wenig geben wie jährliche Rentensteigerungen von durchschnittlich 3 Prozent und mehr.

Bei den in der Tabelle 11 angegebenen Rürup-Renten ist zu bedenken, dass die dort angegebene Europa Versicherung zu den in allen Tests am besten   abschneidenden   Anbietern   von   klassischen   Rürup-Rentenversicherungen zählt. Bei der möglichen Rürup-Rente hat die Europa Versicherung für Neuabschlüsse ab 2017 eine laufende Durchschnittsverzinsung von 3 Prozent zugrunde gelegt.

Guter Rat über freiwillige Beiträge zur gesetzlichen Rente

Guter Rat muss nicht teuer sein. Die wahrscheinlich beste Beratung über freiwillige Beiträge zur gesetzlichen Rente erhalten Sie über einen Rentenberater. Versicherungsvermittler werden Ihnen von der Zahlung freiwilliger Beiträge in die gesetzliche Rentenversicherung in aller Regel abraten, da sie daran nichts verdienen können.

Leider raten Ihnen auch manche Sachbearbeiter in den örtlichen Beratungsstellen der Deutschen Rentenversicherung pauschal mit den Worten „Das lohnt sich nicht für Sie" ab und verweisen auf die Riester-Rente. In Einzelfällen heißt es dort irrtümlich sogar „Das können Sie gar nicht". Offensichtlich ist selbst einigen bei der Deutschen Rentenversicherung angestellten Beratern bis heute noch nicht bekannt, dass seit dem 11.8.2010 jeder nicht versicherungspflichtige Beamte, Freiberufler, Selbstständige oder momentan nicht Erwerbstätige (zum Beispiel Hausfrau bzw. Hausmann) freiwillige Beiträge zur gesetzlichen Rente zahlen darf. Noch bedenklicher ist es, wenn die Ratsuchenden stattdessen auf die Riester-

Rente oder Rürup-Rente als angeblich bessere Alternative hingewiesen werden.

Versicherungsvertreter und Versicherungsmakler, die von Provisionen leben, werden verständlicherweise keine Empfehlung für freiwillige Beiträge zur gesetzlichen Rente abgeben. Sie verdienen halt nichts daran, wenn sie dies empfehlen würden. Auch nur ganz wenige Honorarberater, die ihren Mandaten für ihre Beratung ein Honorar in Rechnung stellen und auf eine Provision grundsätzlich verzichten, werden Beamte, Freiberufler und nicht pflichtversicherte Selbstständige auf freiwillige Beiträge zur gesetzlichen Rente hinweisen.

Sachgerechte Informationen über freiwillige Beiträge zur gesetzlichen Rente bietet bereits seit Anfang 2014 die Zeitschrift Finanztest. Im Sonderheft „Special Rente planen" von Juni 2014 hieß es plakativ „Freiwillige vor" und in der Titelgeschichte von Februar 2017 „Mehr Rente".

Dieser Ratschlag kommt nicht von ungefähr, da die Garantiezinsen für neu abgeschlossene Verträge über Rürup-Renten, Riester-Renten und Renten bei privaten Rentenversicherungen in 2012 bis 2014 auf 1,75 Prozent und in 2015 bis 2016 auf 1,25 Prozent gesunken sind. Für Neuabschlüsse ab 1.1.2017 liegt der Garantiezins nur noch bei 0,9 Prozent.

Je tiefer das Zinsniveau bereits gesunken ist und je länger die Niedrigzinsphase andauert, desto mehr empfehlen sich freiwillige Beiträge zur gesetzlichen Rente als bessere Alternative.

In Medien wie Wirtschaftswoche, Handelsblatt, Frankfurter Allgemeine Zeitung oder Süddeutsche Zeitung und auch im Fernsehen ist seit 2016 vom Comeback bzw. der Renaissance der gesetzlichen Rente die Rede. Sie sei besser als ihr Ruf, heißt es fast unisono. Die meisten Versicherungsvermittler wollen davon aber nichts wissen und machen die gesetzliche Rente stattdessen weiterhin madig.

Privat krankenversicherte Rentner

Ist der gesetzliche Rentner privat krankenversichert, zahlt die Deutsche Rentenversicherung noch einen Zuschuss zur privaten Krankenversicherung (PKV) in Höhe von 7,3 Prozent der gesetzlichen Rente brutto. Die gesetzliche Rente einschließlich PKV-Zuschuss steigt damit auf 107,3 Prozent der Bruttorente.

Beamte sind bis auf wenige Ausnahmen privat krankenversichert. Dies kommt ihnen im Ruhestand zugute, sofern sie neben der Pension noch eine gesetzliche Rente aus Pflichtbeiträgen und/oder freiwilligen Beiträgen bekommen. Auch Freiberufler wie Ärzte und Rechtsanwälte sind zumeist privat krankenversichert und profitieren somit von dem Zuschuss, der allerdings auf die Hälfte des Beitrags in der privaten Krankenversicherung begrenzt bleibt.

Da die gesetzlichen Renten von ehemaligen Beamten oder Freiberuflern in aller Regel nicht über 1.000 Euro hinausgehen und der Beitrag zur privaten Krankenkasse deutlich über 150 Euro monatlich liegen dürfte, wird der PKV-Zuschuss von beispielsweise 73 Euro nicht gekürzt.

Gesetzlich krankenversicherte Rentner

Wer als Rentner in der KVdR (Krankenversicherung der Rentner) gesetzlich krankenversichert ist, muss den halben Beitrag plus Zusatzbeitrag zur gesetzlichen Krankenversicherung sowie den vollen Beitrag zur gesetzlichen Pflegeversicherung tragen. Bei kinderlosen Rentnern werden ab 2017 insgesamt 11,2 Prozent von der Bruttorente abgezogen (halber Krankenkassenbeitrag 7,3 Prozent plus durchschnittlicher Zusatzbeitrag 1,1 Prozent plus voller Pflegekassenbeitrag 2,8 Prozent). Rentner mit mindestens einem Kind müssen mit einem Beitrag von 10,95 Prozent zur gesetzlichen Kranken- und Pflegeversicherung rechnen.

Die von der Deutschen Rentenversicherung auf das Konto des gesetzlich krankenversicherten, kinderlosen Rentners überwiesene gesetzliche Rente (Zahlbetrag genannt) macht somit 88,8 Prozent der Bruttorente aus. Bei Rentnern mit Kind sind es noch 89,05 Prozent, da der Zuschlag von 0,25 Prozent beim Pflegekassenbeitrag für kinderlose Rentner entfällt.

Die Zahlbeträge oder Nettorenten vor Steuern liegen bei gesetzlich krankenversicherten Rentnern rund 17 Prozent unter den Renten inkl. PKV-Zuschuss bei den privat krankenversicherten Rentnern.

Daraus folgt unmittelbar, dass sich freiwillige Beiträge zur gesetzlichen Rente bei gesetzlich krankenversicherten Rentnern weniger lohnen als bei privat Krankenversicherten. Dennoch liegen die gesetzlichen Renten auch nach Abzug von rund 11 Prozent Beitrag zur gesetzlichen Kranken- und Pflegeversicherung bei Älteren bis Jahrgang 1962 meist noch über vergleichbaren Rürup-Renten.

Wann sich freiwillige Beiträge zur gesetzlichen Rente lohnen

Wann sich freiwillige Beiträge zur gesetzlichen Rente im Vergleich zu kapitalgedeckten Renten (Rürup-Rente, Riester-Rente oder Privatrente als Rente aus privater Rentenversicherung) wirklich lohnen, hängt vom Einzelfall ab. Pauschale Aussagen darüber können falsch sein und in die Irre führen. Nur faire und nachvollziehbare Vergleiche helfen weiter.

Zwei wesentliche Punkte entscheiden darüber, ob und wie sich freiwillige Beiträge zur gesetzlichen Rente lohnen. Erstens ist es das Alter des Beitragszahlers und die sich daraus ergebende Anzahl der Beitragsjahre bis zum Erreichen der Regelaltersgrenze. Dabei gilt die Regel: Je älter der Beitragszahler und je weniger Jahre bis zur Regelaltersgrenze mit bis zu 67 Jahren, desto besser. Zum zweiten kommt es auf die Art der Krankenversicherung des künftigen Rentners an. Für privat krankenversicherte künftige Rentner sind die Aussichten wesentlich besser als für gesetzlich Krankenversicherte.

Am besten schneiden somit ältere und privat krankenversicherte Personen (zum Beispiel Freiberufler und Beamte) ab. Besonders für rentennahe Freiberufler und pensionsnahe Beamte, die das 55. oder sogar das 60. Lebensjahr bereits vollendet haben und auch als Ruheständler privat krankenversichert sein werden, lohnen sich freiwillige Beiträge zur gesetzlichen Rente ganz besonders.

Fünf gute Jahre für Beitragszahlungen

Die Aussichten der gesetzlichen Rentenversicherung für die nächsten fünf Jahre von Anfang 2017 bis Ende 2021 sind für Beitragszahler und künftige Rentner recht gut. Stabile Beitragssätze sowie Renten, die in etwa so stark steigen wie die Löhne, sind relativ sicher zu erwarten.

Es empfiehlt sich grundsätzlich, die fünf guten Jahre 2017 bis 2021 für freiwillige Beiträge zur gesetzlichen Rente zu nutzen. Diese Phase wird als „demografische Pause" bezeichnet, da die geburtenstarken Jahrgänge erst ab 2022 in Rente gehen und dann die Finanzen der gesetzlichen Rentenversicherung belasten.

Das Zeitfenster für fünf gute Rentenjahre steht jedem freiwilligen Beitragszahler offen. Wenn Sie zwischen 1956 und 1969 geboren sind und zur so genannten Babyboomer-Generation gehören, sollten Sie Ihre Beitragszahlung daher ebenfalls vor allem auf die Jahre 2017 bis 2021 konzentrieren.

Wer beispielsweise von 2017 bis 2021 den Höchstbeitrag in der gesetzlichen Rentenversicherung zahlt und damit auf eine Beitragssumme von rund 75 000 Euro kommt, kann mit einer möglichen gesetzlichen Rente von brutto 353 Euro rechnen, sofern er 2022 in Rente geht. Die erste Bruttojahresrente macht immerhin 5,6 Prozent der Beitragssumme aus.

Privat krankenversicherte Rentner mit Rentenbeginn in 2022 kommen sogar auf monatlich 379 Euro einschließlich Zuschuss zur privaten Krankenversicherung. Der anfängliche Rentensatz steigt auf 6,1 Prozent der Beitragssumme. Wenn der Neurentner des Jahres 2022 noch 20 Jahre lang lebt und die Renten jährlich um durchschnittlich zwei Prozent steigen, kann er mit einer Rentensumme von 110.500 Euro rechnen, die 47 Prozent über der Beitragssumme liegt.

Ähnlich sieht die Beispielrechnung aus, wenn von 2017 bis 2021 immer nur der Regelbeitrag in Höhe von 18,7 Prozent des Durchschnittsentgelts gezahlt wird. Aus einer Beitragssumme von 36.629 Euro ist dann mit einer gesetzlichen Rente von monatlich 170 Euro brutto oder 182 Euro einschließlich PKV-Zuschuss für privat krankenversicherte Rentner zu rechnen. Gesetzlich krankenversicherte Rentner kommen allerdings nach Abzug des Beitrags zur gesetzlichen Kranken- und Pflegeversicherung nur auf einen Rentenzahlbetrag von 151 Euro.

Freiwillige Beiträge zur gesetzlichen Rente lohnen sich in aller Regel ganz besonders für Ältere aus der Gruppe 55plus. Wenn Sie also zu den Geburtsjahrgängen bis 1962 gehören und in 2017 mindestens 55 Jahre alt werden, verbleiben nur noch höchstens sieben Jahre bis zum Erreichen der Regelaltersrente. Doch auch für privat Krankenversicherte, die 50 bis 54 Jahre alt werden (also Jahrgänge 1963 bis 1967) im Jahr 2017, können freiwillige Beiträge noch lohnend sein.

Auch wer erst in 2031 mit 67 Jahren in Rente geht, weil er zum geburtenstärksten Jahrgang 1964 gehört, sollte die fünf guten Rentenjahre 2017 bis 2021 bereits für Beitragszahlungen nutzen. Ab 2022 könnten die freiwilligen Beiträge dann reduziert oder gar bis zu der erst in 2031 beginnenden Regelaltersrente ausgesetzt werden.

Gesetzlich Krankenversicherte ab 60 Jahren fahren trotz der Belastung mit Kranken- und Pflegekassenbeiträgen in der Rentenphase ebenfalls noch gut mit freiwilligen Beiträgen. Sofern sie bisher noch nicht gesetzlich rentenversichert waren, sollten sie aber umgehend mit der Beitragszahlung über fünf Jahre beginnen. Auf jeden Fall müssen sie die fünfjährige allgemeine Wartezeit bis zur Regelaltersgrenze noch schaffen. Wenn Sie dies nicht schaffen, können Sie die Beitragszahlung über die Regelaltersgrenze hinaus fortsetzen, bis die fünf Jahre erreicht sind.

Wer 55 Jahre alt ist oder älter, kann mit der Zahlung von freiwilligen Rentenbeiträgen kräftig Steuern sparen. Er muss bei einem Rentenbeginn bis 2028 nicht befürchten, dass die gesetzliche Rente zu hoch besteuert wird und er damit in die Falle der Doppelbesteuerung gerät.

Freiwillige Beiträge zur gesetzlichen Rente sind in den Jahren 2017 bis 2021 zu 84 bis 92 Prozent steuerlich abzugsfähig, also im Schnitt zu 88 Prozent. Da der Besteuerungsanteil der gesetzlichen Rente bei einem Rentenbeginn in 2022 bis 2028 während der gesamten Rentendauer zwischen 82 und 88 Prozent liegt, wird die anfängliche Rente also im Vergleich zu den steuerlich abzugsfähigen Rentenbeiträgen nicht zu hoch besteuert. Allerdings sind die jährlichen Rentensteigerungen immer voll steuerpflichtig.

Die steuerlichen Höchstbeträge für Altersvorsorgeaufwendungen sind zu beachten. Im Jahr 2017 liegt dieser Höchstbetrag für Beiträge zur gesetzlichen Rentenversicherung oder berufsständischen Versorgung der Freiberufler sowie für Beiträge zur Rürup-Rente zusammen bei 23.362 Euro für Alleinstehende nach der Grundtabelle oder 46.724 Euro für Verheiratete nach der Splittingtabelle.

Freiwillige Beiträge zur gesetzlichen Rente, die zusammen mit anderen steuerlich abzugsfähigen Beiträgen die steuerliche Höchstbetragsgrenze übersteigen, sind aus wirtschaftlicher und steuerlicher Sicht unrentabel, da der über dem Höchstbetrag liegende Teil der freiwilligen Beiträge überhaupt nicht steuerlich abzugsfähig ist.

In vielen Fällen ist eine individuelle Steuerplanung unerlässlich. Oft empfiehlt sich der Gang zum Steuerberater, damit das Steuern sparen in der Beitragsphase optimal gelingt und die Steuerzahlungen in der Rentenphase nicht zu hoch ausfallen.

Vergleich mit der Rürup-Rente

Der Vergleich der gesetzlichen Rente aus freiwilligen Beiträgen mit der Rürup-Rente liegt nahe, da hierfür die gleichen Steuerregeln und übrigens auch die gleichen Rentenregeln (beide Renten sind nicht kapitalisierbar, nicht vererbbar, nicht übertragbar, nicht veräußerbar und nicht beleihbar) gelten.

Ein Vergleich der gesetzlichen Rente mit der Rürup-Rente sollte sinnvoller Weise zunächst auf die Bruttorenten beschränkt werden. Im Fall von privat krankenversicherten Rentnern ist zusätzlich noch der Zuschuss zur privaten Krankenversicherung in Höhe von 7,3 Prozent der Bruttorente zu berücksichtigen, während bei gesetzlich krankenversicherten Rentnern der Beitrag zur gesetzlichen Kranken- und Pflegeversicherung von der Bruttorente noch abzuziehen ist.

Bei regelmäßigen Beiträgen sollte sich der Vergleich zwischen gesetzlicher Rente und Rürup-Rente sowohl auf die garantierten Renten als auch auf die möglichen Renten beziehen.

In diesem Kapitel sind bereits Vergleichsrechnungen für gesetzliche Rente und Rürup-Rente erfolgt. Dabei wird von einem festen jährlichen Beitrag von 6.000 Euro ausgegangen. In den Tabellen 10 und 11 werden sowohl garantierte als auch mögliche Renten verglichen. Bei der Rürup-Rente wird zudem zwischen reinen Rürup-Altersrenten ohne Hinterbliebenabsicherung und Rürup-Renten mit Hinterbliebenenabsicherung unterschieden.

Klassische reine Rürup-Renten schließen höchstens eine Rentengarantiezeit von beispielsweise fünf oder zehn Jahren ein, aber keinen Anspruch auf Hinterbliebenenrente oder Berufsunfähigkeitsrente. Im Gegensatz dazu ist in der gesetzlichen Rente aus freiwilligen Beiträgen immer auch ein Anspruch auf Witwen- oder Witwerrente für den überlebenden Ehegatten oder eingetragenen Lebenspartner enthalten.

Wenn die reine Altersrente aus einem Rürup-Vertrag mit der gesetzlichen Rente verglichen wird, schneidet die Rürup-Rente naturgemäß auf dem Papier etwas besser ab. Dieser Vergleich ist aber nicht ganz fair, sofern der Bezieher einer gesetzlichen Rente verheiratet ist und der hinterbliebene Ehegatte oder eingetragene Lebenspartner bei seinem Ableben noch eine Witwen- oder Witwerrente von 55 bis 60 Prozent der Altersrente des Verstorbenen erhält. Allerdings wird die Witwen- oder Witwerrente bei eigenem Einkommen eventuell gekürzt. Bei hohen Einkommen der Witwe oder des Witwers kann die Witwen- oder Witwerrente sogar ganz entfallen.

Ein fairer Vergleich von gesetzlicher Rente und Rürup-Rente bezieht auch bei der Rürup-Rente eine Hinterbliebenenabsicherung mit ein. Dadurch sinkt selbstverständlich die **Rürup-Rente mit Hinterbliebenenschutz** im Vergleich zur reinen Altersrente ohne Hinterbliebenenschutz.

Sind Sie verheiratet und wird Ihr Ehegatte oder eingetragener Lebenspartner im Falle Ihres Ablebens höchstwahrscheinlich eine Witwen- oder Witwerrente erhalten, sollten Sie freiwillige Beiträge zur gesetzlichen Rente konsequenterweise auch nur mit Beiträgen zur Rürup-Rente einschließlich Hinterbliebenenabsicherung (zum Beispiel 55 bis 60 Prozent der eigenen Rürup-Rente wie bei Hannoversche Leben oder aus dem Kapitalerhalt errechnete Hinterbliebenenrente wie bei Europa Leben) vergleichen.

Vergleiche zwischen gesetzlicher Rente aus freiwilligen Beiträgen und Rürup-Rente können Aufschluss darüber geben, welche der beiden Renten im Einzelfall lohnender ist. Folgende Regel beim Vergleich von gesetzlicher Rente und Rürup-Rente gilt dabei: Je länger die Beitragsdauer, umso stärker wirkt der Zinseszinseffekt zugunsten der Rürup-Rente. Jüngere unter 45 Jahren fahren mit der Rürup-Rente daher besser. Dies gilt insbesondere dann, wenn sie als Rentner in der KVdR (Krankenversicherung der Rentner) gesetzlich krankenversichert sind und nicht nur freiwillig gesetzlich versichert.

Die gesetzliche Rente brutto schlägt jedoch die Rürup-Rente bei rentennahen Freiberuflern und pensionsnahen Beamten mit einer Beitragsdauer von fünf bis weniger als 15 Jahren, sofern der spätere Rentner privat krankenversichert ist.

Noch deutlich besser würde die gesetzliche Rente aus freiwilligen Beiträgen im Vergleich zur Rente aus einer privaten Rentenversicherung abschneiden, da die freiwilligen Beiträge zur gesetzlichen Rente zum allergrößten Teil steuerlich abzugsfähig sind. Der Steuervorteil der Privatrente in der Rentenphase mit einem steuerlichen Ertragsanteil von nur 18 Prozent bei einem 65-jährigen Rentner gleicht den Nachteil der fehlenden steuerlichen Abzugsfähigkeit bei weitem nicht aus. Exakte Vergleiche sind infolge dieser unterschiedlichen Steuerregelungen allerdings nur sinnvoll bei bestimmten Annahmen über die jeweiligen Steuersätze in der Beitrags- und Rentenphase.

Vor Steuern liegen die Privatrenten aus der privaten Rentenversicherung fast immer so hoch wie die Rürup-Renten. Nach Steuern wird die Rürup-Rente jedoch die Privatrente in aller Regel schlagen.

Vergleiche der gesetzlichen Rente mit der Privatrente bei einer Beitragsdauer (Einzahlung) von fünf und zehn Jahren sind zudem wenig sinnvoll, da bei regelmäßigen Beiträgen in der privaten Rentenversicherung eine Mindestlaufzeit von zwölf Jahren einzuhalten ist, um die Steuervorteile wie niedriger Ertragsanteil der Privatrente oder nur hälftige Besteuerung des Überschusses der Ablaufleistung über die Beitragssumme bei Ausüben des Kapitalwahlrechts zu sichern.

5.2 Freiwillige Beiträge für versicherungsfreie Beamte

Rund 1,8 Millionen Beamte, Richter und Soldaten sind versicherungsfrei[46], da sie im Ruhestand Anspruch auf Versorgungsbezüge (Pensionen) haben. Sie können sich seit 11.8.2010 zusätzlich freiwillig in der gesetzlichen Rentenversicherung versichern.

Ausgerechnet über die gesetzliche Rente für Beamte (Richter und Soldaten seien damit eingeschlossen) kursieren jedoch die wildesten Gerüchte. Mal wird behauptet, Beamte dürften überhaupt keine gesetzliche Rente bekommen, da sie ja bereits eine Pension erhielten. Dann wird erzählt, die gesetzliche Rente würde später auf die Pension angerechnet und dann zur Kürzung der Pension führen. Und immer wieder wird der spätestens seit dem 11.8.2010 bestehende Irrtum verbreitet, Beamte dürften überhaupt keine freiwilligen Beiträge zur gesetzlichen Rente zahlen.

Im Folgenden werden daher zunächst die drei wichtigsten Halbwahrheiten und Irrtümer den nachweisbaren Tatsachen gegenüber gestellt. Auch bei der gesetzlichen Rente sollten nur Fakten zählen und keine Ge-

---

[46] § 5 Abs. 1 SGB VI, siehe https://www.gesetze-im-internet.de/sgb_6/__5.html

rüchte oder bloße Vermutungen. Entweder ist etwas richtig oder falsch. Es stimmt oder es stimmt nicht.

1. Beamtenpension und gesetzliche Rente

Halbwahrheit: Beamte erhalten keine gesetzliche Rente, sondern „nur" eine Beamtenpension.

Tatsache ist: Laut Statistik erhält jeder zweite Beamte später außer der Beamtenpension zusätzlich noch eine gesetzliche Rente in Höhe von durchschnittlich rund 400 Euro pro Monat, da er vor Berufung in das Beamtenverhältnis Angestellter im öffentlichen Dienst oder in der Privatwirtschaft und damit rentenversicherungspflichtig war.

Nur-Beamte, die nie rentenversicherungspflichtig waren und auch keine freiwilligen Beiträge zur gesetzlichen Rente gezahlt haben, bekommen auch nur ihre Beamtenpension und keine zusätzliche gesetzliche Rente.

2. Anrechnung von gesetzlicher Rente auf Beamtenpension

Halbwahrheit: Die gesetzliche Rente von Beamten wird auf die Pension angerechnet. Dadurch kommt es in vielen Fällen zur Kürzung der Beamtenpension. Leider findet sich auch im Merkblatt V0061 der Deutschen Rentenversicherung zum Antrag auf Beitragszahlung für eine freiwillige Versicherung folgende für Beamte wenig hilfreiche und daher missverständliche Formulierung: *„Wenn Sie aufgrund der Gewährleistung von Versorgungsanwartschaften versicherungsfrei sind (z.B. als Beamter, Richter oder Soldat), möchten wir Sie darauf aufmerksam machen, dass sich in vielen Fällen ein Rentenbezug mindernd auf Versorgungsbezüge auswirken kann. Für weitergehende Informationen empfehlen wir Ihnen, sich mit Ihrem Dienstherrn oder Ihrer Versorgungsdienststelle in Verbindung zu setzen* "[47].

Auch in den offiziellen Rechtsanweisungen bleibt es bei dieser Halbwahrheit, wie die folgenden mit gleich drei Paragrafen „geschmückten" Hinweise zeigen:

---

[47] http://www.deutsche-rentenversiche-rung.de/Allgemein/de/Inhalt/5_Services/04_formulare_und_antraege/_pdf/V0061.pdf?__blob=publicationFile&v=22 (Kurzlink: https://goo.gl/o6gieE)

„Soweit nach § 5 Abs. 1 Satz 1 SGB VI versicherungsfreie Personen von der für sie seit 11.8.2010 geltenden Regelung des § 7 SGB VI Gebrauch machen wollen, sind sie auf die möglichen Auswirkungen der Rentenzahlungen auf die Versorgung zum Beispiel nach § 55 BeamtVG hinzuweisen. Verbindliche Auskünfte können jedoch nur der Dienstherr bzw. die zuständige Versorgungsdienststelle erteilen".

Tatsache ist: Nur die gesetzliche Rente aus <u>Pflichtbeiträgen</u> kann auf die Pension angerechnet werden. Es kommt nur dann zur Kürzung der Pension, wenn die Summe aus Beamtenpension und aus Pflichtbeiträgen stammender gesetzlicher Rente höher als das Höchstruhegehalt abzüglich evtl. Versorgungsabschläge ausfällt. Die gesetzliche Rente aus <u>freiwilligen Beiträgen</u> kann niemals zur Kürzung der Pension führen[48].

Der in den Rechtsanweisungen erwähnte Paragraf 55 des Beamtenversorgungsgesetzes stellt in Absatz 4 Satz 1 Ziffer 2 klar, dass der Teil der gesetzlichen Rente, der *„dem Verhältnis der Entgeltpunkte für freiwillige Beiträge zu der Summe der Entgeltpunkte für freiwillige Beiträge, Pflichtbeiträge, Ersatzzeiten, Zurechnungszeiten und Anrechnungszeiten entspricht"*, nicht auf die Beamtenpension angerechnet werden darf.

Leider wird dieser Anteil der Entgeltpunkte aus freiwilligen Beiträgen im Verhältnis zu den Gesamtentgeltpunkten in Rentenauskünften und späteren Rentenbescheiden der Deutschen Rentenversicherung nicht ausdrücklich ermittelt. Bei den Gesamtentgeltpunkten werden zwar die Entgeltpunkte für Beitragszeiten genannt. Dabei wird aber nicht zwischen Entgeltpunkten für Pflichtbeitragszeiten und Entgeltpunkten für Zeiten mit freiwilligen Beiträgen unterschieden.

Der Beamte, der freiwillige Beiträge zahlt und später eine gesetzliche Rente bezieht, muss also wohl oder übel diesen Anteil selbst berechnen und seiner zuständigen Versorgungsdienststelle eine plausible und nachvollziehbare Berechnung nebst Rentenbescheid zusenden.

Diese Berechnung erfolgt, indem die Entgeltpunkte aus freiwilligen Beiträgen in Prozent der Gesamtentgeltpunkte laut Rentenbescheid ausdrückt werden. Liegt dieser Anteil beispielsweise bei 30 Prozent der ge-

---

[48] Quellen: § 55 Abs. 1 und 2 i.V.m. § 14 Abs. 3 BeamtVG für gesetzliche Rente aus Pflichtbeiträgen sowie § 55 Abs. 4 BeamtVG für gesetzliche Rente aus freiwilligen Beiträgen, siehe <u>https://www.gesetze-im-internet.de/beamtvg/___55.html</u>

setzlichen Rente, bleibt dieser aus freiwilligen Beiträgen stammende Rentenanteil von einer Anrechnung auf die Beamtenpension auf jeden Fall verschont.

Dies ist auch völlig logisch, da auch aus eigenen Beiträgen finanzierte Riester-Renten, Rürup-Renten oder Renten aus der privaten Rentenversicherung nicht auf die Beamtenpension angerechnet werden. Etwas anderes gilt nur für Zusatzrenten aus dem öffentlichen Dienst, sofern es sich dabei um die Pflichtversicherung und nicht um eine zusätzliche freiwillige Versicherung handelt.

3. Freiwillige Rentenbeiträge von Beamten

Irrtum: Beamte dürfen keine freiwilligen Beiträge zur gesetzlichen Rente zahlen.

Tatsache ist: Seit der Gesetzesänderung vom 11.8.2010 kann sich jeder Beamte – also auch der Nur-Beamte, der vorher nie pflichtversichert war – freiwillig in der gesetzlichen Rentenversicherung versichern und somit freiwillige Beiträge zur gesetzlichen Rente zahlen. Vorher war dies nur möglich, wenn er aufgrund einer sozialversicherungspflichtigen Tätigkeit bereits die Wartezeit von fünf Jahren durch Zahlung von Pflichtbeiträgen erfüllt hatte[49].

Interessanterweise gibt es noch einen vierten Irrtum, der sich um die private Krankenversicherung von Beamten mit einer gesetzlichen Rente rankt. Tatsache ist: Rund 90 Prozent der Beamten sind privat krankenversichert. Dies kommt ihnen im Ruhestand zugute, sofern sie neben der Pension noch eine gesetzliche Rente aus Pflichtbeiträgen und/oder freiwilligen Beiträgen bekommen.

Ist der gesetzliche Rentner – und dies gilt selbstverständlich auch für Beamte - privat krankenversichert, zahlt die Deutsche Rentenversicherung bekanntlich noch einen Zuschuss zur privaten Krankenversicherung (PKV) in Höhe von 7,3 Prozent der gesetzlichen Rente brutto.

Dieser Zuschuss wird zwar auf die Hälfte des Beitrags in der privaten Krankenversicherung begrenzt. Doch nun kommt ein anderes Gerücht. Wenn der Zuschuss zur privaten Krankenversicherung einen bestimmten

---

[49] Quellen: § 7 Abs. 1 SGB VI neue Fassung ab 11.8.2010 sowie § 7 Abs. 1 und 2 gültige alte Fassung bis 10.8.2010

Grenzbetrag von beispielsweise 41 Euro übersteige, würde der **Beihilfe-satz** bei beihilfeberechtigten Pensionären und/oder ihrem Ehegatten von 70 Prozent auf nur noch 50 Prozent gekürzt.

Nach Änderung der Beihilfeverordnungen für Bundesbeamte und die meisten Landesbeamten im Jahr 2013 erfolgt jedoch in keinem Fall mehr eine Kürzung des Beihilfesatzes und damit eine Erhöhung des Beitrags zur privaten Krankenversicherung.

Doch keine Regel ohne Ausnahme. Niedersachsen kürzt den Beihilfe-satz weiter von 70 auf 50 Prozent, falls der Zuschuss bei 41 Euro und mehr liegt. Dazu gibt es für Pensionäre in Niedersachsen den Hinweis, dass man auf einen Teil des Zuschusses auch verzichten könne, um den Zuschuss zur privaten Krankenversicherung auf unter 41 Euro zu drücken und dann den sonst üblichen Beihilfesatz von 70 Prozent zu behalten. Man möge sich in diesem Fall an die Deutsche Rentenversicherung wenden.

Und in der Tat weisen die jährlichen Rentenanpassungsmitteilungen der Deutschen Rentenversicherung auf Folgendes hin: „Falls Sie einen Anspruch auf Beihilfe nach beamtenrechtlichen Vorschriften haben, beachten Sie bitte: Überschreitet der Zuschuss bestimmte Grenzbeträge, können sich Auswirkungen auf Ihren Beihilfeanspruch ergeben. Trifft das zu, können Sie auf den Zuschuss oder auf Teile des Zuschusses verzichten. Ein Verzicht ist jedoch nur mit Wirkung auf die Zukunft möglich. Ob sich die Zahlung des Zuschusses auf Ihren Beihilfeanspruch auswirkt, erfahren Sie bei Ihrer Beihilfestelle."

Diese Information ist aber spätestens seit 2014 für die ehemaligen Bundesbeamten und die meisten Landesbeamten überholt. Und für ehemalige Landesbeamte in Nordrhein-Westfalen ist sie sogar nutzlos, weil das Land dort den Beihilfesatz von 70 auf 60 Prozent auch dann kürzt, wenn der Pensionär hinsichtlich seiner gesetzlichen Rente gegenüber der Deutschen Rentenversicherung auf Teile des Zuschusses verzichtet. Gekürzt wird der Beihilfesatz in Nordrhein-Westfalen immer, wenn der Zuschuss zur privaten Krankenversicherung 90 Euro und mehr ausmacht, und zwar dem Grunde nach. Liegt er wegen eines teilweisen Verzichts nur bei 89,99 Euro, erfolgt dennoch die Kürzung des Beihilfesatzes auf 60

Prozent. Daher ist ein freiwilliger Verzicht auf Teile des PKV-Zuschusses für Pensionäre in Nordrhein-Westfalen sinnlos.

Und noch eine steuerliche Besonderheit gibt es für Beamte, die auf keinen Fall übersehen werden darf. Der **steuerliche Höchstbetrag** für Altersvorsorgeaufwendungen zur gesetzlichen Rente und Rürup-Rente enthält auch den fiktiven Beitrag des Beamten in Höhe von 18,7 Prozent seines Bruttogehalts, maximal 18,7 Prozent der Beitragsbemessungsgrenze in der gesetzlichen Rentenversicherung Ost von 68.400 Euro in 2017. Laut Schreiben des Bundesfinanzministeriums vom 19.8.2013 gilt die Beitragsbemessungsgrenze Ost in diesem speziellen Fall aus Vereinfachungsgründen für das gesamte Bundesgebiet, also auch für West-Beamte.

Dazu ein Beispiel: Der steuerliche Höchstbetrag macht 23.362 Euro für Ledige und 46.724 Euro für Verheiratete in 2017 aus. Wenn der Beamte 60.000 Euro brutto im Jahr 2017 verdient, sind davon fiktiv 18,7 Prozent zu berechnen. Diese 11.220 Euro müssen dann vom steuerlichen Höchstbetrag abgezogen werden, so dass für Ledige in diesem Beispiel nur noch „Luft" für 12.142 Euro bleibt.

Nur noch 10.571 Euro wären es für Ledige, deren Jahresbruttogehalt über 68.400 Euro in 2017 hinausgeht. Dies sind immerhin 3.678 Euro weniger als der Höchstbetrag von 14.249,40 Euro in der freiwilligen Versicherung. Daher wäre es aus steuerlichen Gründen sinnvoll, den freiwilligen Beitrag auf höchstens 10.571 Euro in 2017 zu begrenzen.

5.3 Freiwillige Beiträge für Freiberufler

Fast eine Million Freiberufler (Ärzte, Zahnärzte, Rechtsanwälte, Notare, Steuerberater, Wirtschaftsprüfer und Architekten) sind Mitglieder einer berufsständischen Kammer und haben im Ruhestand Anspruch auf eine berufsständische Versorgung[50]. Auch sie können seit 11.8.2010 freiwillige Beiträge zur gesetzlichen Rente zahlen.

Laut ABV (Arbeitsgemeinschaft berufsständischer Versorgungseinrichtungen e.V.) gab es Ende 2015 rund 955.000 beitragszahlende Mitglieder in den Versorgungskassen. Darunter waren 380.000 selbstständige Freiberufler.

---

[50] § 6 Abs. 1 Nr. SGB VI, siehe https://www.gesetze-im-internet.de/sgb_6/__6.html

Mit rund 535.000 Mitgliedern machten Ärzte, Zahnärzte und Tierärzte die größte Gruppe unter den Freiberuflern aus. Rechtsanwälte und Notare zählten mit rund 175.000 Mitgliedern zur zweitstärksten Gruppe. Die übrigen 245.000 Mitglieder verteilten sich auf 48.000 Steuerberater und Wirtschaftsprüfer, 124.000 Architekten und 73.000 Apotheker.

Knapp die Hälfte der Freiberufler sind Frauen. Bei den freiberuflich tätigen Tierärzten und Apothekern dominieren die Frauen zahlenmäßig. Freiwillige Beiträge lohnen sich insbesondere für Freiberuflerinnen mit Kindern, da Kindererziehungszeiten in der berufsständischen Versorgung nicht berücksichtigt werden und somit die berufsständische Rente (zum Beispiel Ärzte- oder Apothekerrente) nicht erhöhen.

Einer Apothekerin mit vor 1992 geborenen Kindern ist es unter anderem zu verdanken, dass es zur Gesetzesänderung vom 11.8.2010 kam. Sie hatte ihr Recht, Kindererziehungszeiten in der gesetzlichen Rentenversicherung anrechnen zu lassen und die fehlenden Jahre durch freiwillige Beiträge aufzufüllen, beim Bundessozialgericht erstritten.

Wer ein ab 1992 geborenes Kind erzogen hat, bekommt in der gesetzlichen Rentenversicherung bereits drei Kindererziehungsjahre als Pflichtbeitragszeiten angerechnet. Dies führt zu drei Entgelt- bzw. Rentenpunkten und damit zu einem vorläufigen Rentenanspruch von zurzeit 93 Euro brutto.

Um eine Regelaltersrente nach fünfjähriger Wartezeit zu erhalten, sind also nur 24 monatliche freiwillige Beiträge für die fehlenden zwei Jahre erforderlich. Sofern der freiwillige Beitrag so hoch ist wie ein Regelbeitrag in der gesetzlichen Rentenversicherung für Pflichtversicherte, kommen zwei Entgeltpunkte hinzu. Die zu erwartende Regelaltersrente macht dann rund 155 Euro monatlich im Westen aus. Bei zwei ab 1992 geborenen Kindern werden bereits sechs Jahre angerechnet, so dass ein Rentenanspruch von monatlich 186 Euro ohne Zahlung eines einzigen freiwilligen Beitrags entsteht.

Selbstverständlich können freiwillige Beiträge auch über die fünfjährige Wartezeit hinaus gezahlt werden. Da viele Ärzte, Rechtsanwälte und Steuerberater privat krankenversichert sind, erhalten sie noch einen Zuschuss in Höhe von 7,3 Prozent der Bruttorente zu ihrer privaten Krankenversicherung.

Steuerlich sollten Freiberufler darauf achten, dass die Summe aus freiwilligen Beiträgen zur gesetzlichen Rentenversicherung, Beiträgen zur berufsständischen Versorgung und evtl. Beiträgen zur Rürup-Rente nicht über den steuerlichen Höchstbetrag von beispielsweise 23.622 Euro für Ledige bzw. 46.274 Euro für Verheiratete in 2017 hinausgeht. Sinnvollerweise zieht man von diesem steuerlichen Höchstbetrag die gezahlten Beiträge zur berufsständischen Versorgung und zur Rürup-Rente ab, um den verbleibenden Restbeitrag für die freiwillige Versicherung in der gesetzlichen Rentenversicherung zu ermitteln.

5.4 Freiwillige Beiträge für nichtpflichtversicherte Selbstständige

Von den 4,2 Millionen Selbstständigen waren im Jahr 2015 nur 1,2 Millionen in einem verpflichtenden Alterssicherungssystem (gesetzliche Rentenversicherung, berufsständische Versorgung oder Alterssicherung der Landwirte). Die übrigen drei Millionen waren demnach in keinem System pflichtversichert.

In der gesetzlichen Rentenversicherung waren zudem nur 294.000 Selbstständige pflichtversichert. Sie verteilen sich auf folgende Gruppen: 177.000 Künstler und Publizisten, 50.000 Handwerker, 55.000 andere Selbstständige kraft Gesetzes und nur 12.000 pflichtversicherte Selbstständige auf eigenen Antrag.

Insbesondere die 2,3 Millionen **Solo-Selbstständigen**, die keine Mitarbeiter beschäftigen, waren ohne Pflichtversicherung. Sie wären gut beraten, zumindest freiwillige Beiträge in die gesetzliche Rentenversicherung einzuzahlen. Da sie es auch wegen fehlender finanzieller Mittel ganz überwiegend unterlassen, denkt die Politik über eine Rentenversicherungspflicht für diese Solo-Selbstständigen nach. Noch ist darüber aber keine Entscheidung gefallen.

Jeder zehnte Erwerbstätige ist selbstständig tätig und nicht abhängig beschäftigt als Arbeitnehmer oder Beamter. Unter den 4,2 Millionen Selbstständigen sind allein 774.000 selbstständige Handwerker, die in rund einer Million von Handwerksbetrieben tätig sind. Am Beispiel der selbstständigen Handwerker soll im Folgenden die Altersvorsorge für Selbstständige einmal näher beleuchtet werden.

Selbstständige Handwerker können nach 18 Jahren wählen

Selbstständige Gewerbetreibende in Handwerksbetrieben sind in der gesetzlichen Rentenversicherung pflichtversichert, freiwillig versichert oder gar nicht mehr versichert. Darunter sind 409.000 selbstständige Handwerker, die keine Arbeitnehmer beschäftigen und daher ebenfalls als Solo-Selbstständige bezeichnet werden.

Versicherungspflichtig sind nur selbstständige Handwerker, die einen Meistertitel führen und mit ihrem zulassungspflichtigen Handwerk laut Anhang A der Handwerksordnung in der Handwerksrolle eingetragen sind. Es kommt nicht darauf an, ob sie Solo-Selbstständige sind oder noch Arbeitnehmer beschäftigen.

Nur diese in der Handwerksrolle eingetragenen Handwerker mit erfolgreich abgeschlossener Meisterprüfung sind kraft Gesetzes pflichtversichert in der gesetzlichen Rentenversicherung[51]. Nach Erreichen von 18 Pflichtbeitragsjahren haben sie die Möglichkeit, weiterhin Pflichtbeiträge zu zahlen oder sich auf Antrag von der Versicherungspflicht befreien zu lassen.

Wer sich von der Rentenversicherungspflicht befreien lässt, kann sich freiwillig in der gesetzlichen Rentenversicherung weiter versichern, als Antragspflichtversicherter später wieder beitreten oder auf andere Weise finanziell etwas für seine Altersvorsorge tun.

Erstaunlicherweise waren nur rund 50.000 selbstständige Handwerker im Jahr 2015 kraft Gesetzes pflichtversichert. Bis Ende 1991 hieß das noch „Handwerkerversicherung" und bildete einen eigenen Zweig innerhalb der gesetzlichen Rentenversicherung.

Da es darüber hinaus insgesamt nur insgesamt 12.000 Selbstständige gab, die sich auf Antrag pflichtversichert haben[52], waren höchstens acht Prozent der selbstständigen Handwerker in der gesetzlichen Rentenversicherung pflichtversichert.

Pflichtversicherte selbstständige Handwerker zahlen typischerweise einen **Regelbeitrag** von derzeit 556,33 Euro im Monat. Dies sind 18,7 Prozent der monatlichen Bezugsgröße von 2.975 Euro im Jahr 2017, sofern sie

---

[51] § 2 Abs. 2 SGB VI, siehe https://www.gesetze-im-internet.de/sgb_6/__2.html
[52] sog. Antragspflichtversicherte nach § 4 Abs. 2 SGB VI, siehe
https://www.gesetze-im-internet.de/sgb_6/__4.html

im Westen unternehmerisch tätig sind. Da die monatliche Bezugsgröße im Osten bei 2.660 Euro liegt, reduziert sich der Regelbeitrag dort auf 497,42 Euro.

Bis zum Ablauf von drei Jahren nach Aufnahme der selbstständigen Tätigkeit ist nur der **halbe Regelbeitrag** von aktuell 278,16 Euro im Westen bzw. 248,71 Euro im Osten zu zahlen, wenn der Pflichtversicherte nicht ausdrücklich die Zahlung des vollen Regelbeitrags wünscht.

Abweichend vom vollen oder halben Regelbeitrag kann jedoch ein **individueller Pflichtbeitrag** entrichtet werden, der von der Höhe der tatsächlichen Einkünfte aus Gewerbebetrieb bzw. aus selbstständiger Tätigkeit abhängt und durch Vorlage des letzten Einkommensteuerbescheids nachzuweisen ist. Dieser von den persönlichen Einkommensverhältnissen abhängige Pflichtbeitrag muss bei mindestens 84,15 Euro im Monat liegen und darf beispielsweise im Jahr 2015 den Höchstbeitrag von monatlich 1.187,45 Euro im Westen nicht überschreiten.

Die meisten pflichtversicherten selbstständigen Handwerker werden den Regelbeitrag von jährlich 6.676 Euro im Jahr 2017 zahlen. Davon können sie dann 5.608 Euro, also 84 Prozent, unter Altersvorsorgeaufwendungen steuerlich absetzen.

Wer als selbstständiger Handwerksmeister bereits 18 Pflichtbeitragsjahre hinter sich gebracht hat oder demnächst hinter sich bringen wird, steht vor der Wahl: Weiter pflichtversichert bleiben oder sich von der Versicherungspflicht befreien lassen? Sofern er sich befreien lässt, steht dann eine weitere Entscheidung an: Freiwillige Versicherung oder anderweitige private Altersvorsorge?

Besser ist es, so früh wie möglich Vor- und Nachteile abzuwägen und sich dann entweder für die Pflichtversicherung oder die freiwillige Versicherung zu entscheiden.

Ein kompletter Verzicht auf eine Weiterversicherung ist nicht ratsam, da man auch mit freiwilligen, monatlichen Mindestbeiträgen von zurzeit 84,15 Euro rentenrechtliche Zeiten aufbauen kann. Im Jahr 2015 gab es in Deutschland insgesamt nur rund 241.000 freiwillig Versicherte. Wie viele davon selbstständige Handwerker waren, ist leider nicht bekannt.

Wie wichtig eine freiwillige Versicherung sein kann, zeigt folgendes Beispiel: Die abschlagsfreie Rente ab 63 für besonders langjährig Versicherte setzt 45 Versicherungsjahre voraus. Jahre mit freiwilligen Beiträgen zählen dabei mit, sofern mindestens 18 Pflichtbeitragsjahre vorliegen. Dieser Zusatz wurde kurz vor Verkündung des entsprechenden Gesetzes Ende Juni 2014 mit Blick auf selbstständige Handwerker, die sich nach 18 Pflichtbeitragsjahren weiterhin freiwillig versichert haben, ganz bewusst hinein geschrieben.

Im Übrigen zählen alle freiwilligen Beitragsjahre mit bei der abschlagspflichtigen Rente mit 63 für langjährig Versicherte und schwerbehinderte Menschen. Die Wartezeit für diese Frührenten beträgt nur 35 Jahre, wobei keine Mindestanzahl von Pflichtbeitragsjahren verlangt wird.

Pro und contra freiwillige Versicherung für selbstständige Handwerker

Für die freiwillige Versicherung spricht die große Flexibilität bei der Beitragshöhe. Zwischen dem Mindestbeitrag von jährlich 1.009,80 Euro und dem Höchstbeitrag von jährlich 14.249,40 Euro (Beispiel für 2017 im Westen) ist jede Beitragshöhe möglich. Der selbstständige Handwerker, der sich von der Versicherungspflicht nach 18 Pflichtbeitragsjahren hat befreien lassen, kann die Höhe des Beitrags auch jederzeit ändern. Er muss also keine Einkommensnachweise vorlegen.

Gegen die freiwillige Versicherung spricht, dass bereits nach Ablauf von drei Jahren mit freiwilligen Beiträgen der Anspruch auf Erwerbsminderungsrente erlischt. Dies kann der selbstständige Handwerker dann in Kauf nehmen, wenn er bereits eine ausreichende private **Berufsunfähigkeitsversicherung** abgeschlossen hat. Die Beiträge hierfür sind jedoch bei Handwerksberufen, in denen häufiger mit Berufsunfähigkeit zu rechnen ist, deutlich höher im Vergleich zu Büroberufen.

Eine private **Erwerbsunfähigkeitsversicherung** kostet deutlich weniger. Allerdings zahlt sie nur für den Fall, dass auch außerhalb des erlernten Berufs keinerlei Tätigkeit mehr ausgeübt werden kann, die über drei Stunden am Tag hinausgeht. Die Berufsunfähigkeitsversicherung zahlt schon dann, wenn man nicht mehr im erlernten Beruf tätig sein kann.

Pro und contra Antragspflichtversicherung

Eine Pflichtversicherung auf Antrag des selbstständigen Handwerkers oder eines anderen nicht kraft Gesetzes pflichtversicherten Selbstständigen bietet den Vorteil, dass der Anspruch auf **Erwerbsminderungsrente** (mindestens drei Pflichtbeitragsjahre in den letzten fünf Jahren vor Eintritt der Erwerbsminderung) bestehen bleibt. Dies ist besonders wichtig, wenn er wegen einer Vorerkrankung keinen Versicherer findet, über den er eine Berufsunfähigkeitsversicherung abschließen kann, oder ein Abschluss nur mit einem sehr hohen Prämienzuschlag möglich ist. Für Pflichtversicherte in der gesetzlichen Rentenversicherung gibt es bekanntlich keine Gesundheitsprüfung.

Eine volle Erwerbsminderungsrente wird jedoch nur dann gezahlt, wenn der Rentner nicht länger als drei Stunden am Tag arbeitet. Nur wer vor 1961 geboren ist, hat noch Anspruch auf die **gesetzliche Berufsunfähigkeitsrente** in Höhe der halben Erwerbsminderungsrente. Sie lässt eine Tätigkeit außerhalb des erlernten Berufs noch zu, die dann auch mehr als drei Stunden am Tag ausmachen kann.

Nachteilig bei der Antragspflichtversicherung ist jedoch die Tatsache, dass die Pflichtversicherung bis zur Aufgabe der selbstständigen Erwerbstätigkeit bestehen bleiben muss nach dem Motto „Einmal pflichtversichert, immer pflichtversichert".

5.5 Freiwillige Beiträge für nicht erwerbstätige Personen

Wer nicht erwerbstätig ist, wird in der Regel auch nicht pflichtversichert sein. Aber keine Regel ohne Ausnahme: Für Bezieher von bestimmten Sozialleistungen wie Arbeitslosengeld I und Krankengeld werden von den zuständigen Leistungsträgern Pflichtbeiträge an die gesetzliche Rentenversicherung gezahlt. Die Agentur für Arbeit überweist für Zeiten mit Arbeitslosengeld I (grundsätzlich ein Jahr, aber zwei Jahre bei mindestens 58-jährigen Arbeitslosen) Pflichtbeiträge auf der Basis von 80 Prozent des verdienten Bruttogehalts.

Auch Zeiten der nicht erwerbsmäßigen häuslichen Pflege von Angehörigen sind Pflichtbeitragszeiten und führen je nach Pflegeaufwand zu

Rentenansprüchen der Pflegenden, die dadurch ebenfalls pflichtversichert werden.

Minijobber sind ebenfalls pflichtversichert, sofern sie die Versicherungspflicht nicht ausdrücklich abwählen und daher einen Aufstockungsbeitrag von 3,7 Prozent des Minijob-Lohns zahlen.

Mütter, deren Kinder nach 1991 geboren wurden, erhalten drei Jahre für die Kindererziehung in der gesetzlichen Rentenversicherung angerechnet. Diese werden wie Pflichtbeiträge gewertet und führen für jedes Kind zu drei Entgelt- bzw. Rentenpunkten. Für vor 1992 geborene Kinder beträgt die auf die gesetzliche Rente angerechnete Kindererziehungszeit nach Einführung der Mütterrente ab 1.7.2014 zwei Jahre statt vorher nur ein Jahr.

Wichtig: Berücksichtigungszeiten für die Zeit vom vierten bzw. dritten bis zum zehnten Lebensjahr des Kindes zählen zwar als Anrechnungszeiten bei der Wartezeit mit, sind selbst aber keine Beitragszeiten.

Mütter, die nach Ende der drei- oder zweijährigen Kindererziehungszeit nicht wieder in ihren Beruf zurückkehren oder eine andere nicht versicherungspflichtige Erwerbstätigkeit aufnehmen, sind in diesen Jahren also nicht pflichtversichert. Sie können dann freiwillige Beiträge zur gesetzlichen Rente ab einem Mindestbeitrag von 84,15 Euro im Monat zahlen. Damit erhalten sie zusätzliche Entgeltpunkte und erhöhen dadurch Ihren Rentenanspruch.

Hausfrauen und Mütter vor allem aus der älteren Generation stellen immer noch die größte Gruppe unter den nicht erwerbstätigen Personen dar. Ihnen kann nur dringend empfohlen werden, freiwillige Beiträge zur gesetzlichen Rente zu zahlen. Dies gilt insbesondere für ab 1955 geborene Mütter, denen die Nachzahlung von Beiträgen für fehlende Zeiten auf einen Schlag (siehe Kapitel 6.1) verwehrt wird.

Hier ein Beispiel für eine in 1958 geborene, nicht erwerbstätige Hausfrau und Mutter mit zwei vor 1992 geborenen Kindern. Bis zur Regelaltersgrenze von 66 Jahren sind es ab 2017 noch sieben Jahre. Vier Jahre für die Erziehung der beiden Kinder werden auf Antrag anerkannt und führen zu vier Entgelt- bzw. Rentenpunkten und zu einem vorläufigen Rentenanspruch von 132 Euro nach heutigem Stand. .

Wenn diese Hausfrau und Mutter von mittlerweile längst erwachsenen Kindern noch sieben Jahre lang Mindestbeiträge von monatlich 84,15 Euro zahlt, kann sie in 2024 mit einer monatlichen Regelaltersrente von 177 Euro brutto rechnen. Zahlt sie jedoch mit finanzieller Unterstützung durch ihren berufstätigen Ehemann monatlich 500 Euro bzw. jährlich 6.000 Euro ein, sind rund 330 Euro zu erwarten. Für die insgesamt vier Jahre Kindererziehung kann sie dann mit 146 Euro rechnen und für die sieben Jahre mit freiwilligen Beiträgen in Höhe von 6.000 Euro pro Jahr sind zusätzlich 184 Euro möglich.

Für nicht erwerbstätige Hausmänner und Väter gilt das Gleiche. Zwar liegt ihre Zahl deutlich niedriger im Vergleich zu Hausfrauen und Müttern. Sie steigt aber in den letzten Jahren deutlich an, da Haushalt und Kindererziehung immer häufiger auch von Männern übernommen werden.

Nicht-Erwerbstätige, die sich eine Auszeit zum Beispiel für eine Weltreise oder ein intensives Hobby nehmen, könnten ebenfalls freiwillige Beiträge zur gesetzlichen Rente zahlen, sofern keine Pflichtbeiträge für die Freistellungsphase bei der Altersteilzeit oder ein Sabbatjahr entrichtet werden und entsprechende Geldreserven vorhanden sind.

5.6 Freiwillige Beiträge für Frührentner

Ab 1.1.2017 können auch Frührentner, die keinen versicherungspflichtigen Nebenjob haben, freiwillige Beiträge zur gesetzlichen Rente leisten und damit ihre Rente weiter erhöhen. Laut Flexirentengesetz ist dies nun erstmals möglich.[53] Bis Ende 2016 waren freiwillige Beiträge nach Bewilligung einer Vollrente wegen Alters, zu der auch eine vorzeitige Rente zählte, nicht erlaubt.

Wer beispielsweise als ehemals pflichtversicherter Arbeitnehmer bereits eine vorgezogene Altersrente (zum Beispiel abschlagspflichtige Rente mit 63 nach 35 Versicherungsjahren) bezieht, kann freiwillige Beiträge noch bis zum Erreichen des Monats zahlen, in dem er die Regelaltersgrenze erreicht.

---

[53] § 7 Abs. 2 SGB VI, NEU ab 1.7.2017 (siehe Gesetzeswortlaut im Anhang)

Hierzu ein Originalbeispiel: Ein im Dezember 1953 geborener Versicherter geht ab 1.1.2017 mit 63 Jahren und 9,3 Prozent Rentenabschlag in Rente. Sein Rentenabschlag macht rund 200 Euro aus. Als Frührentner kann er noch freiwillige Beiträge bis zum Ende des Monats zahlen, in dem er die Regelaltersgrenze von 65 Jahren und 7 Monaten erreicht, also bis Ende Juli 2019.

Die Zahlung von freiwilligen Beiträgen in den Jahren 2017, 2018 und 2019 lohnt sich, um den Rentenabschlag noch nachträglich durch Zahlung von freiwilligen Beiträgen um beispielsweise die Hälfte zu reduzieren, also auf beispielsweise 100 Euro nach heutigem Stand. Dafür wären rund 22.800 Euro an freiwilligen Beiträgen zu zahlen, verteilt auf die Jahre 2017, 2018 und die Zeit vom 1.1. bis 31.7.2019.

Alternativ dazu wäre auch die Einmalzahlung eines Ausgleichsbetrags von rund 25.100 Euro möglich. Dadurch könnte der halbe Rentenabschlag von 100 Euro sofort ab 1.1.2017 ausgeglichen werden und nicht erst ab 1.8.2019. Der um 2.300 Euro höhere Ausgleichsbetrag ist der Preis für dieses zeitlich vorgezogene Rentenplus.

Die Zahlung von freiwilligen Beiträgen über insgesamt 31 Monate ist jedoch wesentlich flexibler als die Einmalzahlung des Ausgleichsbetrags bereits in 2017. Also entscheidet sich dieser Frührentner für die freiwillige Versicherung.

Ein weiteres Originalbeispiel: Eine im Oktober 1953 geborene Frau geht ebenfalls am 1.1.2017 vorzeitig in Rente, allerdings nach über 45 Versicherungsjahren abschlagsfrei. Ein Ausgleichsbetrag scheidet aus, da sie keinen Rentenabschlag in Kauf nehmen muss. Sie kann aber bis zum Erreichen der Regelaltersgrenze im Mai 2019 freiwillige Beiträge zur gesetzlichen Rente zahlen. Sofern sie für insgesamt 29 Monate immer den jeweiligen Höchstbeitrag zahlt, kommt sie auf eine Beitragssumme von 35.082 Euro für die Zeit vom 1.1.2017 bis 31.5.2019.

Das mögliche Rentenplus ab 1.7.2019 liegt bei 162 Euro brutto, sofern man die Vorschaurechnung über Beitragsbemessungsgrenzen, Durchschnittsentgelte und aktuelle Rentenwerte West im Rentenversicherungsbericht 2016 der Bundesregierung zugrunde legt. Das Rentenplus für das erste volle Jahr vom 1.7.2019 bis 30.6.2020 macht 1.948 Euro und damit 5,6 Prozent der Beitragssumme aus. Ist diese Frührentnerin privat krankenversichert, sind es sogar 2.090 Euro und damit 6 Prozent der Beitragssumme.

Rentenplus aus freiwilligen Beiträgen von Frührentnern

Frührentner ohne rentenversicherungspflichtigen Hinzuverdienst können künftig also noch bis zum Erreichen der Regelaltersgrenze freiwillige Beiträge zur gesetzlichen Rente zahlen. Dies gilt auch für versicherungsfreie Minijobs. Es muss sich immer um eine vorgezogene Vollrente wegen Alters handeln.

Die Neuregelung war zwingend notwendig, da ab 1.1.2017 sozialversicherungspflichtige Frührentner bei Weiterarbeit Pflichtbeiträge bis zum Erreichen der Regelaltersgrenze zahlen. Um versicherungsfreie Frührentner nicht zu benachteiligen, wird ihnen analog dazu die Möglichkeit zur freiwilligen Versicherung eingeräumt.

Da die vorgezogenen Altersrenten für Frauen sowie nach Arbeitslosigkeit oder wegen Altersteilzeit für alle ab 1952 geborenen Versicherten Ende 2016 praktisch ausgelaufen sind, kommen ab 1.1.2017 nur noch drei vorgezogene Altersvollrenten als Frührenten im engeren Sinne infrage:

- abschlagspflichtige Altersrente ab 63 für langjährig Versicherte mit rentenrechtlichen Zeiten von mindestens 35 Jahren
- abschlagspflichtige Altersrente ab 63 für schwerbehinderte Menschen mit rentenrechtlichen Zeiten von mindestens 35 Jahren
- abschlagsfreie Altersrente ab 63 für besonders langjährig Versicherte mit mindestens 45 Versicherungsjahren.

Vor 2017 konnten nur Erwerbsminderungsrentner und Teilrentner freiwillige Beiträge zur gesetzlichen Rente bis zum Erreichen der Regelaltersgrenze zahlen. Dies wurde aber nur in sehr begrenztem Maße in Anspruch genommen. Erwerbsminderungsrentner hatten in aller Regel nicht das notwendige Geld dazu und die insgesamt lediglich 4.000 Teilrentner unter den vorgezogenen Altersrentnern stellten eine fast zu vernachlässigende Minderheit dar.

Freiwillige Beiträge neben einem versicherungsfreien Minijob von bis zu 450 Euro monatlich sind erlaubt. Wer sich als neuer Frührentner mit Minijob durch schriftliche Erklärung gegenüber seinem Arbeitgeber ausdrücklich von der Rentenversicherungspflicht hat befreien lassen, ist selbst nicht pflichtversichert. Daran ändert auch die Tatsache nichts, dass der Arbeitgeber auch bei versicherungsfreien Minijobs einen Beitrag von 15 Prozent des Minijob-Lohns zahlt, der ab 1.1.2017 rentensteigernd wirkt.

Da die freiwillige Versicherung von Frührentnern bis zum Erreichen der Regelaltersgrenze gilt, können sich auch Frührentner freiwillig versichern, die bereits vor dem 1.1.2017 in Rente gegangen sind. Auch für sie gelten die Regeln über ein Rentenplus aus freiwilligen Beiträgen.

Wer beispielsweise im Mai 1953 geboren und am 1.6.2016 mit 63 Jahren als langjährig Versicherter oder Schwerbehinderter frühzeitig in Rente gegangen ist, kann noch in den Jahren 2017 und 2018 freiwillige Beiträge zur gesetzlichen Rente zahlen. Ende 2018 endet der Monat, in dem er die für ihn gültige Regelaltersgrenze von 65 Jahren und 7 Monaten erreicht. Ab dem 1.1.2019 würde er dann die um das Rentenplus aus den freiwilligen Beiträgen erhöhte gesetzliche Rente erhalten.

Zwei Voraussetzungen müssen Frührentner, die ab 2017 freiwillige Beiträge zur gesetzlichen Rente zahlen wollen und können, aber auf jeden Fall erfüllen. Erstens dürfen sie nicht mehr rentenversicherungspflichtig sein, also – wenn überhaupt – nur einen versicherungsfreien Minijob ausüben. Und zweitens müssen sie auch tatsächlich eine Vollrente wegen Alters vor Erreichen der Regelaltersgrenze beziehen. Es muss sich also um eine **vorgezogene Altersvollrente** handeln.

Auch die in der Zeit vom 2.8.1951 bis 1.12.1953 geborenen Frührentner können für die bis zur Regelaltersgrenze verbleibenden Monate noch freiwillige Beiträge zur gesetzlichen Rente entrichten. Für die am 1.12.1953 Geborenen, die zum 1.12.2016 mit 63 Jahren in Rente gegangen sind, wären beispielsweise noch freiwillige Beiträge für 30 Monate möglich, also für die Zeit vom 1.1.2017 bis 30.6.2019. Am 1.7.1953 bzw. 1.1.1953 geborene Frührentner kommen noch auf 25 bzw. 19 Monate.

Freiwillige Beiträge für 12 Monate und damit das Jahr 2017 können sich auch noch für am 1.7.1952 geborene Frührentner lohnen, wenn sie beispielsweise den Höchstbeitrag von 14.249,40 Euro einzahlen. Sie bekämen dann ab 1.1.2018 zusätzlich 2,0537 Entgeltpunkte gutgeschrieben und damit ein garantiertes monatliches Rentenplus von brutto 63,73 Euro im Westen nach heutigem Stand.

Da sich die Regelaltersgrenze von 65 Jahren und 8 Monaten für den Geburtsjahrgang 1954 stufenweise auf bis zu 67 Jahre ab Geburtsjahrgang

1964 erhöht, können künftige Frührentner für immer mehr Monate freiwillige Beiträge zur gesetzlichen Rente leisten. Die Anzahl der maximal möglichen freiwilligen Beitragsmonate steigt von 32 Monaten bei Jahrgang 1954 über 36 bei Jahrgang 1958 und 42 bei Jahrgang 1961 bis auf 48 Monate ab Jahrgang 1965.

Wie viele Frührentner künftig freiwillige Beiträge zahlen werden, bleibt selbstverständlich ungewiss. Die wenigsten werden von dieser Möglichkeit überhaupt wissen oder erst viel später davon erfahren. Die meisten werden es auch bei Kenntnis nicht tun, weil sie nicht über die finanziellen Mittel zur Zahlung von freiwilligen Beiträgen verfügen. Schließlich sind ihre Alterseinkünfte netto nach Beginn der Frührente deutlich niedriger im Vergleich zum zuletzt erzielten Nettogehalt.

Andererseits gibt es aber Frührentner, die gerade eine fünfstellige Ablaufleistung aus einer vor mindestens zwölf Jahren abgeschlossenen Kapital-Lebensversicherung oder privaten Rentenversicherung mit Ausübung des Kapitalwahlrechts erhalten. Andere haben möglicherweise vom Arbeitgeber eine hohe Abfindung bekommen, um früher als ursprünglich geplant ihr Arbeitsverhältnis zu beenden.

Anzahl der zur freiwilligen Versicherung berechtigten Frührentner

Zumindest lässt sich die Anzahl der Frührentner im engeren Sinne, die ab 1.1.2017 erstmals zur freiwilligen Versicherung berechtigt sind, anhand der von der Deutschen Rentenversicherung für 2015 veröffentlichten Zahlen recht gut schätzen. Von insgesamt 889.000 Altersrenten entfielen 351.000 oder 39 Prozent auf Regelaltersrenten (einschließlich 39.000 neue Mütterrenten) und 538.000 oder 61 Prozent auf vorgezogene Altersrenten.

Somit gab es unter den Rentenneuzugängen im Jahr 2015 insgesamt 538.000 Frührenten im engeren Sinne, die sich wie folgt aufteilten:

- 274.000 Altersrenten für besonders langjährig Versicherte
- 141.000 Altersrenten für langjährig Versicherte
- 58.000 Altersrenten für schwerbehinderte Menschen
- 42.000 Altersrenten für vor 1952 geborene Frauen
- 23.000 Altersrenten für vor 1952 geborene Versicherte nach Altersteilzeit oder wegen Arbeitslosigkeit.

Da die früheren Frauenaltersrenten und Altersrenten nach Altersteil-zeit oder wegen Arbeitslosigkeit für ab 1952 geborene Versicherte nicht mehr möglich sind, werden sie bereits im Jahr 2017 keine Rolle mehr spie-len. Es ist aber anzunehmen, dass diese Versicherten nunmehr verstärkt auf die vorgezogene Altersrente für langjährig oder besonders langjährig Versicherte ausweichen. Daher kann die Anzahl der Rentenneuzugänge für Frührentner in 2017 (besonders langjährig Versicherte, langjährig Ver-sicherte und schwerbehinderte Menschen) auf mindestens 500.000 ge-schätzt werden. In den Jahren ab 2019 wird die Anzahl stetig steigen, da nunmehr auch die ersten geburtenstarken Jahrgänge mit 63 Jahren in Rente gehen.

Wenn nur jeder hundertste Frührentner künftig freiwillige Beiträge zwecks Aufstockung seiner gesetzlichen Rente zahlen würde, kämen so-mit rund 5.000 Frührentner mit freiwilliger Versicherung zustande.

Höhe des Rentenplus für Frührentner nach Erreichen der Regel-altersgrenze

Das monatliche Rentenplus aus freiwilligen Beiträgen von Frührent-nern hängt von der Beitragsdauer, der Höhe der freiwilligen Beiträge so-wie dem aktuellen Rentenwert nach Erreichen der Regelaltersgrenze ab. In der folgenden Tabelle 12 wird zunächst angenommen, dass für alle möglichen Monate der jeweilige Höchstbeitrag zur gesetzlichen Renten-versicherung entrichtet wird. Dies ist sicherlich ein Ausnahmefall, da kaum ein Frührentner über so hohe finanzielle Mittel verfügt. Anderer-seits verdeutlicht die folgende Tabelle, wie hoch die mögliche gesetzliche Rente aus freiwilligen Beiträgen von Frührentnern maximal ausfallen wird.

Tabelle 12: Mögliche gesetzliche Rente für Höchstbeiträge

Geburts-tag	Beitragsdau-er*	Höchstbei-trag**	mögl. Ren-te***	Renten-satz****
1.1.1952	6 Monate	7.124,70 €	32 €	5,4 %
1.7.1952	12 Monate	14.245,40 €	64 €	5,4 %
1.1.1953	19 Monate	22.757,90 €	104 €	5,4 %
1.7.1953	25 Monate	30.088,30 €	136 €	5,4 %
1.1.1954	32 Monate	38.858,60 €	179 €	5,5 %
1.1.1955	33 Monate	41.149,35 €	189 €	5,5 %
1.1.1956	34 Monate	43.589,70 €	200 €	5,5 %
1.1.1957	35 Monate	46.264,35 €	210 €	5,5 %
1.1.1958	36 Monate	49.964,40 €	221 €	5,3 %
1.1.1959	38 Monate	55.815,80 €	236 €	5,1 %
1.1.1960	40 Monate	61.355,60 €	253 €	5,0 %
1.1.1961	42 Monate	68.310,00 €	276 €	4,9 %
1.1.1962	44 Monate	74.964,80 €	295 €	4,7 %
1.1.1963	46 Monate	82.339,80 €	315 €	4,6 %
1.1.1964	48 Monate	89.973,90 €	334 €	4,5 %

*) Beitragsdauer vom Beginn der Frührente mit 63 Jahren für langjährig Versicherte oder schwerbehinderte Menschen bis zum Ende des Kalendermonats, in dem die Regelaltersgrenze erreicht wird

**) Summe der Höchstbeiträge für alle Beitragsmonate bzw. –jahre

***) mögliche gesetzliche Rente pro Monat brutto unter Berücksichtigung der Durchschnittsentgelte, Beitragssätze und aktuellen Rentenwerte laut Rentenversicherungsbericht 2016 der Bundesregierung (bei privat krankenversicherten Rentnern erhöht sich die Bruttorente um einen Zuschuss von 7,3 % zur PKV und bei gesetzlich krankenversicherten Rentnern wird von der Bruttorente ein Beitrag zur gesetzlichen Kranken- und Pflegeversicherung von rund 11 % abgezogen)

****) Jahresrentensatz als erste Jahresrente brutto in Prozent der Beitragssumme aus Höchstbeiträgen

In der folgenden Tabelle 13 werden mögliche gesetzliche Renten für einen freiwilligen Beitrag von monatlich 1.000 Euro bzw. 12.000 Euro jährlich genannt.

Tabelle 13: Mögliche gesetzliche Rente für monatlich 1.000 Euro Beitrag

Geburts-tag	Beitragsdau-er*	freiw. Bei-trag**	mögl.Rente** *	Renten-satz****
1.1.1952	6 Monate	6.000 €	27 €	5,4 %
1.7.1952	12 Monate	12.000 €	54 €	5,4 %
1.1.1953	19 Monate	19.000 €	86 €	5,4 %
1.7.1953	25 Monate	25.000 €	113 €	5,4 %
1.1.1954	32 Monate	32.000 €	147 €	5,5 %
1.1.1955	33 Monate	33.000 €	152 €	5,5 %
1.1.1956	34 Monate	34.000 €	156 €	5,5 %
1.1.1957	35 Monate	35.000 €	159 €	5,5 %
1.1.1958	36 Monate	36.000 €	159 €	5,3 %
1.1.1959	38 Monate	38.000 €	160 €	5,1 %
1.1.1960	40 Monate	40.000 €	165 €	5,0 %
1.1.1961	42 Monate	42.000 €	170 €	4,9 %
1.1.1962	44 Monate	44.000 €	173 €	4,7 %
1.1.1963	46 Monate	46.000 €	176 €	4,6 %
1.1.1964	48 Monate	48.000 €	179 €	4,5 %

*) Beitragsdauer vom Beginn der Frührente mit 63 Jahren für langjährig Versicherte oder schwerbehinderte Menschen bis zum Ende des Kalendermonats, in dem die Regelaltersgrenze erreicht wird

**) Summe der freiwilligen Beiträge = Beitragsmonate x 1.000 € pro Monat

***) mögliche gesetzliche Rente pro Monat brutto unter Berücksichtigung der Durchschnittsentgelte, Beitragssätze und aktuellen Rentenwerte laut Rentenversicherungsbericht 2016 der Bundesregierung (bei privat krankenversicherten Rentnern erhöht sich die Bruttorente um einen Zuschuss von 7,3 % zur PKV und bei gesetzlich krankenversicherten Rentnern wird von der Bruttorente ein Beitrag zur gesetzlichen Kranken- und Pflegeversicherung von rund 11 % abgezogen)

****) Jahresrentensatz als erste Jahresrente brutto in Prozent der Beitragssumme aus freiwilligen Beiträgen von 1.000 € pro Monat

Bei allen Jahrgängen von 1952 bis 1958 wird noch ein jährlicher Rentensatz von 5,3 bis 5,5 Prozent erzielt, wobei die erste Jahresrente brutto in Prozent der Beitragssumme ausgedrückt wird. Private kapitalgedeckte Renten müssten auf einen Rentenfaktor von monatlich 46 Euro pro 10.000 Euro Kapital kommen, um damit gleichziehen zu können.

Dies ist angesichts der anhaltenden Niedrigzinsphase selbst dann nicht zu schaffen, wenn man bei der möglichen Rürup-Rente bzw. der möglichen Rente aus der privaten Rentenversicherung mit einer durchschnittlichen Verzinsung von 3 Prozent pro Jahr ab 2017 wie bei der Europa Lebensversicherung kalkuliert.

Ob Höchstbeitrag oder freiwilliger Beitrag von 1.000 Euro pro Monat: Die jährlichen Rentensätze in Prozent der Beitragssumme bleiben gleich. Allerdings fallen die möglichen gesetzlichen Renten bei einer sinkenden Beitragssumme geringer aus.

Freie Wahl zwischen Mindest- und Höchstbeitrag für Frührentner

Frührentner können die Höhe des freiwilligen Beitrags frei wählen zwischen dem Mindestbeitrag von jährlich 1.009,80 Euro und dem Höchstbeitrag von 14.249,40 Euro in 2017. Der steuerliche Höchstbetrag von beispielsweise 23.362 Euro für Alleinstehende und 46.724 Euro für Verheiratete in 2017 ist für Frührentner mit vorgezogener Altersvollrente nahezu ohne Bedeutung.

Da Frührentner ohne rentenversicherungspflichtigen Hinzuverdienst keine Pflichtbeiträge mehr in die gesetzliche Rentenversicherung zahlen, steht ihnen dieser steuerliche Höchstbetrag zwar vollständig für freiwillige Beiträge zur gesetzlichen Rente, zur Rürup-Rente oder zur Freiberufler-Rente aus einer berufsständischen Versorgung zur Verfügung.

Es dürfte aber wenig Sinn machen, über den freiwilligen Höchstbeitrag von 14.249,40 Euro hinaus noch beispielsweise Beiträge zur Rürup-Rente zu zahlen, die deutlich weniger attraktiv sind im Vergleich zu freiwilligen Beiträgen zur gesetzlichen Rente.

Wie sich der Höchstbetrag bei der gesetzlichen Rentenversicherung in Abhängigkeit von der jährlichen Beitragsbemessungsgrenze zur gesetzlichen Rentenversicherung und dem Beitragssatz bis zum Jahr 2030 möglicherweise entwickeln wird, ist der Tabelle 14 zu entnehmen.

Tabelle 14: Höchstbeiträge zur gesetzlichen Rente in den Jahren 2017 bis 2030

Jahr	jährl. Beitragsbemessungs- grenze*	Beitragssatz**	Höchstbeitrag***
2017	76.200 €	18,7 %	14.249,40 €
2018	78.000 €	18,7 %	14.586,00 €
2019	80.400 €	18,7 %	15.034,80 €
2020	82.200 €	18,7 %	15.371,40 €
2021	84.600 €	18,7 %	15.820,20 €
2022	87.000 €	18,9 %	16.443,00 €
2023	89.400 €	19,8 %	17.701,20 €
2024	92.400 €	20,0 %	18.480,00 €
2025	94.800 €	20,2 %	19.149,60 €
2026	97.800 €	20,6 %	20.146,80 €
2027	100.800 €	20,9 %	21.067,20 €
2028	103.800 €	21,1 %	21.901,80 €
2029	106.800 €	21,6 %	23.068,80 €
2030	109.800 €	21,8 %	23.936,40 €

*) Beitragsbemessungsgrenze West (gilt auch für freiwillige Beiträge Ost)
**) Gesamtbeitragssatz für mittlere Lohnvariante und mittlere Beschäftigungsentwicklung
***) jährlicher Höchstbeitrag = jährliche Beitragsbemessungsgrenze x Gesamtbeitragssatz

Für die Jahre 2018 bis 2030 handelt es sich dabei um eine Vorschau nach dem Rentenversicherungsbericht 2016 der Bundesregierung, da die Beitragsbemessungsgrenzen und der Beitragssatz von 18,7 Prozent nur für die Jahre 2016 und 2017 feststehen. Bei den Beitragsbemessungsgrenzen liegen die angenommenen jährlichen Steigerungen zwischen 2 und 3 Prozent. Nach aller Voraussicht wird der Beitragssatz auf 19,8 Prozent in 2023 steigen und dann weiter bis auf 21,8 Prozent in 2030. Freiwillige Beiträge werden also ab 2023 deutlich teurer.

Steuerliche Besonderheiten bei freiwilligen Beiträgen von Frührentnern

Freiwillige Beiträge sind im Jahr 2017 zu 84 Prozent steuerlich abzugsfähig. Um jeweils zwei Prozentpunkte erhöht sich dieser steuerlich abzugsfähige Anteil in den Folgejahren, bis ab 2025 jeder freiwillige Beitrag zu 100 Prozent steuerlich abziehbar ist. Wer beispielsweise in 1958 geboren ist und für drei Jahre vom 63. bis 66. Lebensjahr freiwillige Beiträge zur gesetzlichen Rente zahlt, kann im Durchschnitt immerhin 94 Prozent steuerlich abziehen. Ab Jahrgang 1962 sind alle freiwilligen Beiträge voll abzugsfähig, da der erste freiwillige Beitrag eines Frührentners erst in 2025 geleistet wird.

Der Besteuerungsanteil für das Rentenplus liegt in allen Fällen deutlich darunter. Grund: Laut Schreiben des Bundesfinanzministeriums vom 19.8.2013 wird das Rentenplus mit dem gleichen **Besteuerungsanteil** angesetzt wie die Frührente. Wenn also ein in 1958 geborener Versicherter mit 63 Jahren in Rente geht, liegt der Besteuerungsanteil für das Rentenbeginnjahr 2021 bei 81 Prozent. Diese 81 Prozent gelten dann auch für das erst drei Jahre später anfallende Rentenplus.

In diesem Beispiel liegt der steuerlich abzugsfähige Anteil für die freiwilligen Beiträge in Höhe von durchschnittlich 94 Prozent immerhin 13 Prozentpunkte über dem Besteuerungsanteil der Rente von 81 Prozent Der Abstand wird mit 15 Prozentpunkten noch größer beim Jahrgang 1962, da nunmehr den zu 100 Prozent steuerlich abzugsfähigen freiwilligen Beiträgen ein Besteuerungsanteil des Rentenplus von 85 Prozent gegenübersteht.

Frührentnern, die wegen ihrer geringen Alterseinkünfte keine Steuern zahlen, bringt dieser steuerliche Vorteil allerdings nichts. Vermutlich werden sie dann aber auch nach Erhalt des Rentenplus keine oder nur sehr geringe Steuern zahlen müssen, so dass es für sie steuerlich quasi ein Nullsummenspiel wird.

Anders sieht die steuerliche Situation bei Frührentnern mit relativ hohen Alterseinkünften wie zusätzlichen Zins- und Mieteinkünften aus. Gerade Frührentner mit hohen Alterseinkünften können ihre laufende Steuerbelastung bis zum Erreichen ihrer persönlichen Regelaltersgrenze durch Zahlung von freiwilligen Beiträgen zur gesetzlichen Rente nach unten drücken. Im Bestfall schaffen sie es, dass ihre Alterseinkünfte bis zur Regelaltersgrenze sogar steuerfrei zufließen.

Ziel sollte es sein, dass alle gezahlten freiwilligen Beiträge steuerwirksam werden und damit zu Steuerersparnissen in der Zeit vom Beginn der Frührente bis zum Erreichen der Regelaltersgrenze führen. Ein alleinstehender Frührentner, der am 1.1.2017 in Rente geht und in diesem Jahr beispielsweise auf ein zu versteuerndes Einkommen von 15.000 Euro vor steuerlicher Berücksichtigung der freiwilligen Rentenbeiträge kommt und mit seinen steuerpflichtigen Alterseinkünften daher 6.180 Euro über dem steuerlichen Grundfreibetrag von 8.820 Euro liegt, sollte nicht den Höchstbeitrag von 14.245 Euro zahlen. Ein individueller Beitrag von 8.351 Euro führt zum gleichen Ziel, da hiervon 84 Prozent gleich 7.015 € steuerlich abzugsfähig sind.

Ein attraktiver steuerlicher Vorteil besteht für Frührentner, deren Rente erst gegen Ende eines Kalenderjahres (zum Beispiel zum 1. November oder 1. Dezember) beginnt. Da sie im weitaus größten Teil des Jahres noch berufstätig waren und einen entsprechend höheren individuellen Grenzsteuersatz hatten, empfiehlt sich in diesem speziellen Fall ein relativ hoher freiwillige Beitrag für die Zeit von Januar bis zum Beginn der Frührente. Entsprechend hoch fällt auch die Steuerersparnis für dieses Kalenderjahr aus.

Dabei ist jedoch steuerlich darauf zu achten, dass die Summe aus dem Pflichtbeitrag für die aktive Phase und dem freiwilligen Beitrag für die gegen Ende des Jahres beginnende Rentenphase nicht über den steuerlichen Höchstbetrag für Altersvorsorgeaufwendungen in Höhe von 23.362 Euro für Ledige bzw. 46.724 Euro für Verheiratete in 2017 hinausgeht. Davon sind dann 84 % steuerlich abzugsfähig.

Spätestens ab dem Monat, der auf das Erreichen der Regelaltersgrenze folgt, steigt die Steuerbelastung wegen des nun erzielten Rentenplus wieder an. Wenn der individuelle Grenzsteuersatz dann aber nur gering über dem Grenzsteuersatz des Frührentners liegt, entstehen unterm Strich keine steuerlichen Nachteile. Schließlich profitiert der Rentner mit Rentenplus davon, dass der Besteuerungsanteil für das Rentenplus deutlich niedriger liegt als der steuerlich abzugsfähige Anteil für die freiwilligen Rentenbeiträge.

6. MEHR RENTE DURCH NACHZAHLUNGSBETRÄGE

Mehr Rente durch Nachzahlungsbeträge gibt es für zwei Gruppen. Vor 1955 geborene Mütter können nach Erreichen ihrer Regelaltersgrenze einen Nachzahlungsbetrag für die an der fünfjährigen Wartezeit noch fehlenden Jahre bzw. Monate leisten. Angerechnete Jahre für die Kindererziehung und zusätzliche Jahre für den Nachzahlungsbetrag dürfen aber in diesem Fall nicht über insgesamt fünf Jahre hinausgehen.

Wer noch nicht 45 Jahre alt ist, kann Nachzahlungsbeträge für Ausbildungszeiten (Schul-, Fachschul- und Hochschulzeiten) zahlen, die nicht schon zu den Anrechnungszeiten zählen. Dies betrifft die vom 16. bis zum 17. Lebensjahr laufende Schulzeit sowie Fachschul- und Hochschulzeiten, die über acht Jahre hinausgehen.

6.1 Nachzahlungsbeträge für vor 1955 geborene Mütter

Für vor 1955 geborene Mütter, die noch keinen Rentenanspruch haben, gibt es noch eine ganz besondere Art des freiwilligen Beitrags. Sofern diese einen Nachzahlungsbetrag für die an der fünfjährigen Wartezeit fehlenden Jahre zahlen, erhalten sie nach Erreichen ihrer Regelaltersgrenze eine gesetzliche Rente.[54]

Außer den laufenden freiwilligen Beiträgen gibt es für vor 1955 geborene Mütter (außer Beamtinnen und Pensionärinnen) somit noch die Möglichkeit zu Nachzahlungsbeträgen nach Erreichen der Regelaltersgrenze.

Kein Nachzahlungsbetrag für vor 1955 geborene Pensionärinnen

Die ab dem 11.8.2010 per Gesetz eingeführte Sonderregelung betrifft ausschließlich Mütter (oder auch Väter) mit in der gesetzlichen Rentenversicherung anrechenbaren Kindererziehungszeiten. Bei Pensionärinnen und Pensionären mit Kindern geht man ab einer weiteren Gesetzesände-

---

[54] § 282 Abs. 1 SGB VI, siehe https://www.gesetze-im-internet.de/sgb_6/__282.html

rung ab 1.7.2014 davon aus, dass es in der Beamtenversorgung eine „systembezogen annähernd gleichwertige Berücksichtigung" gäbe.[55] Davor hieß es nur „systembezogen gleichwertig".

Für vor 1995 geborene Pensionärinnen, die ihre Kinder vor 1992 nach Eintritt ins Beamtenverhältnis geboren und erzogen haben, werden aber beispielsweise für zwei Kinder nur insgesamt ein Dienstjahr in der Beamtenversorgung anerkannt. Dies erhöht den Ruhegehaltssatz nur um rund 1,8 Prozent des letzten Bruttogehalts.

Bekämen sie wie die Rentnerinnen die neue Mütterrente, würden ihnen vier Kindererziehungsjahre angerechnet mit einem Mehr an Rente in Höhe von 124 Euro. So viel würde das eine Dienstjahr in der Beamtenversorgung nur bringen, wenn das letzte Bruttogehalt über 6.913 Euro ausmachen würde. Da dies wohl keine ehemalige Beamtin erreichen wird, kann von einer „systembezogen annähernd gleichwertigen" Berücksichtigung der vor 1992 geborenen Kindern in der Beamtenversorgung keine Rede sein kann.

Man hätte analog zur Einführung der Mütterrente eine „**Mütterpension**" erwarten können, wonach für zwei vor 1992 geborene Kinder auch zwei Dienstjahre statt bisher nur einem Dienstjahr anerkannt würden. Dies haben aber der Bund und alle Bundesländer außer Bayern abgelehnt. Nur Bayern hat die „Mütterpension" eingeführt, die der Mütterrente für Rentnerinnen mit vor 1992 geborenen Kindern in etwa entspricht.

Nachzahlungsbetrag für vor 1955 geborene Mütter

Bei vor 1955 geborenen Müttern mit anerkannten Kindererziehungszeiten in der gesetzlichen Rentenversicherung kommt es bei der Frage zum Nachzahlungsbetrag nicht darauf an, ob das Kind oder die Kinder vor 1992 oder erst ab 1992 geboren und erzogen wurden. Die Mütterrente gibt es bekanntlich für jedes vor 1992 geborene Kind. Danach werden zwei Jahre statt vorher ein Jahr für die Kindererziehung angerechnet. Drei Jahre sind es für jedes ab 1992 geborene Kind.

Viele ältere Mütter mit vor 1992 geborenen Kindern haben sich nach ihrer Heirat bzw. nach der Geburt ihrer Kinder für die Erstattung der von

---

[55] § 56 Abs. 4 Nr. 3 SGB VI, siehe https://www.gesetze-im-internet.de/sgb_6/__56.html

ihnen bis dahin gezahlten eigenen Rentenbeiträge entschieden (sog. Heiratserstattung) und glauben, dass ihnen die Möglichkeit eines Nachzahlungsbetrages wegen der von ihnen gewählten Heiratserstattung nunmehr versperrt sei. Das ist ein Irrtum.

Auch Mütter mit **Heiratserstattung** können den einmaligen Nachzahlungsbetrag oder laufende freiwillige Beiträge zahlen. Darauf weist die Deutsche Rentenversicherung sogar ausdrücklich hin. Sie können zwar die Heirats- bzw. Beitragserstattung selbst nicht rückgängig machen. Jedoch können sie trotz erfolgter Heiratserstattung die Lücke bis zur erforderlichen fünfjährigen Wartezeit ebenfalls vollständig schließen oder laufende Beiträge über fünf Jahre hinaus zahlen. .

Die Nachzahlung gelingt am einfachsten älteren Müttern, die zwei Kinder vor 1992 geboren und aufgezogen haben. Nach der zum 1.7.2014 neu eingeführten Mütterrente werden ihnen insgesamt vier Jahre an Kindererziehungszeiten angerechnet. Daher müssen sie nur für ein Jahr einen Nachzahlungsbetrag zwischen 1.009,80 Euro (Mindestbetrag) und 14.249,40 Euro (Höchstbeitrag in 2017) auf einen Schlag entrichten.

Beispiel: Wenn eine am 5.4.1952 geborene Mutter, die nicht Beamtin war und zwei Kinder vor 1992 geboren hat, nach Erreichen der Regelaltersgrenze zum 4.10.2017 nur 1.009,80 Euro einzahlt, erhält sie ab 1.11.2017 eine monatliche gesetzliche Rente von 128,63 Euro brutto im Westen.

Schon die erste Jahresrente von rund 1.544 Euro liegt über dem Nachzahlungsbetrag. Bereits nach acht Monaten hat sie ihren gezahlten Beitrag wieder raus. Sofern sie den Höchstbeitrag von 14.249,40 Euro zahlt, steigt ihre monatliche Rente auf 187,85 Euro brutto. Die erste Jahresrente von rund 2.254 Euro macht dann immerhin noch 16 Prozent des Höchstbeitrags aus.

Außer diesem Beispielfall gibt es noch zwei weitere denkbare Fälle. Bei nur einem vor 1992 geborenen Kind fehlen noch drei Jahre. Also fällt der Nachzahlungsbetrag im Vergleich zum geschilderten Fall dreimal so hoch aus.

Ist das Kind ab 1992 geboren, was bei vor 1955 geborenen Müttern eher die ganz große Ausnahme ist, werden für die Kindererziehung drei Jahre angerechnet. Da bei einem ab 1992 geborenen Kind zwei Jahre an der fünfjährigen Wartezeit fehlen, ist der doppelte Nachzahlungsbetrag fällig.

In allen anderen Fällen (drei vor 1992 oder zwei ab 1992 geborene Kinder) bedarf es keiner Nachzahlung, da insgesamt bereits sechs Jahre für die Kindererziehung angerechnet werden. Dafür gibt es dann sechs Entgeltpunkte und die gesetzliche Rente bei einem aktuellen Rentenwert von 31,03 Euro West macht zurzeit rund 186 Euro brutto im Monat aus.

6.2 Nachzahlungsbeträge für Ausbildungszeiten

Auch unter 45-Jährige können einen Nachzahlungsbetrag für nicht als Anrechnungszeiten anerkannte Ausbildungszeiten leisten[56]. Anhand des Versicherungsverlaufs kann der Versicherte oder der Sachbearbeiter bei der örtlichen Beratungsstelle der Deutschen Rentenversicherung leicht die fehlenden Monate und Jahre ermitteln, für die Beiträge nachgezahlt werden sollen. Insgesamt nur 1.645 Versicherte haben im Jahr 2015 die Chance für solche Nachzahlungsbeträge genutzt.

Zeiten einer schulischen Ausbildung (Schule, Fachschule, Hochschule oder berufsvorbereitende Bildungsmaßnahme) nach dem vollendeten 17. Lebensjahr werden höchstens bis zu acht Jahren angerechnet[57]. Für alle Ausbildungszeiten, die über diese acht Jahre hinausgehen, können Nachzahlungen geleistet werden. Darüber hinaus kann auch die Lücke vom 16. bis zum 17. Lebensjahr durch einen Nachzahlungsbetrag geschlossen werden.

Das nachträgliche Schließen von Lücken im Versicherungsverlauf mit einem Nachzahlungsbetrag bietet gleich zwei Vorteile. Sie erhöhen damit die Wartezeiten für die abschlagspflichtige Rente ab 63. In gar nicht seltenen Fällen erreichen Sie erst mit diesem „Lückenfüller" die für eine abschlagspflichtige Rente für langjährig Versicherte und schwerbehinderte Menschen geforderte 35-jährige Wartezeit für diese Frührente. Zusätzlich erwerben Sie Entgeltpunkte und erhöhen damit Ihre spätere Rente.

---

[56] § 207 SGB VI, siehe http://www.gesetze-im-internet.de/sgb_6/__207.html
[57] § 58 Abs. 1 Nr. 4 SGB VI, siehe https://www.gesetze-im-internet.de/sgb_6/__58.html

Da es bei einem Nachzahlungsbetrag kurz vor dem vollendeten 45. Lebensjahr noch gut 18 Jahre bis zur Frührente mit 63 sind, empfehlen sich relativ niedrige Beträge. Schon ein Mindestbeitrag von monatlich 84,15 Euro für jeden fehlenden Monat reicht meist. Nur wer über größere finanzielle Mittel verfügt oder diese von seinen betagten Eltern erhält, sollte einen über 84,15 monatlich liegenden Beitrag zahlen, der im Jahr 2017 höchstens 1.187,45 Euro im Monat ausmachen darf.

Nur in zwei Ausnahmefällen kann der Nachzahlungsbetrag für Ausbildungszeiten auch noch nach Vollendung des 45. Lebensjahrs gezahlt werden. Die erste Ausnahme betrifft aus dem Beamtenverhältnis entlassene Ex-Beamte, die versicherungsfrei waren und die durch ihren ehemaligen Dienstherrn in der gesetzlichen Rentenversicherung nachversichert werden.

Bei dieser **Nachversicherung** wird so getan, als ob der Ex-Beamte während des gesamten Beamtenverhältnisses in der gesetzlichen Rentenversicherung pflichtversichert gewesen wäre. Der ehemalige Dienstherr zahlt also für diesen Zeitraum nachträglich Pflichtbeiträge.

Innerhalb von sechs Monaten nach Durchführung der Nachversicherung können Ex-Beamte dann Nachzahlungsbeträge leisten. Auf ihr Alter bei Nachzahlung kommt es nicht an. Für ehemalige Bundesbeamte und Landesbeamte in Niedersachsen, Baden-Württemberg und Hessen wurde inzwischen das **Altersgeld** eingeführt, das den entlassenen Beamten die Mitnahme ihrer Pensionsansprüche gestattet und ihnen die deutlich ungünstigere Nachversicherung erspart.

Die zweite Ausnahme trifft auf ehemals aus der Versicherungspflicht befreite Beschäftigte wie Freiberufler mit einer berufsständischen Versorgung zu. Auch sie können den Nachzahlungsbetrag noch innerhalb von sechs Monaten nach Wegfall der Befreiung zahlen.

Die Petition von Rentenberater Walter Vogts, die Altersgrenze bei Nachzahlungsbeträgen für Ausbildungszeiten von bisher 45 auf 50 Jahren für alle Versicherten zu erhöhen, hat der Petitionsausschuss nach Anhörung des Bundesministeriums für Arbeit und Soziales abgelehnt. Vogts begründete seinen Vorschlag damit, dass die Altersgrenze für die Zahlung von Ausgleichsbeträgen laut Flexirentengesetz von 55 auf 50 Jahre ab 1.7.2017 herabgesetzt werde. In der zeitlichen Lücke zwischen dem 45. und

50. Lebensjahr könnten Versicherte weder einen Nachzahlungsbetrag für Ausbildungszeiten noch einen Ausgleichsbetrag zum Rückkauf von Rentenabschlägen leisten.

Die ablehnende Stellungnahme des Bundessozialministeriums nach Erhöhung der Altersgrenze von 45 auf 50 Jahre wird wie folgt begründet: Nachzahlungsbeträge für Ausbildungszeiten „könnten in erster Linie von Personen geleistet werden, die sich dadurch einen besonderen Vorteil erhoffen". Was daran schlimm ist, bleibt schleierhaft. Schließlich erhofft sich jeder Versicherte, der Extrabeiträge zur gesetzlichen Rente zahlt, einen finanziellen Vorteil in Form von mehr Rente oder einer Erhöhung der rentenrechtlichen Zeiten.

Das Bundesministerium für Arbeit und Soziales holt noch weiter aus. Dies gehe „zu Lasten der gesamten Versichertengemeinschaft" und widerspreche „dem Solidarprinzip der Rentenversicherung". Die Zeitschrift Finanztest hat dies in ihrer Februarausgabe 2017 zu Recht als eine merkwürdige Auffassung von Solidarität kritisiert. Schließlich könnten Nicht-Pflichtversicherte wie Beamte, Freiberufler oder Selbstständige seit der Gesetzesänderung vom 11.8.2010 unabhängig vom Alter freiwillige Beiträge zur gesetzlichen Rente leisten.

7. MEHR RENTE FÜR OST – VERSICHERTE

Noch liegen die Durchschnittsentgelte im Osten um 14 Prozent unter den Durchschnittsentgelten im Westen. Die aktuellen Rentenwerte Ost hinken ab 1.7.2017 den aktuellen Rentenwerten im Westen jedoch nur noch um 4 Prozent hinterher.

Von 2018 bis 2025 wird es zu einer vollständigen Ost-West-Angleichung der Renten kommen. Spätestens ab 2025 wird es dann bei den Renten aus Pflichtbeiträgen und Ausgleichsbeträgen zum Rückkauf von Rentenabschlägen keine Rentenunterschiede mehr zwischen West und Ost geben.

Laut Deutscher Rentenversicherung gibt es aber für freiwillige Beiträge und Nachzahlungsbeträge bereits heute keine Unterschiede zwischen Ost und West. Maßgebend für die Berechnung der Entgeltpunkte für diese Extrabeiträge ist also das Durchschnittsentgelt West und für die erzielbare gesetzliche Rente der aktuelle Rentenwert West. Alle bisherigen Berechnungen in den Tabellen 9 bis 11 über die garantierte und mögliche gesetzliche Rente aus freiwilligen Beiträgen gelten somit für Ost- und West-Versicherte gleichermaßen

7.1 Mehr Rente für Ost – Rentner

Die Ost-Rentner sind klare Gewinner der Rentenangleichung. Bei Neurentnern Ost im Jahr 2017 macht die Rente im Vergleich zur West-Rente bereits 10 Prozent mehr aus, wie das folgende Beispiel zeigt.

Rentenanwartschaft Ost: Jahresbruttogehalt Ost 36.267 Euro, Entgeltpunkte Ost 1,1479, aktueller Rentenwert Ost 29,69 Euro ab 1.7.2017, monatliche Rentenanwartschaft Ost in 2017 daher 34,08 Euro (= Umrechnungsfaktor 1,1479 x 29,69 Euro)

Rentenanwartschaft West: Jahresbruttogehalt West 36.267 Euro, nur ein Entgeltpunkt West, aktueller Rentenwert West 31,03 Euro, monatliche Rentenanwartschaft West in 2017 daher ebenfalls 31,03 Euro.

Die Rentenanwartschaft Ost von 34,08 Euro liegt also 10 Prozent über der Rentenanwartschaft West von 31,03 Euro in 2017. Bei gleichem Jahresbruttogehalt in Ost und West errechnet sich dieses Rentenplus zugunsten der Ost-Rentner.

Betrachtet man die zurückliegenden 15 Beitragsjahre von 2002 bis 2016, erhöhte sich die monatliche Ost-Rente brutto wegen des auf durchschnittlich 1,1771 steigenden Umrechnungsfaktors für die **Höherwertung der Ost-Löhne** auf 506,03 Euro (= 15 Jahre x Umrechnungsfaktor 1,1771 x 28,66 Euro).

Tabelle 15: Rückschau über aktuelle Rentenwerte und Durchschnittsentgelte

Jahr	aRw Ost	% zu aRw West	DE Ost	% zu DE West	Rentenvorteil
2002	22,70 €	87,78 %	23.911 €	83,53 %	4,25 %
2003	22,97 €	87,91 %	24.230 €	83,73 %	4,18 %
2004	22,97 €	87,91 %	24.355 €	83,81 %	4,10 %
2005	22,97 €	87,91 %	24.691 €	84,55 %	3,36 %
2006	22,97 €	87,44 %	24.938 €	84,55 %	2,89 %
2007	23,09 €	86,94 %	25.294 €	84,45 %	2,49 %
2008	23,34 €	85,81 %	25.829 €	84,34 %	1,47 %
2009	24,13 €	88,71 %	26.047 €	85,38 %	3,33 %
2010	24,13 €	88,71 %	26.560 €	85,28 %	3,43 %
2011	24,37 €	88,72 %	27.342 €	85,18 %	3,54 %
2012	24,92 €	88,78 %	28.004 €	84,86 %	3,92 %
2013	25,74 €	91,74 %	28.617 €	89,15 %	2,59 %
2014	26,39 €	92,24 %	29.588 €	85,64 %	6,60 %
2015	27,09 €	92,61 %	30.744 €	86,94 %	5,67 %
2016	28,66 €	94,12 %	31.594 €	87,12 %	7,00 %

Abkürzungen: aRw = aktueller Rentenwert, DE = Durchschnittsentgelt

Quellen: Rentenversicherungsberichte der Bundesregierung von 2002 bis 2016

Die West-Rente für einen Durchschnittsverdiener der Jahre 2002 bis 2016 liegt jedoch nur bei 456,75 Euro (= 15 Jahre x 30,45 Euro). Somit beträgt das Rentenplus im Rückblick auf die letzten 15 Jahre bereits knapp 11 Prozent. Bei 25 Beitragsjahren von 1992 bis 2016 steigt der durchschnittliche Umrechnungsfaktor sogar auf 1,2066 und die monatliche Ost-Rente auf brutto 864,53 Euro (= 25 Jahre x Umrechnungsfaktor 1,2066 x 28,66 Euro). Im Vergleich zur West-Rente von 761,25 Euro bei Durchschnittsverdienst in diesen 25 Jahren liegt das Rentenplus nun sogar bei 13,6 Prozent.

In der Rückschau laut Tabelle 15 wird deutlich, wie sich die aktuellen Rentenwerte und Durchschnittsentgelte Ost von 2002 bis 2016 im Vergleich zu denjenigen im Westen entwickelt haben und wie hoch der jeweilige Rentenvorteil zugunsten der ehemaligen Ost-Versicherten und heutigen Ost-Rentner war.

Rentenplus bis zu 21 Prozent ab 2025 für Ost-Rentner

Die Neurentner Ost profitieren zudem davon, dass ihre Rente von 2018 bis 2024 zusätzlich noch um insgesamt 4,6 Prozent steigt, da der aktuelle Rentenwert Ost an den aktuellen Rentenwert West angeglichen wird[58]. Zusammen mit dem Rentenplus von 13,6 Prozent für die Jahre 1992 bis 2016 errechnet sich ab 2025 dann ein Rentenplus von gut 18 Prozent zugunsten der Ost-Rentner.

Für Neurentner im Jahr 2017 ist eine monatliche Ost-Rente von 904,34 Euro brutto zu erwarten für 25 Beitragsjahre von 1993 bis 2017. Dies wären noch 16,5 Prozent mehr im Vergleich zur West-Rente von 775,75 Euro (= 25 Jahre x aktueller Rentenwert 31,03 Euro ab 1.7.2017). Unter Hinzurechnung des Rentenplus von 4,6 Prozent für die 2018 bis 2024 ergibt dies ein Mehr an Rente von zusammen gut 21 Prozent ab 2025 im Vergleich zur West-Rente.

7.2 Mehr Rente für rentennahe Ost – Versicherte

Wer im Osten ab 2018 in Rente geht und dann das 50. oder bereits 55. Lebensjahr vollendet hat (also Jahrgänge 1953 bis 1968 bzw. bis 1963), zählt

---

[58] § 255a SGB VI: NEU ab 1.7.2017 (siehe Gesetzeswortlaut im Anhang)

zu den älteren, rentennahen Versicherten. Man spricht allgemein auch von den geburtenstarken Jahrgängen, obwohl der Babyboom fast ausschließlich in Westdeutschland stattfand.

Je näher der Rentenbeginn für diese älteren Ost-Versicherten liegt, desto eher werden sie ebenfalls Gewinner der Rentenangleichung. Zwar wird das Rentenplus gegenüber den West-Rentnern mit jedem späteren Rentenzugangsjahr abnehmen. Allerdings profitieren auch die älteren, rentennahen Ost-Versicherten noch von der Höherwertung der Ost-Löhne, die in allen Jahren bis 2016 mindestens 15 Prozent ausmachte.

Dies macht auch die Vorschau über die Entwicklung der aktuellen Rentenwerte und Durchschnittsentgelte Ost für die Jahre 2017 bis 2025 in der folgenden Tabelle deutlich. Die Berechnungen stützen sich auf die aktuellen Rentenwerte Ost in Prozent der aktuellen Rentenwerte West vom 1.7.2018 bis 1.7.2023[59] und den schrittweisen Abbau der Umrechnungswerte für 2019 bis 2024[60].

Tabelle 16: Vorschau auf aktuelle Rentenwerte und Durchschnittsentgelte Ost von 2017 bis 2025

Jahr	aRw Ost	% zu aRw West	DE Ost	% zu DE West	Rentenvorteil
2017	29,66 €	95,58 %	33.148 €	89,34 %	6,24 %
2018	30,49 €	95,79 %	35.063 €	92,26 %	3,53 %
2019	31,50 €	96,51 %	36.551 €	93,46 %	3,05 %
2020	32,60 €	97,20 %	38.110 €	94,70 %	2,50 %
2021	33,78 €	97,91 %	39.742 €	95,97 %	1,94 %
2022	34,81 €	98,61 %	41.491 €	97,28 %	1,33 %
2023	35,83 €	99,31 %	43.326 €	98,62 %	0,69 %
2024	36,51 €	100 %	45.251 €	100 %	0 %
2025	37,20 €	100 %	46.600 €	100 %	0 %

Abkürzungen: aRw = aktueller Rentenwert, DE = Durchschnittsentgelt
Quellen: § 255a und Anlage 10 zu SGB VI, Rentenversicherungsbericht 2016 der Bundesregierung, Gesamtkonzept Alterssicherung von Bundessozialministerin

---

[59] § 255a SGB VI: NEU ab 1.7.2017 (siehe Gesetzeswortlaut im Anhang)
[60] Anlage 10 zu SGB VI: NEU ab 1.7.2017

Andrea Nahles (Kapitel „Rentenangleichung Ost an West") und Rentenerhöhungen ab 1.7.2017

Attraktive Zusatzrente mit Ausgleichsbeträgen Ost

Besonders attraktiv für ältere Ost-Versicherte sind Ausgleichsbeträge zum Rückkauf von Rentenabschlägen, die in den Jahren 2017 bis 2021 gezahlt werden. Ost-Versicherte profitieren davon doppelt. Erstens nutzen sie wie West-Versicherte die fünf guten Rentenjahre, in denen der Beitragssatz mit 18,7 Prozent stabil bleibt und auch das Rentenniveau – wenn überhaupt – nur minimal sinkt. Zum zweiten profitieren Ost-Versicherte mit Ausgleichsbeträgen aber auch vom zusätzlichen Rentenplus, das ihnen die Höherwertung der Ost-Löhne in diesen Jahren beschert.

Wer das 50. Lebensjahr vollendet hat und die mindestens 35-jährige Wartezeit für eine abschlagspflichtige Rente mit 63 Jahren erfüllen wird, kann nach Inkrafttreten des Flexirentengesetzes ab 1.7.2017 Ausgleichsbeträge zum Rückkauf von Rentenabschlägen an die Deutsche Rentenversicherung zahlen. Mindestens 55-Jährige können dies aber auch schon vorher tun.

Wer beispielsweise in 1958 geboren ist und mit 63 Jahren vorzeitig in Rente gehen möchte, muss einen Rentenabschlag in Höhe von 10,8 Prozent der Bruttorente in Kauf nehmen. Sind für einen Durchschnittsverdiener bis zum 63. Lebensjahr 40 Entgeltpunkte erreichbar, liegt die künftige Bruttorente Ost nach heutigem Stand bei 1.187,60 Euro (= 40 Entgeltpunkte x 29,69 Euro aktueller Rentenwert Ost zum 1.7.2017) und der künftige Rentenabschlag bei 128,26 Euro (= 10,8 Prozent von 1.187,60 Euro). Diesen Rentenabschlag kann der Ost-Versicherte im Jahr 2017 durch Zahlung eines Ausgleichsbetrags von 29.742,59 Euro abkaufen.

Ein West-Versicherter müsste 33.602,34 Euro zahlen für einen künftigen Rentenabschlag von 134,05 Euro (= 10,8 Prozent von 1.241,20 Euro Bruttorente West bei 40 Entgeltpunkten und einem aktuellen Rentenwert West von 31,03 Euro).

Dass sich der Ost-Versicherte beim Abschlagsrückkauf besser steht, zeigt ein einfacher Vergleich von Kosten (Ausgleichsbetrag) und Nutzen (ersparter Rentenabschlag als Quasi-Zusatzrente). Die Zusatzrente Ost von jährlich 1.539 Euro macht 5,2 Prozent des Ausgleichsbetrags Ost aus, die Zusatzrente West von 1.609 Euro im Jahr aber nur 4,7 Prozent des Ausgleichsbetrags West.

Geht der Ost-Versicherte 2024 in Rente, kann er in Folge der Rentenangleichung und der erwarteten Rentensteigerung mit rund 158 Euro monatlich an erspartem Rentenabschlag rechnen. Dies sind immerhin 1.895 Euro im Jahr und bereits 6,4 Prozent des gezahlten Ausgleichsbetrags.

Bei einer Rentendauer von 23 Jahren ab vollendetem 63. Lebensjahr und einer jährlichen Rentensteigerung von 2 Prozent erreicht er eine Rentensumme von brutto 54.660 Euro und damit ein Plus von über 80 Prozent gegenüber dem Ausgleichsbetrag. Ausgleichsbeträge zum Rückkauf von Rentenabschlägen in den Jahren 2017 bis 2021 bescheren den rentennahen Ost-Versicherten somit eine attraktive Zusatzrente, die man durchaus als „windfall profit" bezeichnen kann.

Streit um Ost- oder Westrecht

Im April 2017 ist ein Streit darüber entbrannt, ob für Bundestagsmitarbeiter (Angestellte der Bundestagsabgeordneten, der Fraktionen und der Verwaltung) das Rentenrecht Ost gilt, wenn diese tatsächlich in Ost-Berlin arbeiten. Die Deutsche Rentenversicherung geht nach erfolgter Betriebsprüfung davon aus. Im Gegensatz dazu wurde aber für alle in Ost-Berlin tätigen Mitarbeiter des Bundestages einheitlich die West-Berliner Adresse "Platz der Republik 1" angegeben und somit das Rentenrecht West angewendet. Falls sich die Deutsche Rentenversicherung mit ihrer Rechtsauffassung durchsetzt, müssten bereits erfolgte Beitrags- und Rentenzahlungen rückabgewickelt werden.

8. MEHR RENTE BEI PFLEGE, INVALIDITÄT UND TOD

Mehr Rente auch bei Invalidität und Tod? Was wie ein Widerspruch aussieht, ist bei näherem Hinsehen keiner. Auch bei Schicksalsfällen wie Erwerbsminderung (früher Berufs- oder Erwerbsunfähigkeit genannt) und Tod des Versicherten oder Rentners tritt die **gesetzliche Rentenversicherung** ein und zahlt an die Erwerbsgeminderten oder Hinterbliebenen eine gesetzliche Rente.

Diese ist zwar nicht so hoch wie die Altersrente, kann aber die finanziellen Folgen bei Erwerbsminderung und Tod lindern. Ein Mehr an Erwerbsminderungsrente gegenüber 2017 ist sogar sicher, wenn die Erwerbsminderung erst ab 2018 und insbesondere erst ab 2024 eintritt, denn dann gibt es Leistungsverbesserungen.

Zwar liegt die Witwen- bzw. Witwerrente nur bei 55 oder 60 Prozent der Rente des verstorbenen Ehegatten oder eingetragenen Lebenspartners und wird bei hohem Einkommen der Witwe bzw. des Witwers gekürzt. Sie bietet aber neben der eigenen Rente eine Zusatzrente und daher letztlich ein Mehr an Rente. Es ist jedenfalls falsch, von vornherein auf einen entsprechenden Rentenantrag zu verzichten in dem Glauben, dass man eh nichts bekommen würde. Oft kommt mehr heraus, als man eigentlich erwartet hat.

Weitere Schicksalsschläge wie Arbeitslosigkeit und Pflegebedürftigkeit führen ebenfalls zu finanziellen Einschränkungen. Allerdings werden diese finanziell negativen Folgen nicht durch die gesetzliche Rentenversicherung aufgefangen, sondern zumindest teilweise durch die **gesetzliche Arbeitslosenversicherung** oder die **gesetzliche Pflegeversicherung**.

Die Arbeitsagentur bzw. das Jobcenter zahlt Arbeitslosengeld I über 12 bis 24 Monate je nach Alter bei Beginn der Arbeitslosigkeit. Langzeitarbeitslose, bei denen die Arbeitslosigkeit über diesen Zeitraum hinaus andauert, fallen allerdings auf Arbeitslosengeld II (üblicherweise als Hartz IV bezeichnet) zurück.

Die Pflegekasse übernimmt einen Teil der Kosten für die ambulante oder stationäre Pflege. Für die Unterbringungskosten im Pflegeheim kommen allerdings die pflegebedürftige Person, ihre Familienangehörigen oder bei fehlenden finanziellen Mitteln das Sozialamt auf. Es sei denn, der Pflegebedürftige hat eine private Pflegekostenversicherung abgeschlossen und erhält daraus die zusätzlichen Pflegekosten in Form von Tagespauschalen vollständig oder zum Teil erstattet.

Vergessen wird oft, dass Zeiten einer häuslichen, nicht erwerbsmäßigen Pflege durch pflegende Angehörige bereits seit dem 1.4.1995 zu Entgelt- und Rentenpunkten und damit zu einem Mehr an Rente führen.

Auch die Scheidung ist letztlich ein Schicksalsfall mit negativen Folgen. Beim **Versorgungsausgleich** zählt zumindest der ausgleichsverpflichtete Ex-Ehegatte zu den finanziellen Verlierern. Aber auch der ausgleichsberechtigte Ex-Ehegatte gehört letztlich nicht zu den Gewinnern, selbst wenn er beispielsweise zusätzliche Entgelt- bzw. Rentenpunkte für seine spätere Rente übertragen bekommt. Kinder von geschiedenen Ehepaaren zählen immer zu den Verlierern.

Zwar ist der Versorgungsausgleich auch ein ganz gewichtiges Thema in der gesetzlichen Rentenversicherung. Da dies aber außerordentlich komplex ist und den Rahmen dieses Ratgebers springen würde, gehe ich darauf nicht näher an. Bei speziellen Fragen rund um den Versorgungsausgleich und das für Ehegatten mögliche Rentensplitting sollten sich die geschiedenen Ehegatten von spezialisierten Rentenberatern oder Fachanwälten für Sozialrecht beraten lassen.

8.1   Mehr Rente für pflegende Angehörige

Immer mehr Familienangehörige pflegen beispielsweise Mutter, Vater, Schwester oder Bruder bei eingetretener Pflegebedürftigkeit zu Hause. Seit dem 1.4.1995 sind diese Pflegepersonen für die Dauer der Pflegebedürftigkeit in der gesetzlichen Rentenversicherung pflichtversichert[61].

Leistungen in Form von Rentenansprüchen und mehr gesetzlicher Rente erhalten diese pflegenden Angehörigen, wenn sie den Pflegebedürftigen mindestens 10 Stunden in der Woche und regelmäßig an mindestens zwei Tagen in seiner häuslichen Umgebung nicht erwerbsmäßig

---

[61] § 3 Nr. 1a SGB VI, siehe https://www.gesetze-im-internet.de/sgb_6/__3.html

versorgen. Es handelt sich quasi um eine ehrenamtliche Pflege, die der Gesetzgeber einer Erwerbsarbeit gleichstellt.

Fast drei Viertel der rund 4 Mio. pflegebedürftigen Menschen werden von privaten Pflegepersonen versorgt. Dazu zählen außer den nahestehenden Familienangehörigen auch Freunde, Nachbarn oder sonstige Helfer. Die Pflegekasse zahlt für diese privaten Pflegepersonen Rentenversicherungsbeiträge, sofern bestimmte Voraussetzungen erfüllt werden.

Rentenberechtigte und Rentenbeiträge bei Pflege

Die private Pflegeperson muss regelmäßig eine oder mehrere Personen mit Pflegegrad 2 bis 5 in häuslicher Umgebung pflegen, und zwar mindestens 10 Stunden pro Woche an mindestens zwei Tagen. Außerdem darf der Pflegende nicht mehr als 30 Stunden wöchentlich erwerbstätig sein und noch keine Regelaltersrente beziehen. Außer den Versicherten haben also nur Frührentner für die Zeit bis zum Erreichen der Regelaltersgrenze Anspruch auf Zahlung von Pflichtbeiträgen durch die Pflegekasse.

Die Höhe der von der Pflegekasse zu zahlenden Rentenbeiträge richtet sich nach der monatlichen **Bezugsgröße**, die in 2017 bei 2.975 Euro im Westen und 2.660 Euro im Osten liegt. Der Höchstbeitrag von 18,7 Prozent dieser Bezugsgröße, also 556,33 Euro im Westen pro Monat, wird als Pflegegeld bei einer Pflegetätigkeit mit dem höchsten Pflegegrad 5 bezahlt.

Ab 2017 werden die früheren drei Pflegestufen durch nunmehr fünf Pflegegrade ersetzt. 70 Prozent des Höchstbeitrags, also 389,41 Euro im Westen, bezahlt die Pflegekasse beim Pflegegrad 4 und 43 Prozent bzw. 239,22 Euro beim Pflegegrad 3. Nur 17 Prozent bzw. 94,58 Euro gibt es beim Pflegegrad 2. Liegt nur der Pflegegrad 1 vor, werden überhaupt keine Rentenbeiträge gezahlt.

Neben dem Pflegegeld gibt es noch Pflegesachleistungen und Kombinationsleistungen. Hierfür liegen die Rentenbeiträge deutlich niedriger, am geringsten mit 18,9 Prozent von 556,33 bzw. nur 105,15 Euro für Pflegesachleistungen bei Pflegegrad 2.

Rentenpunkte und Rentenansprüche bei Pflege

Für ein Jahr ehrenamtliche, häusliche Pflege bei Pflegegrad 5 gibt es 0,9622 Entgelt- bzw. Rentenpunkte im Westen, was ab 1.7.2017 zu einem

Rentenanspruch von 29,86 Euro führt. Bei drei Jahren Pflege wären es dann beispielsweise rund 90 Euro.

Deutlich weniger mit nur 0,2598 Entgeltpunkten wird die private Pflege bei Pflegegrad 2 angesetzt. Dies bringt nur einen Rentenanspruch von 8,06 Euro im Westen für ein Jahr private Pflege.

Man mag diese Entgeltpunkte und die daraus ermittelten Rentenansprüche als zu gering ansehen. Zumindest wird die aufopferungsvolle ehrenamtliche Pflege in der gesetzlichen Rentenversicherung aber etwas honoriert.

Dabei sind zwei Vorteile nicht zu übersehen: Die in der Pflegezeit gezahlten Pflichtbeiträge werden allein von der Pflegekasse gezahlt und die Pflegezeiten gelten gelten als Pflichtbeitragszeiten. Sie können durchaus dazu führen, dass erst unter Berücksichtigung dieser Pflege- und Pflichtbeitragszeiten wichtige Wartezeiten wie 35 Jahre für eine Frührente von langjährig Versicherten oder 5 Jahre für die Regelaltersrente erfüllt werden.

Darüber hinaus fallen für die zusätzliche Erwerbstätigkeit von höchstens 30 Stunden in der Woche weitere Pflichtbeiträge an. Wer neben einer sozialversicherungspflichtigen Beschäftigung gleichzeitig noch eine pflichtversicherte häusliche Pflege ausübt, erhält zwar dadurch höhere Entgeltpunkte und Rentenansprüche. Eine doppelte Berücksichtigung dieser Pflichtbeitragszeiten erfolgt jedoch nicht.

8.2   Mehr Rente für Erwerbsgeminderte

Im Jahr 2015 gab es 172.000 Neuzugänge bei Erwerbsminderungsrenten. Dies sind 16 Prozent der 1,06 Mio. Versicherungsrenten. Jeder sechste Versicherte ging also in 2015 nicht aus Altersgründen in Rente, sondern wegen gesundheitlicher Einschränkungen durch Krankheit oder Behinderung. Zur Hälfte waren psychische Erkrankungen der Grund für die Bewilligung einer Erwerbsminderungsrente.

Keine Altersgrenzen gibt es naturgemäß bei Renten wegen Erwerbsminderung. Eine **volle Erwerbsminderung** liegt vor, wenn der Versicherte weniger als drei Stunden täglich tätig sein kann. Sofern er nur noch zwischen drei und sechs Stunden pro Tag arbeiten kann, besteht eine **teilweise Erwerbsminderung**.

Vier Fünftel der Neuzugänge in 2015 entfielen auf volle Erwerbsminderungsrenten. Nur jeder Fünfte erhielt eine teilweise Erwerbsminderungsrente, deren Höhe lediglich die Hälfte der vollen Erwerbsminderungsrente ausmacht. Das Durchschnittsalter bei Beginn der Erwerbsminderungsrente liegt bei 52 Jahren. Nur vier Prozent der Erwerbsminderungsrentner waren zum Rentenbeginn 62 Jahre und älter.

Laut Deutscher Rentenversicherung ist der durchschnittliche Zahlbetrag von Erwerbsminderungsrenten bei Neuzugängen von 628 Euro in 2014 auf 672 Euro in 2015 gestiegen, was auf die Verlängerung der **Zurechnungszeit** von 60 auf 62 Jahre für neue Erwerbsminderungsrentner ab 1.7.2014 zurückzuführen ist[62]. Es gab also im Durchschnitt ein Rentenplus von 44 Euro, weil der Rentner beim Eintritt der Erwerbsminderung rentenrechtlich so gestellt wurde, als ob er bis zum 62. Lebensjahr weiter gearbeitet hätte.

Im Zeitraum von 2018 bis 2024 wird diese Zurechnungszeit für Neuzugänge an Erwerbsminderungsrenten stufenweise weiter auf 65 Jahre erhöht, zum Beispiel auf 63 Jahre bei Rentenbeginn in 2020 und auf 64 Jahre bei Rentenbeginn in 2022[63]. Wer erst ab 2024 wegen einer Erwerbsminderung in Rente geht, für den gilt die neue Zurechnungszeit von 65 Jahren. Es wird also so getan, als ob er bis zum 65. Lebensjahr gearbeitet hätte. Dies wird die Erwerbsminderungsrenten nochmals um mindestens 66 Euro gegenüber den Neuzugängen in 2017 erhöhen, für die noch das hochgerechnete 62. Lebensjahr gilt.

Mehr an Erwerbsminderungsrente bei Rentenbeginn ab 2018

Angesichts der ab 2018 einsetzenden stufenweisen Erhöhung der Zurechnungszeit ist es durchaus berechtigt, künftig von einem Mehr an Erwerbsminderungsrente zu sprechen.

Dies erfolgt im Übrigen nicht nur durch die Anhebung der Zurechnungszeit, sondern auch durch die bereits ab 1.7.2014 eingeführte **Günstigerprüfung**. Danach werden die letzten vier Jahre vor Eintritt der Erwerbsminderung nicht berücksichtigt, sofern dies für die Berechnung der Erwerbsminderungsrente ungünstig ist.

---

[62] § 59 SGB VI, siehe http://www.gesetze-im-internet.de/sgb_6/__59.html
[63] § 253a SGB VI, NEU ab 1.1.2018 (siehe Gesetzeswortlaut im Anhang)

Häufig liegen die Pflichtbeiträge wegen einer Teilzeitbeschäftigung oder des Bezugs von Krankengeld bzw. Arbeitslosengeld in diesen letzten vier Jahren deutlich niedriger im Vergleich zu den Jahren davor. Es ist dann zu prüfen, ob eine Vergleichsbewertung anhand aller Jahre ohne die letzten vier Jahre zu einem günstigeren Ergebnis führt.

Dazu ein stark vereinfachtes Beispiel: Wer bei Rentenbeginn in 2017 im Alter von 50 Jahren eine Erwerbsminderungsrente bezieht und bis dahin 26 Jahre Pflichtbeitragsjahre als Durchschnittsverdiener nachweisen kann sowie die letzten vier Jahre nur mit halben Pflichtbeiträgen wegen Teilzeitbeschäftigung oder Bezug von Kranken- bzw. Arbeitslosengeld, erhält zunächst 30 Jahre mit beispielsweise 28 Entgelt- bzw. Rentenpunkten angerechnet, und zwar 26 Entgeltpunkte für die ersten 26 Jahre und beispielsweise nur 2 Entgeltpunkte für die letzten vier Jahre.

Infolge der Günstigerprüfung werden ihm aber dennoch 30 Entgeltpunkte angerechnet. Hinzu kommen 12 weitere Entgeltpunkte für die Zurechnungszeit vom 50. bis 62. Lebensjahr hinzu. Für insgesamt 42 Entgeltpunkte liegt die volle Erwerbsminderungsrente vor Rentenabschlag nach heutigem Stand bei 1.303,26 Euro im Westen. Nach Abzug des Rentenabschlags von 10,8 Prozent und des Beitrags zur gesetzlichen Kranken- und Pflegeversicherung von 11,2 Prozent verbleibt ein Rentenzahlbetrag von rund 1.032 Euro. Dies liegt zwar in etwa so hoch wie die Pfändungsfreigrenze für Ledige, aber noch deutlich über der **Grundsicherung** von durchschnittlich 800 Euro.

Bei Beginn der Erwerbsminderungsrente in 2024 würden drei Entgeltpunkte hinzukommen wegen der Erhöhung der Zurechnungszeit vom 62. bis auf das 65. Lebensjahr. Unter sonst gleichen Bedingungen wie im genannten Beispiel würde sich der Zahlbetrag für die Erwerbsminderungsrente nach Abschlag ohne Berücksichtigung von inzwischen eingetretenen Rentensteigerungen auf rund 1.106 Euro erhöhen, also immerhin um 74 Euro bzw. 7 Prozent.

Dass die Erwerbsminderungsrenten typischerweise unter 1.000 Euro liegen und 15 Prozent der Erwerbsgeminderten die Grundsicherung erhalten, liegt an zwei Gründen. In der Mehrzahl der Fälle handelt es sich bei den Erwerbsgeminderten um Niedrigverdiener, die weniger als das Durchschnittsentgelt von rund 3.100 Euro brutto monatlich im Westen verdienen. Zudem liegen häufig durch Arbeitslosigkeit oder Krankheit unterbrochene Erwerbsbiografien auch für die Zeit vom Eintritt ins Erwerbsleben bis vier Jahre vor Eintritt der Erwerbsminderung vor. Dies drückt die Entgeltpunkte auch bei Berücksichtigung der Zurechnungszeit nach unten.

Berechtigte für eine Erwerbsminderungsrente

Folgende rentenrechtlichen Voraussetzungen müssen für den Bezug einer **Erwerbsminderungsrente** erfüllt sein:

- Erreichen der allgemeinen Wartezeit von fünf Jahren
- mindestens drei Jahre Pflichtbeiträge in den letzten fünf Jahren vor Eintritt der Erwerbsminderung („3 in 5"-Regel)[64].

Die Rente wegen voller oder teilweiser Erwerbsminderung setzt also voraus, dass die allgemeine Wartezeit von fünf Jahren erfüllt wurde und außerdem in den letzten fünf Jahren vor Eintritt der Erwerbsminderung über mindestens drei Jahre Pflichtbeiträge für eine versicherte Tätigkeit gezahlt wurden.

Ausnahme: Die Pflichtbeitragszeit von drei Jahren ist dann nicht erforderlich, wenn die allgemeine Wartezeit von fünf Jahren bereits vor dem 1.1.1984 erfüllt war und jeder Monat danach bis zur eingetretenen Erwerbsminderung mit rentenrechtlichen Zeiten (zum Beispiel Zeiten mit freiwilligen Beiträgen oder Berücksichtigungszeiten wegen Kindererziehung bis zu zehn Jahre pro Kind) belegt wurde. Dieser Ausnahmefall dürfte aber nur noch auf ganz wenige neue Erwerbsminderungsrentner zutreffen. Für alle Geburtsjahrgänge ab 1964 ist dies schon theoretisch gar nicht mehr möglich.

Eine weitere Ausnahme gibt es für vor dem 2.1.1961 geborene Versicherte, die eine Rente wegen teilweiser Erwerbsminderung bei Berufsunfähigkeit beantragen. Diese modifizierte Berufsunfähigkeitsrente nach dem bis Ende 2000 geltenden Recht geht vom damaligen Begriff der **Berufsunfähigkeit** aus. Danach sind Versicherte berufsunfähig, die ihren Beruf wegen Krankheit oder Behinderung nur noch mit weniger als sechs

---

[64] § 43 Abs. 1 und 2 SGB VI, siehe http://www.gesetze-im-internet.de/sgb_6/__43.html

Stunden täglich ausüben können. In einem anderen Beruf können sie aber noch weiter tätig sein.

Die frühere Berufsunfähigkeitsrente in der gesetzlichen Rentenversicherung machte noch zwei Drittel der vollen Erwerbsunfähigkeitsrente aus. Heute entspricht sie nur noch der Hälfte der vollen Erwerbsminderungsrente und wird somit der Rente wegen teilweiser Erwerbsminderung gleichgestellt. Hierfür gelten dann aber günstigere Hinzuverdienstregelungen.

Nach Abschaffung der Berufsunfähigkeitsrente für nach dem 1.1.1961 geborene Versicherte in der gesetzlichen Rentenversicherung wird der Abschluss einer privaten Berufsunfähigkeitsversicherung umso wichtiger.

Ob eine volle oder teilweise Erwerbsminderung vorliegt, entscheidet die Deutsche Rentenversicherung nach Vorlage des von einem Vertrauensarzt vorgelegten Gutachtens. Fast die Hälfte aller Anträge auf Erwerbsminderung wird abgelehnt.

Rentenabschläge bis zu 10,8 Prozent.

Erwerbsminderungsrenten gibt es nur auf Antrag des Versicherten. Die frühere   Altersgrenze von 63 Jahren für eine **abschlagsfreie Erwerbsminderungsrente** wird ab 2012 bis auf 65 Jahre ab Rentenbeginn in 2024 oder später erhöht. Bei Neuzugängen in 2017 sind es 63 Jahre und 10 Monate. Wer in 2018 erstmalig eine Erwerbsminderungsrente erhält, bekommt diese nur abschlagsfrei mit einem Alter von 64 Jahren.

Bei einer beispielsweise vor dem 64. Lebensjahr in 2018 oder ab 2024 vor dem 65. Lebensjahr bewilligten Erwerbsminderungsrente sind **Rentenabschläge bis zu höchstens 10,8 Prozent** hinzunehmen. Tatsächlich werden über 90 Prozent der Erwerbsminderungsrenten bereits heute vor Vollendung des 60. Lebensjahres in Anspruch genommen. Der Rentenabschlag beträgt daher typischerweise genau 10,8 Prozent der Rente, die sich bei Hochrechnung auf das 62. Lebensjahr zum Beispiel für ab 1.7.2014 bis 31.12.2017 neu hinzugekommene Erwerbsminderungsrentner ergeben würde.

Den Abschlag von 10,8 Prozent bei Erwerbsminderungsrenten vor dem 60. Lebensjahr hat das Bundesverfassungsgericht bereits in seinem Urteil vom 11.1.2011 (Az. 1 BvR 3588/08 R) als verfassungsgemäß angesehen. Auch wenn   Sozialverbände, Gewerkschaften und Linkspartei eine völlige Abschaffung der Abschläge bei Erwerbsminderungsrenten vehement fordern, wird es dazu in nächster Zeit sehr wahrscheinlich nicht kommen. Gegen die Abschaffung der Rentenabschläge bei eingetretener Erwerbsminderung spricht die für Versicherte mit gesundheitlichen Einschränkungen zumindest bestehende Möglichkeit, von der abschlagspflichtigen Frührente auf die dann abschlagsfreie Erwerbsminderungsrente auszuweichen. Dieser Ausweichreaktion könnte bei Abschaffung der Rentenabschläge für Erwerbsgeminderte Tür und Tor geöffnet werden.

Zwar ist das Argument, Erwerbsgeminderte hätten den Rentenbeginn anders als langjährig Versicherte nicht freiwillig gewählt und wären schicksalsmäßig in die Frührente wegen Invalidität geraten, völlig richtig. Dies sollte aber nicht dazu führen, Erwerbsgeminderte bei ihrer Frührente mit beispielsweise 50 Jahren deutlich besser zu stellen als beispielsweise langjährig Versicherte mit einer 63er-Rente.

Die Verbesserung der Erwerbsminderungsrenten durch eine Erhöhung der Zurechnungszeit zumindest für Neurentner sollte reichen. Zur Erinnerung: Für alle im Zeitraum vom 1.7.2014 bis 31.12.2017 bewilligten Erwerbsminderungsrenten wird die so genannte **Zurechnungszeit** vom 60. auf das 62. Lebensjahr erhöht. Das heißt: Wer beispielsweise schon mit 50 Jahren wegen Erwerbsminderung in Rente geht, bekommt zwölf Jahre zusätzlich auf die Rente angerechnet. Es wird praktisch so getan, als ob er diese zwölf Jahre länger gearbeitet und so viel verdient hätte wie im Durchschnitt der bis zum Eintritt der Erwerbsminderung vorliegenden Beitragsjahre.

Bei Rentenbeginn ab 1.1.2024 liegt die Zurechnungszeit sogar bei 65 Jahren. Wer beispielsweise mit 20 Jahren ins Berufsleben eingetreten ist, mit 50 Jahren wegen Erwerbsminderung aus dem Beruf unfreiwillig ausgeschieden ist, bekommt also fiktiv insgesamt 45 Jahre angerechnet. Sofern er Durchschnittsverdiener in den 30 Jahren vom 20. bis 50. Lebensjahr war, bekäme er also nach heutigem Stand ohne Berücksichtigung von künftigen Rentensteigerungen ab 2024 eine volle Erwerbsminderungsrente von 1.396,35 Euro brutto wie der Standardrentner mit 45 Jahren Durchschnittsverdienst.

Nur durch den Rentenabschlag von 10,8 Prozent bekommt dieser künftige Erwerbsminderungsrentner monatlich 150,80 Euro weniger. Würde man auch diesen Rentenabschlag komplett abschaffen, wäre er mit dem Standardrentner völlig gleichgestellt.

Die Zurechnungszeit ist zwar rentenrechtlich eine beitragsfreie Zeit. Dennoch werden zusätzliche Entgeltpunkte für diese Zurechnungszeit bzw. beitragsfreie Zeit vom Eintritt der Erwerbsminderung bis zum 62. bzw. 65. Lebensjahr vergeben, die im Wege einer besonderen Gesamtleistungsbewertung ermittelt werden.

Die Erhöhung der Zurechnungszeit von ehemals 60 Jahren auf 62 Jahre ab 1.7.2014 sowie stufenweise bis auf 65 Jahre in den Jahren 2018 bis 2024 gilt immer nur für Neuzugänge an Erwerbsminderungsrenten. Bestandsrentner gehen also leer aus. Wer beispielsweise im ersten Halbjahr 2014 wegen Erwerbsminderung in Rente gegangen ist, erhält keinen nachträglichen Zuschlag und muss mit der für ihn geltenden Zurechnungszeit bis zum 60. Lebensjahr vorlieb nehmen.

Von der höheren Zurechnungszeit und dem Mehr an Erwerbsminderungsrente profitieren also nur künftige Erwerbsgeminderte. Würde man auch bei den rund 1,8 Millionen Bestandsrentnern dieses Rentenplus zugestehen, wäre dies sicherlich sozial gerecht. Allerdings ist es zurzeit allein aus Beitragsmitteln nicht finanzierbar.

8.3 Mehr Rente für Hinterbliebene

Stirbt der Versicherte, können Hinterbliebene wie der überlebende Ehegatte bzw. der eingetragene Lebenspartner oder die Kinder des verstorbenen Versicherten Renten wegen Todes erhalten.

Ende 2015 gab es unter den 25,5 Mio. laufenden Renten insgesamt 5,7 Mio. Renten wegen Todes für Witwen, Witwer, Halbwaisen oder Vollwaisen. Mehr als jeder fünfte Rentner erhielt also eine Hinterbliebenenrente. Der durchschnittliche Zahlbetrag der Witwen- bzw. Witwerrenten lag bei 560 Euro im Westen und 590 Euro im Osten.

Bei den Neurentnern des Jahres 2015 war der relative Anteil der Hinterbliebenenrenten noch höher. Von rund 1,5 Mio. Neurenten entfielen 0,4 Mio. bzw. mehr als ein Viertel auf Renten wegen Todes, wie sie rentenrechtlich genannt werden. Witwen bzw. Witwer erhielten einen durchschnittlichen Rentenzahlbetrag von 525 Euro im Westen bzw. 551 Euro im Osten.

Arten von Hinterbliebenenrenten

Diese Hinterbliebenenrenten sind:

- **Witwen- oder Witwerrente** für den überlebenden Ehegatten bzw. eingetragenen Lebenspartner[65]
- **Halbwaisen- oder Vollwaisenrente** für Kinder des Verstorbenen (leibliche Kinder, Adoptivkinder, Stief- und Pflegekinder im Haushalt des Verstorbenen, Enkel und Geschwister im Haushalt des Verstorbenen)[66]

Der verstorbene Versicherte muss die allgemeine Wartezeit von fünf Jahren erfüllt haben, damit es überhaupt zu einem Rentenanspruch wegen Todes kommt. Stirbt er, bevor er in Rente ist, wird eine fiktive Rente des Verstorbenen ermittelt. Es wird bei der Berechnung so getan, als ob der Verstorbene zum Zeitpunkt des Todes erwerbsgemindert gewesen wäre.

Auch wenn es für die Hinterbliebenen zunächst makaber klingt: Für Witwen gibt es ein Mehr an Rente, sofern ihr verstorbener Ehemann sehr früh verstorben ist und noch keine Altersrente bezog. Insofern wirkt sich die Heraufsetzung der Zurechnungszeit für Erwerbsgeminderte indirekt auch auf die Höhe der Witwenrenten aus.

Die Höhe der **Witwen- oder Witwerrente** hängt von zwei Faktoren ab:

- Lebensalter des überlebenden Ehegatten beziehungsweise eingetragenen Lebenspartners (**große Witwen- oder Witwerrente** in Höhe von 55 oder 60 Prozent der Altersrente des Verstorbenen bei vollendetem 45. Lebensjahr oder Erziehung eines Kindes oder vorliegender Erwerbsminderung, bei noch nicht 47 Jahre alten Witwen oder Witwer zunächst nur **kleine Witwen- oder Witwerrente** in Höhe von 25 Prozent für zwei Jahre bis zum 45. Lebensjahr)

---

[65] § 46 SGB VI, siehe http://www.gesetze-im-internet.de/sgb_6/__46.html
[66] § 48 SGB VI, siehe https://www.gesetze-im-internet.de/sgb_6/__48.html

- Datum der Eheschließung und Lebensalter der Ehegatten (60 Prozent der Altersrente des Verstorbenen bei vor dem 1.1.2002 geschlossenen Ehen und mindestens einem vor dem 2.1.1962 geborenen Ehegatten, in den übrigen Fällen nur 55 Prozent).

Bei der großen Witwen- bzw. Witwerrente ist also zwischen altem und neuem Recht zu unterscheiden. Die große Witwenrente in Höhe von 60 Prozent nach altem Recht wird gezahlt, wenn die Ehe vor dem 1.1.2002 geschlossen wurde und zumindest einer der Ehegatten vor dem 2.1.1962 geboren wurde.

Bei Eheschließungen ab 2002 gilt immer das neue Recht und damit die Kürzung der Witwen- bzw. Witwerrente von 55 Prozent. Es gilt auch für vor 2002 geschlossene Ehen, wenn beide Ehegatten nach dem 1.1.1962 geboren wurden.

Witwen bzw. Witwer bekommen als Ausgleich für die auf 55 Prozent gekürzte Witwen- bzw. Witwerrente einen **Kinderzuschlag** für die Kinder, die sie bis zum dritten Lebensjahr erzogen haben.[67]

Für die Erziehung eines Kindes gibt es einen Kinderzuschlag von zwei Entgeltpunkten, was im Westen ab 1.7.2017 zu einem Mehr an Rente in Höhe von 62,06 Euro führt. Für das zweite und jedes weitere Kind liegt der Kinderzuschlag bei einem Entgeltpunkt und somit 31,03 Euro.

Witwen bzw. Witwer, die zwei Kinder erzogen haben, erhalten somit insgesamt 93,09 Euro. Es kann durchaus sein, dass in diesem oder auch in anderen Fällen die Summe aus Witwen- bzw. Witwerrente in Höhe von 55 Prozent des Verstorbenen und Kinderzuschlag sogar höher ausfällt als die Witwen- bzw. Witwerrente von 60 Prozent nach altem Recht.

Bei Renten ab 1.400 Euro, die der Verstorbene als Rente erhalten hat oder als Erwerbsminderungsrente bekommen hätte, wäre dies beispielsweise gegeben. 55 Prozent davon gleich 770 Euro plus 93 Euro Kinderzuschlag für zwei Kinder sind zusammen 863 Euro und somit mehr als 60 Prozent gleich 840 Euro. Bei nur einem Kind und einem Kinderzuschlag von 62 Euro sind es nach neuem Recht zusammen 832 Euro und nur 8 Euro weniger im Vergleich zu 840 Euro nach altem Recht.

---

[67] § 78a SGB VI, siehe http://www.gesetze-im-internet.de/sgb_6/__78a.html

Unter den rund 340.000 Witwen- bzw. Witwerrenten bei den Neu-rentnern im Jahr 2015 dominierten die Witwenrenten, da es typischer-weise mehr Witwen als Witwer in Deutschland gibt. In aller Regel ver-stirbt in Ehen zuerst der Ehemann, der häufig auch mehrere Jahre älter ist als die im Falle seines Todes dann hinterbliebene Ehefrau. Die Witwen-rente liegt im Durchschnitt höher als die Witwerrente, da der verstorbene Ehemann in aller Regel ein höheres Einkommen erzielte.

Verstirbt zunächst die Ehefrau, fällt die Witwerrente wegen des meist geringeren Einkommens der Verstorbenen ebenfalls geringer aus. Sofern der hinterbliebene Ehemann selbst ein hohes Einkommen bezieht, kann die Witwerrente bis auf Null absinken (sog. Null-Renten).

Bei der **Waisenrente** sind zu unterscheiden:

- **Halbwaisenrente** (10 Prozent der Altersrente des Verstorbenen, falls das Kind nach dem Tod von Mutter oder Vater nur noch ei-nen unterhaltspflichtigen Elternteil hat)
- **Vollwaisenrente** (20 Prozent der Altersrente des Verstorbenen, falls das Kind keinen unterhaltspflichtigen Elternteil mehr hat).

Als Kinder des verstorbenen Versicherten zählen leibliche Kinder, Adoptivkinder sowie Stief- und Pflegekinder im Haushalt des Verstorbe-nen. Auch Enkel und Geschwister, die in den Haushalt des Verstorbenen aufgenommen waren oder von dem Verstorbenen überwiegend unterhal-ten wurden, können berücksichtigt werden.

Die Halb- oder Vollwaisenrente wird grundsätzlich bis zum vollende-ten 18. Lebensjahr gezahlt. Bei einer Schul- oder Berufsausbildung oder einer Behinderung des Waisen kann die Zahlung bis zum vollendeten 27. Lebensjahr erfolgen. Die Dauer eines Wehr- oder Zivildienstes wird zum 27. Lebensjahr noch hinzugerechnet.

Nur rund 63.000 Halb- oder Vollwaisenrenten gab es bei den Renten-neuzugängen in 2015. Diese Waisenrenten fallen im Vergleich zur Alters-rente des Verstorbenen mit durchschnittlich 160 Euro naturgemäß recht niedrig aus.

Anrechnung von eigenem Einkommen

Auf Hinterbliebenenrenten wird selbst erworbenes Einkommen, das über einen bestimmten Freibetrag hinausgeht, zu 40 Prozent angerechnet.

Diese **Anrechnung von eigenem Einkommen** ist recht kompliziert und geht in mehreren Rechenschritten vor sich.

Bei relativ geringen eigenen Einkommen wird die Hinterbliebenrente nicht gekürzt. Liegt das eigene Einkommen jedoch relativ hoch, kann die Witwen- bzw. Witwerrente beispielsweise völlig wegfallen. Recht häufig wird die Witwenrente nur um einen kleinen Teil gekürzt, da das eigene Einkommen der Witwe (zum Beispiel selbst aufgebaute gesetzliche Rente oder Arbeitslohn) nur geringfügig über dem **Witwen- bzw. Witwer-Freibetrag** von 819,19 Euro im Westen liegt. Dieser Freibetrag wird aus dem 26,4-fachen aktuellen Rentenwert West berechnet. Bei einem aktuellen Rentenwert von 31,03 Euro ab 1.7.2017 kommen so die genannten 819,19 Euro heraus.

Sofern das eigene Einkommen der Witwe bzw. des Witwers unter diesem Freibetrag von monatlich rund 819 Euro liegt, wird die Witwen- bzw. Witwerrente nicht gekürzt. Ein Mehr an Witwen- bzw. Witwerrente gibt es in diesem Fall daher mit jeder jährlichen Rentenerhöhung.

Das genaue Gegenteil erfolgt bei einer vollständigen Kürzung der Witwen- bzw. Witwerrente bis auf Null Euro. Dies kommt dann vor, wenn das eigene Einkommen der Witwe oder des Witwers so hoch liegt, dass 40 Prozent des über dem Freibetrag von rund 819 Euro liegenden Mehreinkommens sogar über der Witwen- bzw. Witwerrente vor Einkommensanrechnung liegen.

Aber auch bei einer zu erwartenden „Nullrente" sollte man den Antrag auf Witwen- bzw. Witwerrente stellen, um völlige Klarheit zu bekommen. Unabhängig davon steht jeder Witwe und jedem Witwe die volle Rente des Verstorbenen für die auf den Sterbemonat folgenden drei Monate zu (sog. **Sterbevierteljahr**). Dieser Antrag sollte daher auf jeden Fall gestellt werden.

Falsch ist das Gerücht, Pensionäre und Pensionärinnen bekämen grundsätzlich keine Witwen- bzw. Witwerrente, da sie selbst schon eine Beamtenpension erhielten. Oder die Annahme, hinterbliebene Ehefrauen von gut verdienenden Beamten oder Pensionären mit einer zusätzlichen gesetzlichen Rente gingen bei der Witwenrente immer leer aus.

Es kann auch sein, dass sich eine anfängliche Nullrente später in eine gekürzte Witwen- bzw. Witwerrente verwandelt. Dies ist beispielsweise dann der Fall, wenn ein hohes Einkommen in der Beschäftigtenphase beim Übergang in die Rente rapide sinkt. Die nun deutlich geringere gesetzliche Rente wird zwar auch dann noch den Witwen- bzw. Witwenfreibetrag überschreiten, so dass die neu berechnete Witwen- bzw. Witwerrente gekürzt wird. Zur Nullrente wird es aber mit ziemlicher Sicherheit nicht mehr kommen.

Wichtig: Bei Witwen- bzw. Witwerrenten nach altem Recht werden nur eigene Gehälter oder eigene gesetzliche Renten bzw. Beamtenpensionen angerechnet. Wer jedoch eine Witwen- bzw. Witwerrente nach neuem Recht erhält, weil er erst ab 2002 geheiratet hat oder weil beide Ehegatten im Falle einer Heirat vor 2002 nach dem 1.1.1962 geboren wurden, muss sich auch alle anderen Einkommen wie Betriebsrenten, Rürup-Renten, Renten aus der privaten Renten-, Berufs- oder Erwerbsunfähigkeitsversicherung sowie Zins- und Mieteinkünfte anrechnen lassen. Nur die Riester-Rente bleibt auch nach neuem Recht außen vor.

Anrechnung von eigenem Einkommen in fünf Schritten

Wer die komplizierte Anrechnung von eigenem Einkommen bei der Witwen- bzw. Witwerrente verstehen und nachvollziehen will, sollte dies in den folgenden fünf Schritten tun.

1. Schritt: Ermittlung des eigenen zu berücksichtigenden Bruttoeinkommens (ohne Betriebsrenten und ohne Zins- oder Mieteinkünfte, falls altes Recht)
2. Schritt: Pauschaler Abzug von x Prozent des Bruttoeinkommens, um das Nettoeinkommen pauschal zu ermitteln (zum Beispiel 40 Prozent des Bruttogehalts oder 14 Prozent der gesetzlichen Rente)
3. Schritt: Abzug des Freibetrags von aktuell 819,19 Euro bei Witwen oder Witwern im Westen
4. Schritt: Berechnung von 40 Prozent des Einkommensüberschusses (Nettoeinkommen minus Freibetrag)
5. Schritt: Vergleich der Hinterbliebenenrente mit 40 Prozent des Einkommensüberschusses (keine Kürzung, anteilige Kürzung oder völliger Wegfall der Hinterbliebenenrente).

Am 1.7.2015 wurden nach Mitteilungen der Deutschen Rentenversicherung beispielsweise 1,7 Mio. von insgesamt 5,3 Mio. Witwen- bzw. Witwerrenten gekürzt, also rund 32 Prozent. Witwenrenten wurden im

Durchschnitt um 105 Euro auf verbleibende 561 Euro gekürzt, Witwerrenten hingegen um 183 Euro auf nur noch 276 Euro.

Eine Anrechnung von eigenem Einkommen erfolgt bei Waisenrenten seit dem 1.7.2015 auch dann nicht mehr, wenn der Waise das 18. Lebensjahr bereits vollendet hat. Waisen können also bis zum vollendeten 27. Lebensjahr unbegrenzt zur Halb- oder Vollwaisenrente hinzu verdienen, sofern sie sich bis dahin beispielsweise in einer Berufsausbildung oder im Studium befinden.

8.4 Erziehungsrente nach Tod des geschiedenen Ehegatten

Bei der nahezu unbekannten Erziehungsrente handelt es sich um eine besondere Form der Hinterbliebenenrente für geschiedene und dann unverheiratet gebliebene Versicherte (zum Beispiel Ex-Ehefrau), die nach dem Tod des geschiedenen Ehegatten (zum Beispiel Ex-Ehemann) ein Kind bis zum 18. Lebensjahr erziehen oder ein behindertes Kind altersunabhängig betreuen.[68]

Diese **Erziehungsrente** soll den Versorgungsbedarf ausgleichen, der trotz Versorgungsausgleich nach einer ab 1.7.2077 erfolgten Ehescheidung für den überlebenden Ex-Ehegatten entsteht. Schließlich kann beispielsweise die Ex-Ehefrau nach dem Tod des Ex-Ehemanns keinen Unterhaltsanspruch mehr geltend machen. Mit der Erziehungsrente soll somit der mit dem Tod des unterhaltspflichtigen Geschiedenen verbundene Unterhaltsausfall ausgeglichen werden.

Die Höhe der Erziehungsrente entspricht der vollen Erwerbsminderungsrente, auf die der hinterbliebene Ex-Ehegatte Anspruch hätte. Sie wird auf Antrag des Anspruchsberechtigten jedoch nur gewährt, wenn dieser die allgemeine Wartezeit von fünf Jahren erfüllt und die Regelaltersgrenze noch nicht erreicht hat. Der Anspruchszeitraum endet mit dem vollendeten 18. Lebensjahr des Kindes bzw. mit der Aufgabe der Betreuung des behinderten Kindes.

Es handelt sich bei dieser besonderen „Rente wegen Todes" also um eine Rente aus der Versicherung des hinterbliebenen und nicht des ver-

---

[68] § 47 SGB VI, siehe http://www.gesetze-im-internet.de/sgb_6/__47.html

storbenen Ex-Ehegatten. Eigenes Einkommen des hinterbliebenen Ehegatten wird auf die Erziehungsrente angerechnet.

Im Jahr 2015 bezogen insgesamt nur 9.000 Versicherte in ganz Deutschland eine Erziehungsrente, darunter rund 8.000 Frauen. Der durchschnittliche Rentenzahlbetrag lag bei 756 Euro im Westen und 863 Euro im Osten.

9. RENTEN UND STEUERN

Zurzeit muss nur etwa jeder fünfte Rentner tatsächlich Steuern zahlen. Künftig werden aber mehr Neurentner Steuern zahlen müssen, da der Besteuerungsanteil der gesetzlichen Rente mit jedem späteren Jahr des Rentenbeginns steigt. Bei einem Rentenbeginn ab 2040 wird die gesetzliche Rente voll besteuert. Aber auch immer mehr Bestandsrentner werden in die Rentenbesteuerung hineinwachsen, da alle laufenden Rentensteigerungen voll versteuert werden.

Neurentner in 2017 müssen nur 74 Prozent ihrer Rente besteuern. Der Besteuerungsanteil der gesetzlichen Rente steigt von 80 Prozent bei Rentenbeginn in 2020 um jeweils einen Prozentpunkt pro Jahr bis auf 100 Prozent ab Rentenbeginn in 2040 oder später.

Andererseits sind die vor Beginn des Ruhestandes gezahlten Rentenbeiträge steuerlich abzugsfähig. Ab 2025 gezahlte Rentenbeiträge sind zu 100 Prozent steuerlich absetzbar und damit vollständig steuerfrei. In 2017 gezahlte Rentenbeiträge können zu 84 Prozent steuerlich abgesetzt werden. Alle ab 2025 entrichteten Rentenbeiträge sind zu 100 Prozent steuerlich abzugsfähig und somit vollständig steuerfrei.

Ein ausgewogenes Verhältnis zwischen steuerlich abzugsfähigem Beitragsanteil und steuerpflichtigem Rentenanteil gibt es dennoch nicht. Wenn mehr Rente versteuert wird als vorher an Rentenbeiträgen steuerlich abgezogen werden konnte, kommt es zur Doppelbesteuerung. Dies wollte der Gesetzgeber mit der Einführung des Alterseinkünftegesetzes in 2005 eigentlich verhindern. Es spricht aber einiges dafür, dass bereits Neurentner des Jahres 2017 hinsichtlich der Pflichtbeiträge in die Falle der Doppelbesteuerung geraten können.

Für ab 2017 gezahlte freiwillige Beiträge zur gesetzlichen Rente sowie Ausgleichsbeträge zum Rückkauf von Rentenabschlägen lässt sich diese Doppelbesteuerung mit einer geschickten individuellen Steuerstrategie allerdings vermeiden.

Freiwillige Beiträge und Ausgleichsbeträge können sich daher auch unter Steuergesichtspunkten lohnen. Allerdings sollte dabei wie bei anderen finanziellen Überlegungen immer der Grundsatz gelten: „Nicht nur nach Steuern steuern".

9.1 Ersparnisse durch abzugsfähige Rentenbeiträge

Beiträge zur gesetzlichen Rente zählen zu den steuerlich abzugsfähigen **Altersvorsorgeaufwendungen**. Sie können daher seit 2005 steuerlich unter Sonderausgaben abgesetzt werden. Der steuerlich abzugsfähige Anteil des **Gesamtbeitrags zur gesetzlichen Rentenversicherung** steigt von 50 Prozent in 2005 um jeweils zwei Prozentpunkte pro Jahr bis auf 100 Prozent in 2025.[69] Ein im Jahr 2017 gezahlter Gesamtbeitrag ist zu 84 Prozent steuerlich abzugsfähig.

Der Gesamt- bzw. Pflichtbeitrag wird je zur Hälfte von Arbeitgebern und Arbeitnehmern aufgebracht. Da der Arbeitgeber seinen Arbeitgeberanteil zur gesetzlichen Rentenversicherung wie schon vor 2005 steuerlich immer voll absetzen kann, steigt der steuerlich abzugsfähige **Arbeitnehmeranteil zur gesetzlichen Rentenversicherung** bis 2025 steuerlich in anderen Stufen. Dies geschieht immer automatisch durch den Arbeitgeber, der den steuerlich abzugsfähigen Arbeitnehmeranteil bereits bei der monatlichen Lohnsteuerberechnung berücksichtigt.

Der steuerlich abzugsfähige Arbeitnehmeranteil steigt von 20 Prozent in 2005 auf beispielsweise 40 Prozent in 2010, 60 Prozent in 2015 und 80 Prozent in 2020. Für jedes spätere Beitragsjahr werden somit zusätzliche vier Prozentpunkte berücksichtigt, bis ab dem Jahr 2025 der volle Arbeitnehmeranteil zur gesetzlichen Rentenversicherung von der Steuer befreit ist. Im Jahr 2017 werden daher 68 Prozent des vom Lohn einbehaltenen Arbeitnehmeranteils steuerlich unter Altersvorsorgeaufwendungen abgesetzt. In der folgenden Tabelle 17 werden sowohl der vom Rentenbeginn abhängige steuerlich abzugsfähige Gesamtbeitragsanteil als auch der steuerlich abzugsfähige Arbeitnehmeranteil aufgeführt.

---

[69] § 10 Abs. 3 Sätze 4 und 6 EStG, siehe https://www.gesetze-im nternet.de/estg/__10.html

Tabelle 17: Steuerlich abzugsfähiger Gesamtbeitragsanteil und Arbeitnehmeranteil und zur gesetzlichen Rentenversicherung

Jahr	steuerlich abzugsfähiger Gesamtbeitragsanteil *	steuerlich abzugsfähiger Arbeitnehmeranteil **
2005	60%	20 %
2006	62%	24 %
2007	64%	28 %
2008	66%	32 %
2009	68%	36 %
2010	70%	40 %
2011	72%	44 %
2012	74%	48 %
2013	76%	52 %
2014	78%	56 %
2015	80%	60 %
2016	82%	64 %
2017	84%	68 %
2018	86%	72 %
2019	88%	76 %
2020	90%	80 %
2021	92%	84 %
2022	94%	88 %
2023	96%	92 %
2024	98%	96 %
ab 2025	100%	100 %

*) Gesamtbeitrag (z.B. 18,7 % in 2017)

**) Arbeitnehmeranteil zur gesetzlichen Rentenversicherung (z.B. 9,35 % in 2017)

Für Pflichtbeiträge von Selbstständigen und freiwillige Beiträge von Nicht-Pflichtversicherten zählt immer nur der Gesamtbeitrag, da es mangels Arbeitgeber keinen steuerlich voll absetzbaren Arbeitgeberanteil zur gesetzlichen Rentenversicherung gibt. In diesen Fällen kommt es nur auf den steuerlich abzugsfähigen Gesamtbeitrag an. Gleiches gilt auch für den Ausgleichsbetrag zum Rückkauf von Rentenabschlägen.

Wer aber beispielsweise im Jahr 2017 als Angestellter ein Jahresbruttogehalt von 45.000 Euro verdient, kann 68 Prozent des Arbeitnehmeranteils zur gesetzlichen Rentenversicherung in Höhe von 4.207,50 Euro steuerlich geltend machen, also immerhin 2.861,11 Euro. Bei einem persönlichen Steuersatz von 35 Prozent könnte er somit rund 1.000 Euro an Steuern sparen.

Die Hoffnung der Rentenpolitiker, dass die Arbeitnehmer diese jährliche Steuerersparnis zwecks zusätzlicher Altersvorsorge in eine private Rentenversicherung investieren, ist allerdings nicht aufgegangen. Dennoch wird alle vier Jahre in den jeweiligen Alterssicherungsberichten der Bundesregierung eine solche Möglichkeit mit entsprechenden Hochrechnungen präsentiert.

Wichtig bei Ausgleichsbeträgen zum Rückkauf von Rentenabschlägen und freiwilligen Beiträgen von nicht rentenversicherungspflichtigen Personen: Diese Beiträge sind nur dann steuerlich abzugsfähig, wenn sie zusammen mit den Pflichtbeiträgen zur gesetzlichen Rentenversicherung den steuerlichen **Höchstbetrag** von beispielsweise 23.362 Euro (Ledige nach Grundtabelle) bzw. 46.724 Euro (Verheiratete nach Splittingtabelle) nicht überschreiten.

Beamte mit freiwilligen Beiträgen müssen darauf achten, dass bei ihnen ein fiktiver Pflichtbeitrag in Höhe von 18,7 Prozent ihres Bruttogehalts, maximal aber 18,7 Prozent der Beitragsbemessungsgrenze Ost, auf den steuerlichen Höchstbetrag angerechnet wird. Nur der freiwillige Beitrag, der zusammen mit diesem Fiktivbeitrag den Höchstbetrag von 23.362 bzw. 46.724 Euro nicht überschreitet, ist beispielsweise im Jahr 2017 zu 84 Prozent steuerlich abzugsfähig.

Es macht keinen Sinn, Extrabeiträge zur gesetzlichen Rente zu leisten, die wegen Überschreitens des Höchstbeitrags steuerlich nicht mehr abzugsfähig sind. Gleiches gilt für Personen, die schon vor evtl. Zahlung von Extrabeiträgen keine Steuern zahlen. Es gilt der einfache Grundsatz: Wer keine Steuern zahlt, kann auch keine Steuern durch zusätzliche Sonderausgaben sparen.

Frührentner, die ab 1.1.2017 freiwillige Beiträge zur gesetzlichen Rente bis zum Erreichen der Regelaltersgrenze zahlen können, sollten diesen Steuergrundsatz beherzigen. Sofern sie als Frührentner keine Steuern zahlen, verpuffen hohe freiwillige Beiträge zumindest aus steuerlicher Sicht. Wenn auf das Rentenplus aus diesen freiwilligen Beiträgen ab Erreichen der Regelaltersgrenze noch Steuern gezahlt werden müssten, geht zumindest die Steuerrechnung nicht auf.

9.2 Zahlungen auf die steuerpflichtige Rente

Jeder Rentner dürfte mittlerweile wissen, dass die gesetzliche Rente grundsätzlich steuerpflichtig ist. Die steuerpflichtigen Anteile steigen von 50 Prozent im Jahr 2005 für eine bis 2005 beginnende gesetzliche Rente über 60 Prozent in 2010, 70 Prozent in 2015 und bis zu 80 Prozent bei einem Rentenbeginn im Jahr 2020, also um jeweils zwei Prozentpunkte pro Jahr.

Erst ab dem Jahr 2021 steigt der steuerpflichtige Rentenanteil nur noch um jeweils einen Prozentpunkt pro Jahr, bis schließlich bei einem Rentenbeginn ab 2040 die gesetzliche Rente voll zu versteuern ist und nur noch eine Werbungskostenpauschale von 102 Euro im Jahr von der voll steuerpflichtigen gesetzlichen Rente abgezogen wird. Bei Rentenbeginn in 2017 werden 74 Prozent der gesetzlichen Rente versteuert.

Der **Besteuerungsanteil der gesetzlichen Rente** hängt ausschließlich vom Jahr des Rentenbeginns ab. Dies gilt auch für Teilrenten und für das Rentenplus aus freiwilligen Beiträgen von Frührentnern. Jährliche Rentensteigerungen werden allerdings unabhängig vom jeweiligen Besteuerungsanteil der ersten vollen Jahresrente immer voll versteuert.

In der folgenden Tabelle 18, die dem Einkommensteuergesetz entnommen ist[70], werden die Besteuerungsanteile für die gesetzliche Rente in Abhängigkeit vom Rentenbeginn aufgeführt. Im Umkehrschluss heißt das: Die noch steuerfreien Anteile der gesetzlichen Rente sinken von beispielsweise 30 Prozent in 2015 auf 20 Prozent in 2020 und dann um jeweils einen Prozentpunkt pro Jahr weiter, bis die Steuerfreiheit der ge-

---

[70] § 22 Ziffer 1 Satz 1 Buchstabe a Doppelbuchstabe aa, siehe
https://www.gesetze-im-internet.de/estg/__22.html

setzlichen Rente bei einem Rentenbeginn ab 2040 vollständig verschwindet.

Tabelle 18: Besteuerungsanteil der gesetzlichen Rente

Jahr des Rentenbeginns	Besteuerungsanteil der Rente	Jahr des Rentenbeginns	Besteuerungsanteil der Rente
bis 2005	50 %	2023	83 %
2006	52 %	2024	84 %
2007	54 %	2025	85 %
2008	56 %	2026	86 %
2009	58 %	2027	87 %
2010	60 %	2028	88 %
2011	62 %	2029	89 %
2012	64 %	2030	90 %
2013	66 %	2031	91 %
2014	68 %	2032	92 %
2015	70 %	2033	93 %
2016	72 %	2034	94 %
2017	74 %	2035	95 %
2018	76 %	2036	96 %
2019	78 %	2037	97 %
2020	80 %	2038	98 %
2021	81 %	2039	99 %
2022	82 %	ab 2040	100 %

Wer früher in Rente geht, profitiert somit von einem geringeren Besteuerungsanteil bzw. höheren steuerfreien Anteil. Dazu ein Beispiel: Ein am 1.1.1954 geborener Arbeitnehmer geht mit 63 Jahren ab 1.1.2017 mit einem Rentenabschlag von 9,6 Prozent in Rente. Von seiner gesetzlichen Rente in Höhe von beispielsweise 1.500 Euro vor Abschlag werden 144 Euro für den Rentenabschlag abgezogen, so dass eine monatliche Bruttorente von 1.356 Euro verbleibt.

Von der ersten vollen Jahresrente in Höhe von 16.272 Euro werden 74 Prozent besteuert, also 12.041,28 Euro. Der Rest von 4.230,72 Euro bleibt über die gesamte Rentendauer steuerfrei.

Allerdings können gesetzlich krankenversicherte Rentner von der mit 12.041,28 Euro besteuerten Jahresrente noch den Beitrag zu gesetzlichen Kranken- und Pflegeversicherung von beispielsweise 1.878,46 Euro (= 11,2 Prozent von 16.272 Euro bei kinderlosem Rentner) und die Werbungskostenpauschale von 102 Euro abziehen, so dass letztlich nur 10.116,82 Euro zu versteuern sind, sofern keine weiteren Alterseinkünfte vorhanden sind.

Ledige müssten zwar Steuern in Höhe von 206 Euro für das Jahr 2017 zahlen, Verheiratete ohne Einkünfte ihres Ehegatten und ohne eigene weitere Alterseinkünfte allerdings nicht. Der steuerliche Grundfreibetrag steigt im Übrigen ab 2018 auf 9.000 Euro für Ledige nach Grundtabelle und 18.000 Euro für Verheiratete nach Splittingtabelle.

Würde dieser Arbeitnehmer erst nach Erreichen der Regelaltersgrenze von 65 Jahren und 8 Monaten ab 1.9.2019 in Rente gehen, läge der Besteuerungsanteil seiner gesetzlichen Rente bei 78 Prozent und der steuerfreie Rentenanteil nur bei 22 Prozent. Er müsste also vier Prozent mehr von der dann höheren gesetzlichen Rente versteuern. Wenn die Regelaltersrente beispielsweise auf jährlich 18.600 Euro ohne Abschlag steigen würde, müssten davon 78 Prozent und damit 14.508 Euro besteuert werden, also 2.467 Euro jährlich mehr im Vergleich zur abschlagspflichtigen Frührente mit 63 Jahren in 2017. Nach Abzug des Beitrags zur gesetzlichen Kranken- und Pflegeversicherung und der Werbungskostenpauschale wären es noch 2.206 Euro mehr.

Künftige Rentensteigerungen sind voll steuerpflichtig, da nur der steuerfreie Anteil der ersten Jahresrente über die gesamte Rentendauer festgeschrieben wird. Bei einer Steuerkalkulation über die gesamte Rentenlaufzeit sollte man daher die volle Besteuerung von künftigen Rentensteigerungen nicht außer Acht lassen.

Doppelbesteuerung der gesetzlichen Rente vermeiden

Die Doppelbesteuerung der gesetzlichen Rente können Sie zumindest für freiwillige Beiträge zur gesetzlichen Rente und Ausgleichsbeträge zum

Rückkauf von Rentenabschlägen vermeiden, wenn Sie die Beitragsdauer mit dem geplanten Rentenbeginn steuerstrategisch richtig abstimmen.

Wer beispielsweise am 1.1.1958 geboren ist und bis zum Erreichen der Regelaltersgrenze von 66 Jahren ab 1.1.2024 insgesamt sieben Jahre lang freiwillige Beiträge in 2017 bis 2023 zahlt, kann im Schnitt 90 Prozent seiner freiwilligen Beiträge steuerlich absetzen. Beim Rentenbeginn in 2024 sind aber nur 84 Prozent der gesetzlichen Rente aus freiwilligen Beiträgen steuerpflichtig. Dies sind immerhin sechs Prozentpunkte weniger.

Noch etwas günstiger sieht dies für fünf Jahresbeiträge in 2017 bis 2021 und einem Rentenbeginn in 2022 aus. Dem steuerlich abzugsfähigen Beitragsanteil von im Durchschnitt 88 Prozent steht nur ein Besteuerungsanteil von 81 Prozent gegenüber. Also liegt der steuerliche Vorteil in diesem Fall bei sieben Prozentpunkten.

Wer jedoch die fünf günstigen Rentenjahre von 2017 bis 2021 für die Zahlung von freiwilligen Beiträgen nutzt und erst in 2028 in Rente geht, geht steuerlich plus minus Null aus. Gleiches gilt für den Ausgleichsbetrag für den Rückkauf von Rentenabschlägen in Form von fünf Teilzahlungen über die Jahre 2017 bis 2021.

Zur **Doppelbesteuerung** käme es beim Jahrgang 1964, der erst mit 67 Jahren in 2031 in Rente geht und freiwillige Beiträge oder Teilzahlungen des Ausgleichsbetrages nur in den Jahren 2017 bis 2021 leistet. Dem Besteuerungsanteil von 91 Prozent stünde nun der steuerlich abzugsfähige Beitragsanteil von durchschnittlich 88 Prozent gegenüber.

Bei der vorzeitigen abschlagspflichtigen Frührente mit 63 Jahren schon in 2027 käme es jedoch wiederum zu einem kleinen steuerlichen Vorteil, da nun der Besteuerungsanteil der Rente auf 87 Prozent und damit einen Prozentpunkt unter den steuerlich abzugsfähigen Beitragsanteil von 88 Prozent sinkt.

Geht man nur von gezahlten Pflichtbeiträgen und Rentenzahlungen mit Beginn ab 2017 aus, wird es in vielen Fällen zur Doppelbesteuerung kommen. Diese liegt nach Auslegung von Rürup-Kommission, Gesetzgeber und Bundesfinanzhof dann vor, wenn die Summe der versteuerten Rentenbeiträge die Summe des steuerfreien Rentenzuflusses bei einer angenommenen Rentendauer von 17 Jahren übersteigt. Bisher wurde dabei immer auf den Standardrentner mit Durchschnittsverdienst in 45 Pflicht-beitragsjahren abgestellt.

Wer aber beispielsweise nur auf 40 oder 35 Pflichtbeitragsjahre bis zum Rentenbeginn kommt, gerät schneller in die Doppelbesteuerungsfalle. Dazu ein Originalfall eines am 1.1.2017 in Rente gegangenen Frührentners mit 39 Pflichtbeitragsjahren, der in 11 Jahren ein Gehalt oberhalb der Beitragsbemessungsgrenze in der gesetzlichen Rentenversicherung verdiente.

Seine erste volle Jahresrente nach Rentenabschlag liegt bei 23.141 Euro in 2017. Insgesamt waren Rentenbeiträge in Höhe von rund 142.000 Euro voll steuerpflichtig. Diesen steht bei Annahme einer Rentendauer von 20 Jahren aber ein steuerfreier Rentenzufluss von nur rund 120.000 Euro gegenüber. Also werden 22.000 Euro zu viel und damit doppelt besteuert.

Auch der Vergleich von steuerlich abzugsfähigem Beitragsanteil und Besteuerungsanteil weist auf die Doppelbesteuerung hin. Im Originalfall waren durchschnittlich 59 Prozent der gezahlten Rentenbeiträge steuerlich abziehbar. Da der Besteuerungsanteil der ab 2017 bezogenen gesetzlichen Rente aber bei 74 Prozent liegt, werden quasi 15 Prozentpunkte zu viel besteuert.

Zusammen mit meinem Bruder Günter Siepe, Wirtschaftsprüfer und Steuerberater, habe ich im Jahr 2016 zwei Studien[71] zur Doppelbesteuerung von Renten vorgelegt, die auch im Internet veröffentlicht wurden. Die beiden Studien stehen im Übrigen via Intranet auch allen Bundestagsabgeordneten zur Verfügung.

Das Bundesfinanzministerium sieht momentan jedoch noch keinen Handlungsbedarf. Steuerpflichtige Rentner, die nach ihrer Ansicht von der Doppelbesteuerung betroffen sind, müssen den langen Weg von Einspruch gegen den Einkommensteuerbescheid über Klage vor dem zuständigen Finanzgericht bis zur Klage vor dem Bundesfinanzhof und weiter

---

[71] http://vers-bera-ter.de/tl_files/vers_files/files/Studien/Studie_Pruefstand_Rentenbesteuerung.pdf (Kurzlink: https://goo.gl/2DosNs) und http://vers-bera-ter.de/tl_files/vers_files/files/Studien/Studie_Doppelbesteuerung_von_Renten.pdf (Kurzlink: https://goo.gl/gcTiMw)

bis zur Verfassungsbeschwerde vor dem Bundesverfassungsgericht beschreiten.

Es ist zu hoffen, dass eines nicht allzu fernen Tages die Richter am Bundesverfassungsgericht in den vorlegten Beschwerdefällen auf Doppelbesteuerung erkennen und den Gesetzgeber zur Änderung des ab 2005 geltenden Alterseinkünftegesetzes auffordern.

Steuervorteile durch niedrigeren Steuersatz für Rentner

Unabhängig von der Antwort auf die Frage, ob eine Doppelbesteuerung im Einzelfall nun vorliegt oder nicht, gibt es für jeden steuerpflichtigen Rentner einen besonderen Steuervorteil. Dieser entsteht dann, wenn der persönliche Steuersatz (fachlich **Grenzsteuersatz** genannt) in der Rentenphase wie in fast allen Fällen deutlich niedriger als in der Beitragsphase ausfällt. Wenn Ihr steuerpflichtiger Anteil der Rente beispielsweise nur mit 20 Prozent versteuert wird im Vergleich zu 30 oder 35 Prozent beim steuerpflichtigen Anteil Ihrer Rentenbeiträge, sparen Sie Steuern.

Hinzu kommt, dass Sie erst jahrelang Rentenbeiträge teilweise oder vollständig steuerlich absetzen können, bevor Sie dann Ihre gesetzliche Rente zum Teil oder ab Rentenbeginn in 2040 voll versteuern. Es handelt sich bei dieser sog. **nachgelagerten Rentenbesteuerung** somit um einen ganz legalen **Steueraufschub**, der nicht mit einer illegalen Steuerverkürzung oder gar Steuerhinterziehung zu verwechseln ist.

10. RENDITE DER GESETZLICHEN RENTE

Unter Rendite wird in der Regel die Verzinsung von eingesetztem Kapital verstanden. Daher werden für Kapitalanlagen wie Zinspapieren, Aktien und vermieteten Immobilien Renditen berechnet und miteinander verglichen.

Streng genommen gibt es also gar keine Rentenrenditen. Schließlich handelt es sich bei Rentenversicherungen nicht um Geldanlagen, sondern um eine finanzielle Absicherung im Alter. Die Ausgaben für Rentenbeiträge fließen ab Rentenbeginn in Form von Renteneinnahmen wieder zurück. Sofern die Renteneinnahmen die Beitragsausgaben mehr oder minder deutlich übersteigen, kann sich der Rentner als Gewinner sehen. Die Wette auf ein langes Leben hat sich gelohnt, wenn dieser Rentenüberschuss besonders hoch ausfällt.

Zumindest bei der gesetzlichen Rentenversicherung, der Rürup-Rentenversicherung und der privaten Rentenversicherung ohne Kapitalwahlrecht fließt überhaupt kein Kapital im Erlebensfall an den Beitragszahler zurück. Nur bei der privaten Rentenversicherung mit ausgeübtem Kapitalwahlrecht und bei der Kapital-Lebensversicherung kann es Ablaufleistungen nach Beendigung der Versicherungsdauer geben. Die Berechnung von solchen Kapital- bzw. Ablaufrenditen ist dann ohne größere Probleme durchzuführen und mit Hilfe von entsprechenden Rechnern im Internet ein Kinderspiel.

Wenn jedoch Renditen bei der gesetzlichen Rente, der Rürup-Rente oder der reinen privaten Rentenversicherung ohne Kapitalwahlrecht berechnet werden sollen, müssen Annahmen über die von der statistischen Lebenserwartung abhängigen Rentendauer des Versicherten und späteren Rentners gemacht werden. Daher ist die Ermittlung von Rentenrenditen mit einer großen Unsicherheit verbunden. Private Rentenversicherer nennen dies **Erlebensfallrisiko**, während die Rentenversicherten lieber an ihre Erlebensfallchance denken.

Wer wegen der genannten Unsicherheiten auf die Berechnung von Rentenrenditen ganz verzichtet, sollte aber zumindest Vergleiche von gesetzlicher Rente, Rürup-Rente und Privatrente aus privater Rentenversicherung bei gleich hohen Beiträgen anstellen. Hilfreich ist bei solchen Vergleichen die Berechnung des jährlichen Rentensatzes als erste Jahresrente in Prozent der Beitragssumme oder der von privaten Versicherern verwendete Rentenfaktor.

10.1   Rentensätze bzw. -faktoren

Für den Vergleich der gesetzlichen Rente mit der Rürup-Rente eignet sich insbesondere der jährliche **Rentensatz.** Darunter ist die erste Jahresrente in Prozent des gezahlten Jahresbeitrags bzw. der Beitragssumme über mehrere Jahre zu verstehen. Wer beispielsweise in 2017 einen Höchstbeitrag von 14.249,40 Euro im Westen zahlt, erwirbt damit einen Rentenanspruch von monatlich 63,73 Euro oder jährlich rund 765 Euro. Dies sind immerhin rund 5,4 Prozent des Jahresbeitrags.

Ebenfalls auf einen jährlichen Rentensatz von 5,4 Prozent kommen Sie bei einer Beitragssumme von fünf Jahren. Und zwar unabhängig davon, ob Sie die fünf vergangenen Beitragsjahre 2012 bis 2016 oder die Jahre 2017 bis 2021 nehmen. Bei einem jährlichen freiwilligen Beitrag von zum Beispiel 6.000 Euro und einer Beitragssumme von 30.000 Euro können Sie danach mit einer gesetzlichen Rente von monatlich 135 Euro bzw. jährlich 1.620 Euro rechnen.

Bei privaten Renten verwendet man anstelle des Rentensatzes häufig den **Rentenfaktor**. Dieser Faktor gibt an, wie hoch die monatliche private Rente (zum Beispiel Rürup-Rente) in Euro bei einem Vertragskapital von 10.000 Euro ausmacht. Wenn es bei der Rürup-Rente für ein Rürup-Kapital von 30.000 Euro einen Rentenfaktor von 45 Euro je 10.000 Euro Vertragskapital geben würde, entspräche dies genau der gesetzlichen Rente von monatlich 135 Euro bzw. jährlich 1.620 Euro wie im erwähnten Beispiel. Kein Anbieter von Rürup-Renten kann Ihnen einen solchen Rentenfaktor aber zurzeit garantieren. Üblicherweise liegt der Rentenfaktor bei 30 bis 35 Euro je 10.000 Euro Vertragskapital, was einem Rentensatz von nur 3,6 bis 4,2 Prozent der Beitragssumme entsprechen würde,

Sicherlich fällt die gesetzliche Rente für gesetzlich Krankenversicherte geringer im Vergleich zu den genannten monatlich 135 Euro aus, da noch die Beiträge zur gesetzlichen Kranken- und Pflegeversicherung in Höhe von rund 11 Prozent abgezogen werden müssen. Dadurch sinkt der Rentenzahlbetrag auf monatlich 120 Euro bzw. jährlich 1.440 Euro, was zu einem jährlichen Rentensatz von nur noch 4,8 Prozent der Beitragssumme führt.

Privat Krankenversicherte fahren deutlich besser, da sie noch einen Zuschuss von 7,3 Prozent der Bruttorente zu ihrer privaten Krankenversicherung erhalten. Die gesetzliche Rente steigt inklusive Zuschuss dann auf knapp 149 Euro monatlich bzw. rund 1.738 Euro und der Rentensatz auf jährlich 5,8 Prozent.

10.2 Rentenrenditen vor Steuern

Trotz der verfassungsrechtlichen Eigentumsgarantie für die gesetzliche Rente besteht zuweilen die Befürchtung, dass die gezahlten Beiträge sogar unter den zu erwartenden Renten liegen könnten. Dies würde eine Minusrendite bedeuten.

Diese Befürchtung ist aber zurzeit nicht gegeben. Die Deutsche Rentenversicherung nennt Rentenrenditen von zwei bis drei Prozent und berechnet diese schon seit über 20 Jahren.

Bei der Berechnung geht sie davon aus, dass schätzungsweise 80 Prozent des Gesamtbeitrags für die reine Altersrente verwandt werden. Die restlichen 20 Prozent dienen zur Finanzierung der Erwerbsminderungsrente, der Hinterbliebenenrente sowie von Rehabilitationsleistungen. Als Rentner erhalten die ehemals gesetzlich Rentenversicherten eine Bruttorente sowie als zusätzliche Leistung einen Zuschuss zur gesetzlichen Krankenversicherung der Rentner in Höhe von zurzeit rund 7,3 Prozent der Bruttorente.

Diese Berechnungsmethode mit 80 Prozent des Gesamtbeitrags und 107,3 Prozent der Bruttorente wird auch von anderen Institutionen (zum Beispiel Sachverständigenrat zur Begutachtung der gesamtwirtschaftlichen Entwicklung, Sozialbeirat der Bundesregierung oder Stiftung Warentest) zur Berechnung der **Rendite der gesetzlichen Rente** zugrunde gelegt. Dabei werden zunächst 80 Prozent der gezahlten Gesamtbeiträge auf den Tag des Rentenbeginns aufgezinst. Andererseits werden jeweils 107,3 Prozent der künftig zufließenden Renten auf den gleichen Tag abgezinst. Die **interne Rendite** bzw. Beitragsrendite ist dann der Zinssatz, bei dem die aufgezinsten Beitragsausgaben und die abgezinsten Renten-einnahmen rechnerisch gleich sind.

Die Rentenrendite fällt niedriger aus, wenn man sie auf den vollen Gesamtbeitrag und die Bruttorente ohne Zuschuss beziehen würde. Sofern man die Rentenrendite bei von Arbeitgeber und Arbeitnehmer zu gleichen Teilen getragenen Rentenbeiträgen aber nur auf den hälftigen Arbeitnehmeranteil und nach Abzug der Beiträge zur gesetzlichen Kranken- und Pflegeversicherung auf 89 Prozent der gesetzlichen Rente bezieht, würde sie deutlich höher ausfallen.

Die Höhe der individuellen Rendite der gesetzlichen Rente hängt außer von der gewählten Berechnungsmethode im Einzelnen insbesondere von der Rentendauer, aber auch noch von anderen Faktoren ab:

- Geburtsjahrgang (je älter/jünger, desto höher/niedriger die Rentenrendite)
- Geschlecht (höhere Rendite bei Frauen gegenüber Männern wegen der längeren Lebensdauer)
- statistische fernere Lebenserwartung (höhere Rendite bei Sterbetafel des Statistischen Bundesamtes, aber niedriger bei Sterbetafel DAV 2004 R der privaten Rentenversicherer)
- Art der Krankenversicherung (höhere Rendite bei privat Krankenversicherten, niedriger bei gesetzlich Krankenversicherten)
- Beitragsart (Pflichtbeitrag, freiwilliger Beitrag, Ausgleichsbetrag oder Nachzahlungsbetrag)
- Anzahl der Beitragsjahre
- Beitrags- und Versicherungsverlauf
- Art der Altersrente (Regelaltersrente, abschlagsfreie oder abschlagspflichtige Frührente).

Der „Längsschnitt" nach Geburtsjahrgängen belegt eindeutig die These „Je jünger, desto geringer die Rendite". Diese jahrgangsspezifischen Rentenrenditen sinken systembedingt, da sie im System der gesetzlichen Rentenversicherung hauptsächlich auf das Steigen der Beitragssätze und das Sinken des Rentenniveaus zurückzuführen sind.

Bei allen Geburtsjahrgängen liegen die Renditen für Frauenrenten um durchschnittlich 0,6 Prozentpunkte über den Männerrenten. Zwar gilt in der gesetzlichen Rentenversicherung das Prinzip, dass gleich hohe Beiträge im gleichen Beitragszeitraum bei Männern und Frauen zu gleich hohen Anfangsrenten führen, vergleichbar mit dem sog. Unisex-Tarif für private Renten.

Statistisch gesehen leben Frauen aber länger als Männer. Ein heute 65-jähriger Mann hat nach der Sterbetafel des Statistischen Bundesamtes noch eine mittlere Lebenserwartung von rund 18 Jahren, eine 65-jährige Frau jedoch von 21 Jahren. Auch künftig kann davon ausgegangen werden, dass Frauen eine um rund drei Jahre höhere Lebenserwartung haben.

Eine **höhere Rentenbezugsdauer** von zum Beispiel 21 statt 18 Jahren ab vollendetem 65. Lebensjahr führt zu einer um ca. 0,6 Prozentpunkte höheren Rentenrendite, da vier zusätzliche Jahresrenten anfallen. Pro zusätzliches Rentenjahr verbessert sich die Rendite also durchschnittlich um 0,15 Prozentpunkte.

Selbstverständlich existiert dieser Renditevorteil für Rentnerinnen nur in der Statistik. Leben zwei gleichaltrige 65-Jährige (Frau und Mann) beispielsweise beide noch jeweils 19 Jahre, sind ihre Renditen gleich und etwa so hoch wie im rechnerischen Mittel der Rentenrenditen für Frauen und Männer.

So makaber es auch klingen mag: Die individuelle Rentenrendite steht erst mit dem Ableben der Rentnerin oder des Rentners fest. Nur die Hinterbliebenen (Witwer, Witwen und Waisen) könnten sie berechnen oder berechnen lassen. Allerdings können betagte Rentner nach Erreichen ihres 80., 85. oder 90. Lebensjahres ihre bisher erreichte Rentenrendite berechnen. Es handelt sich dann aber nur um eine Momentaufnahme.

Laut Deutscher Rentenversicherung entsprechen die Rentenrenditen für alleinstehende Frauen in etwa den **Rentenrenditen für verheiratete Männer**. Dahinter steckt folgende Überlegung: Stirbt ein am Todestag verheirateter männlicher Rentner, erhält seine überlebende Frau eine Witwenrente von 60 Prozent der Rente ihres verstorbenen Mannes (vor dem 1.1.2002 geschlossene Ehe und mindestens ein vor dem 2.1.1962 geborener Ehegatte) bzw. 55 Prozent (nach dem 31.12.2001 geschlossene Ehe oder beide Ehegatten nach dem 1.1.1962 geboren). Wenn die Witwe ihren verstorbenen Mann um rund 7 Jahre überlebt, wirkt sich die Witwenrente in Höhe von 60 bzw. 55 Prozent der Altersrente des Mannes de facto wie eine Verlängerung der Rentenbezugsdauer um vier Jahre aus.

Den statistischen Standardrentner mit genau 45 Beitragsjahren und exakt gleichem Verdienst wie im Durchschnitt aller gesetzlich Rentenversicherten (auch „Eckrentner" genannt), der allen Renditeberechnungen zugrunde gelegt wird, kann es bekanntlich in der Wirklichkeit gar nicht geben. Über oder unter dem Durchschnitt liegende Verdienste wirken sich zwar auf die Höhe der Rente in Euro, aber nicht auf die Höhe der Rendite in Prozent aus.

Aus allen bisherigen Berechnungen der Deutschen Rentenversicherung und von anderen Stellen lässt sich mit Blick auf die Geburtsjahrgänge das **„Gesetz der sinkenden Rentenrendite"** ableiten. Diese Gesetzmäßigkeit ist durch das System der gesetzlichen Rentenversicherung bedingt und hat verschiedene Ursachen, die auf der Beitrags- und/oder Leistungsseite liegen. Vor allem das Steigen der Beitragssätze in Kombination mit einem sinkenden Rentenniveau und nur noch mäßigen Lohnsteigerungen in der Zukunft drücken die Rendite der gesetzlichen Rente nach unten.

Würden die Beitragssätze hingegen immer auf gleicher Höhe bleiben und die Renten immer im Gleichschritt mit den Löhnen steigen, gäbe es keine sinkenden Rentenrenditen. Bei stetiger Erhöhung der Lebenserwartung und gleichzeitig festgezurrter gesetzlicher Altersgrenze von 67 Jahren würde die Rendite der gesetzlichen Rente sogar deutlich von Jahrgang zu Jahrgang steigen. Dies erfolgt aber dann nicht, wenn die Regelaltersgrenze steigt und an die steigende Lebenserwartung angepasst wird wie bei der stufenweisen Erhöhung von 65 Jahre für alle bis 1946 Geborenen auf bis zu 67 Jahre bei allen Jahrgängen ab 1964.

Auf Dauer bleiben die Renditen der gesetzlichen Rente positiv. **Minusrenditen** vor Inflation wären rechnerisch nur möglich, wenn das Rentenniveau drastisch sinken und der Beitragssatz weit über die für 2030 angepeilten 22 Prozent hinaus erhöht würde. Sämtliche renditemindernden Faktoren würden dann zu Buche schlagen. Auf die vorrangige Bedeutung der Lohnwachstumsraten weist beispielsweise der Sozialbeirat der Bundesregierung hin, wonach eine „negative nominale Rendite" für männliche Rentner erst dann zu erwarten wäre, „wenn die durchschnittlichen Nominallöhne in Zukunft keinerlei Zuwächse mehr verzeichnen würden".

Für die gesetzliche Rente gibt es einen verfassungsrechtlich garantierten **Eigentumsschutz**. Den Urteilen des Bundesverfassungsgerichts ist zu entnehmen, dass die Rentenleistungen nicht dauerhaft hinter den Beitragszahlungen zurückbleiben dürfen. Nach Auffassung des ehemaligen Präsidenten des Bundesverfassungsgerichts Papier „muss die Rendite der Beitragsleistung ... nicht unbedingt das bisherige Niveau halten", andererseits sind „dauerhafte Minuswerte" und damit eine „Disproportionalität von Leistung und Gegenleistung" verfassungsrechtlich unzulässig.

Laut Bundesverfassungsgericht werden dabei die Gesamtbeiträge den zu erwartenden Rentenleistungen gegenübergestellt. Die **nominale Rendite vor Inflation** wäre nur negativ, wenn die Summe der Renteneinnahmen unter der Summe der gezahlten Gesamtbeiträge bliebe. Dies ist jedoch selbst bei eher pessimistischen Annahmen nicht zu befürchten. Es bleibt also dabei: Die Rentenrenditen bleiben auf lange Sicht positiv - mindestens bis zum Renteneintritt im Jahr 2050 und mit hoher Sicherheit auch darüber hinaus.

Auch für die Rendite der gesetzlichen Rente gilt überspitzt der Satz „Alle reden von der Rendite und jeder versteht darunter etwas anderes". Da ist die Rede von Nominal- oder Realrendite, Brutto- und Nettorendite oder sogar von „Nettorealrendite" - je nachdem, ob man die Inflationsrate und/oder die Besteuerung der gesetzlichen Rente mit berücksichtigt.

10.3 Rentenrenditen nach Steuern

Die Rentenrendite nach Steuern fällt in aller Regel höher aus im Vergleich zur Rentenrendite vor Steuern, weil der persönliche Steuersatz in der Rentenphase deutlich niedriger liegt im Vergleich zur Beitragsphase. Oft liegt die Rentenrendite nach Steuern bis zu einen Prozentpunkt höher.

Um dieses Renditeplus auch tatsächlich zu erzielen, sollten Sie die steuerliche Abzugsfähigkeit der Rentenbeiträge auch voll ausnutzen und darauf achten, dass die steuerlich abzugsfähige Beitragsanteil im Durchschnitt nicht höher liegt als der steuerpflichtige Rentenanteil.

Sofern der Grenzsteuersatz in der Rentenphase beispielsweise bei 25 Prozent liegt im Vergleich zu 40 Prozent in der Beitragsphase, wird die Rentenrendite nach Steuern einen halben bis vollen Prozentpunkt über der Rentenrendite vor Steuern liegen. Hierzu der Originalfall eines männlichen, ledigen und privat krankenversicherten Arbeitnehmers, der einen Ausgleichsbetrag zum Rückkauf von Rentenabschlägen in Höhe von rund 50.000 Euro über fünf Teilzahlungen von jeweils 10.000 Euro in den Jahren 2017 bis 2021 abstottert.

Dieser Abschlagskäufer kann mit einer Rentenrendite von 2,6 Prozent vor Steuern rechnen, wenn er als künftiger 63-jähriger Frührentner noch mit einer statistischen Lebenserwartung von 20 Jahren und einer jährlichen Rentensteigerung von durchschnittlich 2 Prozent rechnet. Die Rentenrendite steigt nach Steuern auf 3,3 Prozent.

Dabei ist aber zu berücksichtigen, dass es sich nicht nur um ein Plus bei der reinen Altersrente handelt, sondern auch um Ansprüche auf eine Erwerbsminderungs- und Hinterbliebenenrente. Würde man die Rendite nur auf die reine Altersrente beziehen und die Rentenansprüche im Falle der Erwerbsminderung und des Todes durch einen pauschalen Abzug von 20 Prozent bei den gezahlten Rentenbeiträgen berücksichtigen, wird die mögliche Rentenrendite auf 3,5 Prozent vor Steuern und 4,2 Prozent nach Steuern steigen.

Bei gesetzlich Krankenversicherten werden die Rentenrenditen generell um bis zu einen Prozentpunkt niedriger und bei Frauen wegen der längeren Lebenserwartung um rund 0,5 Prozentpunkte höher ausfallen.

SCHLUSSBEMERKUNGEN

Die gesetzliche Rente ist für viele Versicherte ein Buch mit sieben Siegeln. Sie sehen angesichts der teilweise hochkomplizierten Regelungen den Rentenwald vor lauten Bäumen nicht mehr. In diesem Ratgeber für „Mehr Rente" habe ich versucht, Ihnen die Wege zu einem Rentenplus über die Zahlung von Extrabeiträgen zu ebnen.

Auch diese Wege sind nicht ganz einfach, wie insbesondere die Kapitel 4 bis 6 über Ausgleichsbeträge zum Rückkauf von Rentenabschlägen, freiwillige Beiträge für Nicht-Pflichtversicherte und Nachzahlungsbeträge für Ausbildungszeiten oder vor 1955 geborene Mütter zeigen. Guter Rat ist gerade bei diesen Spezialthemen gefragt.

Ich habe der Versuchung widerstanden, aktuelle rentenpolitische Streitthemen wie Altersarmut, Rentenniveau, Mindestrente oder Pflichtbeiträge zur gesetzlichen Rentenversicherung auch für Selbstständige und Beamte aufzugreifen. Nach meinen Erfahrungen hilft dies den Versicherten und Rentnern nicht weiter. Häufig werden Ängste vor einer angeblich massenhaften Altersarmut in Zukunft geschürt oder völlig unrealistische Erwartungen geweckt.

Mir geht es in diesem Ratgeber ausschließlich um Hilfe zur Selbsthilfe in Fragen zur gesetzlichen Rente. Wer sich besser informiert und Hilfe annimmt, fährt besser. Professionelle Helfer und Ratgeber sind freiberufliche Rentenberater, die auf Honorarbasis arbeiten, und Sachbearbeiter in den örtlichen Beratungsstellen der Deutschen Rentenversicherung.

Auf die private und betriebliche Rente bin ich bewusst nicht eingegangen, weil dies den Rahmen ganz sicher gesprengt hätte. Eine zusätzliche private und/oder betriebliche Rente ist sinnvoll und notwendig. Andererseits schlägt die gesetzliche Rente aus Extrabeiträgen angesichts der andauernden Niedrigzinsphase zurzeit fast alle Formen der privaten Rente (Rürup-Rente, Riester-Rente, Rente aus privater Rentenversicherung) und betrieblichen Rente.

Die gesetzliche Rente ist nicht nur eine reine Altersrente, sondern schließt immer auch eine finanzielle Absicherung der Hinterbliebenen ein. Falls in den letzten fünf Jahren vor Eintritt der Erwerbsminderung mindestens drei Jahre mit Pflichtbeiträgen belegt sind, entsteht zusätzlich der Anspruch auf eine Erwerbsminderungsrente.

Zumindest bei der gesetzlichen Rente aus Pflichtbeiträgen handelt es sich somit um eine Kombination aus Alters-, Erwerbsminderungs- und Hinterbliebenenrente. Im Sechsten Sozialgesetzbuch über die gesetzliche Rentenversicherung steht ausdrücklich, dass Renten wegen Alters, wegen verminderter Erwerbsfähigkeit und wegen Todes geleistet werden. Hinzu kommen Leistungen zur medizinischen Rehabilitation, zur Teilhabe am Arbeitsleben sowie ergänzende Leistungen. Gerade die Leistungen zur Rehabilitation und Prävention werden mit Inkrafttreten des Flexirentengesetzes ab 2017 verbessert.

Davon, dass die umlagefinanzierte gesetzliche Rente besser ist als ihr Ruf, bin ich zutiefst überzeugt. Auch wenn sie in der Vergangenheit schon oft totgesagt wurde, gilt heute umso mehr: „Totgesagte leben länger".

Kritiker der gesetzlichen Rentenversicherung in Deutschland verweisen gern auf bessere Alterssicherungssysteme in den Nachbarstaaten Niederlande, Schweiz und Österreich. Es hilft sicher, über die Landesgrenzen hinauszuschauen. Andererseits kann man aber nicht das über 60 Jahre in Deutschland gewachsene System der umlagefinanzierten und dynamischen gesetzlichen Rente in Deutschland von heute auf morgen radikal verändern.

Auch bei der gesetzlichen Rente helfen einfache und populistische Forderungen nicht weiter. Dies gilt insbesondere dann, wenn den Kritikern das System der gesetzlichen Rentenversicherung gar nicht genügend vertraut ist. Zudem spielen freiwillige Beiträge, Ausgleichsbeträge und Nachzahlungsbeträge in der rentenpolitischen Diskussion überhaupt keine Rolle.

Mit diesen Extrabeiträgen zur gesetzlichen Rente können Sie aber selbst für ein Mehr an gesetzlicher Rente sorgen. Wie das im Einzelnen geht, habe ich Ihnen in diesem Ratgeber gezeigt. Dies allein war meine Absicht – nicht mehr, aber auch nicht weniger.

RECHTSQUELLEN (SECHSTES SOZIALGESETZBUCH)

hier: Änderungen des SGB VI ab 1.7.2017, 1.1.2018 und 1.7.2018

Zu Kapitel 3.2: Weiterarbeit als Frührentner

§ 34 Abs. 2, 3 und 3a bis 3c SGB VI (ab 1.7.2017) Hinzuverdienstgrenze

(2) Anspruch auf eine Rente wegen Alters als Vollrente besteht vor Erreichen der Regelaltersgrenze nur, wenn die kalenderjährliche Hinzuverdienstgrenze von 6 300 Euro nicht überschritten wird.

(3) Wird die Hinzuverdienstgrenze überschritten, besteht ein Anspruch auf Teilrente. Die Teilrente wird berechnet, indem ein Zwölftel des die Hinzuverdienstgrenze übersteigenden Betrages zu 40 Prozent von der Vollrente abgezogen wird. Überschreitet der sich dabei ergebende Rentenbetrag zusammen mit einem Zwölftel des kalenderjährlichen Hinzuverdienstes den Hinzuverdienstdeckel nach Absatz 3a, wird der überschreitende Betrag von dem sich nach Satz 2 ergebenden Rentenbetrag abgezogen. Der Rentenanspruch besteht nicht wenn der von der Rente abzuziehende Hinzuverdienst den Betrag der Vollrente erreicht.

(3a) Der Hinzuverdienstdeckel wird berechnet, indem die monatliche Bezugsgröße mit den Entgeltpunkten (§ 66 Absatz 12 Nummer 1 bis 3) des Kalenderjahres mit den höchsten Entgeltpunkten aus den letzten 15 Kalenderjahren vor Beginn der ersten Rente wegen Alters vervielfältigt wird. Er beträgt mindestens die Summe aus einem Zwölftel von 6 300 Euro und dem Monatsbetrag der Vollrente. Der Hinzuverdienstdeckel wird jährlich zum 1. Juli neu berechnet.

(3b) Als Hinzuverdienst sind Arbeitsentgelt, Arbeitseinkommen und vergleichbare Einkommen zu berücksichtigen. Diese Einkünfte sind zusammenzurechnen. Nicht als Hinzuverdienst gilt das Entgelt, das eine Pflegeperson von einer pflegebedürftigen Person erhält, wenn es das dem Umfang der Pflegebedürftigkeit entsprechende Entgelt im Sinne des § 37 des Elften Buhces nicht übersteigt, oder ein behinderter Mensch von dem Trägereiner in § 1 Satz 1 Nummer 2 genannten Einrichtung erhält.

(3c) Als Hinzuverdienst ist der voraussichtliche jährliche Hinzuverdienst zu berücksichtigen. Dieser ist jeweils zum 1. Juli neu zu bestimmen, wenn sich dadurch eine Änderung ergibt, die den Rentenanspruch betrifft. Satz 2 gilt nicht in einem Kalenderjahr, in dem erstmals Hinzuverdienst oder nach Absatz 3e Hinzuverdienst in geänderter Höhe berücksichtigt wurde.

(3e) Änderungen des nach Absatz 3c berücksichtigten Hinzuverdienstes sind auf Antrag zu berücksichtigen, wenn der voraussichtliche kalenderjährliche Hinzuverdienst um mindestens 10 Prozent vom bisher berücksichtigten Hinzuverdienst abweicht und sich dadurch eine Änderung ergibt, die den Rentenanspruch betrifft. Eine Änderung im Sinne von Satz 1 ist auch der Hinzutritt oder der Wegfall von Hinzuverdienst. Ein Hinzutritt von Hinzuverdienst oder ein höherer als der bisher berücksichtigte Hinzuverdienst wird dabei mit Wirkung für die Zukunft berücksichtigt.

§ 42 Abs. 2 SGB VI (ab 1.7.2017) Voll- und Teilrente

(2) Eine unabhängig vom Hinzuverdienst gewählte Teilrente beträgt mindestens 10 Prozent der Vollrente. Sie kann höchstens in der Höhe in Anspruch genommen werden, die sich nach Anwendung von § 34 Absatz 3 ergibt.

§ 66 Abs. 3a SGB VI (ab 1.7.2017) Persönliche Entgeltpunkte

(3a) Zuschläge an Entgeltpunkten aus Beiträgen nach Beginn einer Rente wegen Alters werden mit Ablauf des Kalendermonats des Erreichens der Regelaltersgrenze und anschließend jährlich zum 1. Juli berücksichtigt. Dabei sind für die jährliche Berücksichtigung zum 1. Juli die für das vergangene Kalenderjahr ermittelten Zuschläge maßgebend.

Zu Kapitel 4.4: Ausgleich von Rentenabschlägen für langjährig Versicherte und schwerbehinderte Menschen

§ 109 Abs. 1 und 4 SGB VI (ab 1.7.2017) Renteninformation und Rentenauskunft

(1) Die Renteninformation und die Rentenauskunft sind mit dem Hinweis zu versehen, dass sie auf der Grundlage des geltenden Rechts und der im Versicherungskonto gespeicherten rentenrechtlichen Zeiten erstellt sind und damit unter dem Vorbehalt künftiger Rechtsänderungen sowie der Richtigkeit und Vollständigkeit der im Versicherungskonto gespeicherten rentenrechtlichen Zeiten stehen. Mit dem Versand der zuletzt vor Vollendung des 50. Lebensjahres zu erteilenden Renteninformation ist darauf hinzuweisen, dass eine Rentenauskunft auch vor Vollendung des 55. Lebensjahres erteilt werden kann und dass eine Rentenauskunft auf Antrag auch die Höhe der Beitragszahlung zum Ausgleich einer Rentenminderung bei vorzeitiger Inanspruchnahme einer Rente wegen Alters enthält.

(4) Die Rentenauskunft hat insbesondere zu enthalten:

1. eine Übersicht über die im Versicherungskonto gespeicherten rentenrechtlichen Zeiten,

2. eine Darstellung über die Ermittlung der persönlichen Entgeltpunkte mit der Angabe ihres derzeitigen Wertes und dem Hinweis, dass sich die Berechnung der Entgeltpunkte aus beitragsfreien und beitragsgeminderten Zeiten nach der weiteren Versicherungsbiografie richtet,

3. Angaben über die Höhe der Rente, die auf der Grundlage des geltenden Rechts und der im Versicherungskonto gespeicherten rentenrechtlichen Zeiten ohne den Erwerb weiterer Beitragszeiten

a) bei verminderter Erwerbsfähigkeit als Rente wegen voller Erwerbsminderung,

b) bei Tod als Witwen- oder Witwerrente,

c) nach Erreichen der Regelaltersgrenze als Regelaltersrente

zu zahlen wäre,

4. eine Prognose über die Höhe der zu erwartenden Regelaltersrente,

5. allgemeine Hinweise

a) zur Erfüllung der persönlichen und versicherungsrechtlichen Voraussetzungen für einen Rentenanspruch,

b) zum Ausgleich von Abschlägen bei vorzeitiger Inanspruchnahme einer Altersrente,

c) zu den Auswirkungen der Inanspruchnahme einer Teilrente und zu den Folgen für den Hinzuverdienst,

6. Hinweise

a) zu den Auswirkungen der vorzeitigen Inanspruchnahme einer Rente wegen Alters,

b) zu den Auswirkungen eines Hinausschiebens des Rentenbeginns über die Regelaltersgrenze.

§ 187a SGB VI (ab 1.7.2017) Zahlung von Beiträgen bei vorzeitiger Inanspruchnahme einer Rente wegen Alters

(1) Bis zum Erreichen der Regelaltersgrenze können Rentenminderungen, die durch die vorzeitige Inanspruchnahme einer Rente wegen Alters entstehen, durch Zahlung von Beiträgen ausgeglichen werden. Die Berechtigung zu dieser Ausgleichszahlung setzt voraus, dass Versicherte zuvor im Rahmen der Auskunft über die Höhe der Beitragszahlung zum Ausgleich einer Rentenminderung bei vorzeitiger Inanspruchnahme einer Rente wegen Alters (§ 109 Absatz 5 Satz 4) erklärt haben, eine solche Rente in Anspruch nehmen zu wollen. Eine Ausgleichszahlung auf Grundlage einer entsprechenden Auskunft ist ab dem Zeitpunkt nicht mehr zulässig, ab dem Versicherte die Rente wegen Alters, für die die Auskunft erteilt worden ist, nicht beansprucht haben oder ab dem eine Rente wegen Alters ohne Rentenminderungen bezogen werden kann.

(1a) Grundlage für die Ausgleichszahlung ist die Auskunft nach § 109 Absatz 5 Satz 4. Ein berechtigtes Interesse im Sinne des § 109 Absatz 1 Satz 3 für diese Auskunft liegt nach Vollendung des 50. Lebensjahres vor.

(2) Beiträge können bis zu der Höhe gezahlt werden, die sich nach der Auskunft über die Höhe der zum Ausgleich einer Rentenminderung bei vorzeitiger Inanspruchnahme einer Rente wegen Alters als erforderliche Beitragszahlung bei höchstmöglicher Minderung an persönlichen Entgeltpunkten durch eine vorzeitige Inanspruchnahme einer Rente wegen Alters ergibt. Diese Minderung wird auf der Grundlage der Summe aller Entgeltpunkte ermittelt, die mit einem Zugangsfaktor zu vervielfältigen ist und die sich bei Berechnung einer Altersrente unter Zugrundelegung des beabsichtigten Rentenbeginns ergeben würde. Dabei ist für jeden Kalendermonat an bisher nicht bescheinigten künftigen rentenrechtlichen Zeiten bis zum beabsichtigten Rentenbeginn von einer Beitragszahlung nach

einem vom Arbeitgeber zu bescheinigenden Arbeitsentgelt auszugehen. Der Bescheinigung ist das gegenwärtige beitragspflichtige Arbeitsentgelt aufgrund der bisherigen Beschäftigung und der bisherigen Arbeitszeit zugrunde zu legen. Soweit eine Vorausbescheinigung nicht vorliegt, ist von den durchschnittlichen monatlichen Entgeltpunkten der Beitragszeiten des

Kalenderjahres auszugehen, für das zuletzt Entgeltpunkte ermittelt werden können.

(3) Für je einen geminderten persönlichen Entgeltpunkt ist der Betrag zu zahlen, der sich ergibt, wenn der zur Wiederauffüllung einer im Rahmen des Versorgungsausgleichs geminderten Rentenanwartschaft für einen Entgeltpunkt zu zahlende Betrag durch den jeweiligen Zugangsfaktor geteilt wird. Teilzahlungen sind zulässig; Beiträge können bis zu

zweimal im Kalenderjahr gezahlt werden. Eine Erstattung gezahlter Beiträge erfolgt nicht.

Zu Kapitel 7: Mehr Rente für Ost-Renten und rentennahe Ost-Versicherte

§ 254d SGB VI (ab 1.7.2024) Umbenennung in Entgeltpunkte

Zum 1. Juli 2024 treten Entgeltpunkte an die Stelle von Entgeltpunkten (Ost).

§ 255a SGB VI (ab 1.7.2018) Bestimmung des aktuellen Rentenwerts (Ost) für die Zeit vom 1. Juli 2018 bis zum 1. Juli 2023

Der aktuelle Rentenwert (Ost) wird für die Zeit vom 1. Juli 2018 bis zum 1. Juli 2023 in Verhältnis zum aktuellen Rentenwert festgesetzt und beträgt zum:

1. Juli 2018	95,8 Prozent des aktuellen Rentenwerts
1. Juli 2019	96,5 Prozent des aktuellen Rentenwerts
1. Juli 2020	97,2 Prozent des aktuellen Rentenwerts
1. Juli 2021	97,9 Prozent des aktuellen Rentenwerts
1. Juli 2022	98,6 Prozent des aktuellen Rentenwerts
1. Juli 2023	99,3 Prozent des aktuellen Rentenwerts

§ 255c SGB VI   Anwendung des aktuellen Rentenwerts zum 1. Juli 2024

Zum 1. Juli 2024 tritt der aktuelle Rentenwert an die Stelle des aktuellen Rentenwerts (Ost) und die hiervon betroffenen Renten sind insoweit anzupassen. Hierüber erhalten die Rentnerinnen und Rentner eine Anpassungsmitteilung.

Anlage 10 zu SGB VI Abbau der Umrechnungswerte (Höherbewertung der Entgelte Ost) für die Jahre 2019 bis 2024

Jahr	Umrechnungswert
2019	1,0840
2020	1,0700
2021	1,0560
2022	1,0420
2023	1,0280
2024	1,0140

Zu Kapitel 8.1: Mehr Rente für Erwerbsminderungsrentner

§ 59 SGB VI   Zurechnungszeit

(1) Zurechnungszeit ist die Zeit, die bei einer Rente wegen Erwerbsminderung oder eine Rente wegen Todes hinzugerechnet wird, wenn der Versicherte das 62. Lebensjahr noch nicht vollendet hat.

(gilt ab 1.7.2014, Erhöhung auf das 65. Lebensjahr ab 1.1.2024)

§ 253a SGB VI (ab 1.1.2018 bis 31.12.2023) Zurechnungszeit

(1) Beginnt eine Rente wegen verminderter Erwerbsfähigkeit oder eine Erziehungsrente vor dem 1. Januar 2024 oder sind Versicherte bei einer Hinterbliebenenrente vor dem 1. Januar 2024 verstorben, wird das Ende der Zurechnungszeit wie folgt angehoben:

Bei Begin der Rente oder bei Tod des Versicherten im Jahr	Anhebung um Monate	auf Alter
2018	3	62 Jahre und 3 Monate
2019	6	62 Jahre und 6 Monate
2020	12	63 Jahre
2021	18	63 Jahre und 6 Monate
2022	24	64 Jahre
2023	30	64 Jahre und 6 Monate

BÜCHER & INTERNETPORTALE

Bücher zur gesetzlichen Rente

- Pohlmann, Isabell, Der Renten-Fahrplan, 2. Aufl. 2014, Stiftung Warentest
- Siepe, Werner, Pension und Rente im öffentlichen Dienst. 1. Aufl. 2014, Stiftung Warentest
- Lange, Peter, Gesetzliche Rente, 2. Aufl. 2011, Verbraucherzentrale NRW
- Wehowsky/Rihm, Praxis der gesetzlichen Rente, 4. Aufl. 2015, expert verlag
- Eichenhofer/Rische/Schmähl, Handbuch der gesetzlichen Rentenversicherung
- SGB VI, 2. Aufl. 2012, Luchterhand Verlag

Internetportale zur gesetzlichen Rente

- Ratgeber zur Rente, herausgegeben vom Bundesministerium für Arbeit und Soziales, kostenlos als Download unter www.bmas.bund.de (Website des Bundesministeriums für Arbeit und Soziales)
- www.deutsche-rentenversicherung.de (Website der Deutschen Rentenversicherung DRV mit Informationen und vielen Broschüren über die gesetzliche Rente)
- www.portal-sozialpolitik.de (Website des Rentenexperten Jochen Steffen)
- www.ihre-vorsorge.de (weitere Website der DRV)
- www.test.de (Website der Stiftung Warentest)